이 책을 시작한 날 _____ 년 _____ 월 _____ 일

여러분의 꿈을 응원합니다.

김민정

2025년 5월, 학부모들의 가려운 곳을 시원하게 긁어준 공부법 분야 베스트셀러 『수능을 좌우하는 중학 국어 공부법 — 대치동 출신 김 선생의 독설』을 출간해 초중등 학부모들의 열띤 호응을 받았다.

대치동에서 고입 컨설팅 및 중학생 국어 팀 과외를 맡아 가르치다 다원 교육 대치본관으로 소속을 옮겼고, 학부모와 학생 사이에서 '나만 알고 싶은 국어 선생님'으로 통하며 외대부고 민사고를 비롯한 전국 단위 자사고 합격생 다수를 배출했다. 여의도로 지역을 옮겼을 때도 특별한 마케팅 없이 알음알음 입소문으로 한 학년 강의가 마감되기로 유명했는데, 저서의 인기에 힘입어 이제는 대치동에서도 다시 학생들을 만나고 있다. 이처럼 빠른 시간에 명성을 얻을 수 있었던 데에는 그 어떤 특혜 없이 지방 소도시 평범한 가정에서 최소한의 사교육을 통해 고려대학교 문과대학에 정시 전형으로 입학, 졸업 후 900 대 1의 경쟁률을 뚫고 조선일보사 공채 57기 기자로 입사한 저자의 경력도 한몫한다.

기왕 사교육을 외면할 수 없는 교육 현실이라면 "똑똑하게" "필요한 사교육만" 쏙쏙 뽑아 효율적으로 활용하기를 권했던 『수능을 좌우하는 중학 국어 공부법』에서, 저자는 '한자어 학습'과 '문학 개념어' 학습의 중요성을 역설했는데 이와 관련한 교재를 써달라는 학부모님과 학생 독자들의 요청이 상당했다. 따라서 그간 저자가 대치동 현장 강의에서만 써왔던 비법 자료들을 토대로 필수 한자 333자를 쉽게 익힐 수 있는 한자 교재와 문학 개념어(운문/산문) 교재를 먼저 선보이게 됐다. 향후 『묘수 국어』 시리즈는 변화해 가는 교육과정 개편안에 맞추어 꾸준히 출간될 예정이다.

저자를 만날 수 있는 곳

인터넷 강의	현장 강의
 www.yummystudy.com	 바른 교육 여의도관　 바른 교육 대치관

묘수 국어

김민정 지음

중학생을 위한
필수 한자 암기

6주 완성

- ☑ 수능 국어 빈출 333자 한자 엄선
- ☑ 체계적인 3단계 한자 암기 구성
- ☑ 예문을 통한 효과적 어휘 학습
- ☑ 〈한자 쓰기 노트〉 부록 제공

머리말

出生, 지금 당장 소리내 읽어보자. 이 단어를 보고도 바로 음독(音讀: 소리내 읽음)하지 못하는 중학교 3학년 학생이 있다. 그것도 상당히 많다. 이 친구가 중학교 교과서를 읽고 이해하기란 과연 쉬운 일일까? 실제로 그 친구에게 교과서를 읽고 어느 정도나 이해하는지 물었더니 절반 정도라고 했다. 이 친구는 잘 알아듣지도 못하는 수업을 그래도 들어보겠다고 꾸역꾸역 학원 수업에 와서 앉아 있었던 셈이다. 중학교 교과서도 읽지 못하는 학생이, 지금처럼 말도 안 되게 어려운 수능 국어 시험을 치를 때까지 남은 시간은 겨우 3년 남짓. 물론 3년이 짧은 시간은 아니지만, 문제는 국어만 공부하는 것이 아니라 수학, 영어, 탐구 과목까지 함께 챙겨야 한다는 점이다. 시간은 턱없이 모자랄 수밖에 없다. 가뜩이나 급한데, 이 와중에 한자까지 공부하라니? 정말 그렇게 한자 학습이 중요할까? 그렇다. 중요하다.

한국어 어휘의 70% 이상은 한자어다. 게다가 집 팔아서 공부시켜도 잘 안 오른다는, 그 어려운 수능 국어에서도 한자어는 '매우', '적극적'으로 출제되고 있지만, 초·중등 공교육에서 한자는 이전만큼 강조되지 않는 실정이다. 1990년대에 출생한 우리 세대까지만 해도 한자 경진대회라든가 한자 쓰기 숙제가 있었고, 중·고등학교 내내 한문 과목이 있었으며 지필고사도 꼬박꼬박 치렀다.

그런데 요즘 아이들에게 물어보면, 초등학교 내내 한문을 배운 적이 없고, 중학생이 되어서도 한자를 제대로 공부해 본 적이 없다고 답한다. 일본어나 중국어를 한문 대신 배우는 학교도 있다지만, 우리가 쓰는 한자와 일본어나 중국어에서 쓰는 한자는 모양이 달라 그다지 도움이 되지 않는다.

이처럼 아이들 입장에서는 한자를 배운 적도 없으니 한자로는 1부터 10까지 읽지도 못하는데, 고교에 진학하자마자 치르는 고1 3월 모의고사에서 급수 한자로 치면 5급 수준은 되는 한자들이 줄줄이 박힌 국어 지문을 보며 문제를 풀어야 하는 상황이다. 이때 지레 겁먹고 아예 국어 과목 자체를 포기해 버리는 아이들을 현장에서 너무 많이 본 까닭에, 지난해부터 한자 암기 특강을 열어 6회 안에 수능 국어를 공부하는 데 꼭 필요한 한자 333자를 암기하게끔 지도하고 있다.

그 과정에서 지방은 한자 학습 기회가 더더욱 부족하다는 학부모님들의 간곡한 호소가 있었다. 아니나 다를까, 한자를 공부시켜 보려고 시중에 나와 있는 책들을 꼼꼼히 살펴보았는데, 한자 쓰기 노트나 급수 한자 교재는 있었지만 '수능을 위해 이 정도만 공부하면 된다'는 콘셉트의 책은 없었다. 또한 한자를 어떻게 써야 하는지도 모르는 아이들이 태반인데, 설명은 지나치게 어려웠고 예문도 부실했다.

그래서 내가 강의실에서 쓰는 자료를 기반으로, 6회에 걸쳐 회당 약 50~55자를 학습해 암기를 완벽하게 끝낼 수 있게끔 이 학습서를 쓰게 되었다. 이 책을 쓴 주된 목적은 어디까지나 한자 자체를 가르치려는 데 있지 않다. 한자를 효율적으로 암기해 수능 국어 지문을 독해하는 데 꼭 필요한 최소한의 소양을 단기간에 갖추게 하려는 데 있다.

그러므로 상형, 회의, 형성 등 한자 글자 자체의 구성 원리를 구구절절히 설명하기보다는, 해당 한자가 활용된 어휘와 그 어휘가 쓰인 문장을 통해 학생들이 자연스럽게 한자의 쓰임을 익히게 하는 데 비중을 두었다. 또한 해당 한자를 좀 더 쉽게 기억하게 하려는 의도로 관련 문헌들을 일일이 조사해 한자의 유래와 기원을 적어두었다. 그러나 한자는 우리 한글처럼 누가, 언제, 어떤 원리로 만들었는지 명확히 알 수 있는 문자가 아니기 때문에 어떤 한자는 그 유래를 놓고 의견이 분분하기도 하다. 그런 경우에는 중학생 수준에서 이해하기 쉬운 설명을 골라 넣어두었으니 참고하기 바란다.

이 책에서 골라둔 한자는 5급 수준의 500자 한자 가운데 모의고사 지문에 자주 등장하는 한자들이다. 이 한자들을 암기하고 나면 고전 시가, 고전 소설, 그리고 어려운 비문학 지문을 풀어나갈 때 확실히 큰 도움이 될 것이다. 한편, 골라내고 남은 167자는 너무 쉬운 수준이거나, 수능 국어 지문에는 날것 그대로 잘 등장하지 않는 한자들이라 이 책의 뒤편에 부록처럼 따로 실어두었다.

그렇다면 이 한자들을 얼마큼 공부해야 할까? 333자만큼은 해당 한자의 모양을 보고 그 뜻과 음을 완벽하게 떠올릴 수 있을 정도로 외워두기를 권한다. 사실 이 정도가 되려면 뜻과 음만 보고도 그 한자의 모양까지 쓸 수 있게끔 달달 외워야 한다.

학부모님들은 여러 번 보기만 해도 한자를 보고 뜻과 음을 떠올릴 수 있으리라 지레짐작하지만, 실제로는 결코 그렇지 않다. 한자를 어떤 획순으로 써야 하는지도 모르는 학생들이 대부분이다. 어릴 때부터 한자를 자주 접하고 암기해 온 우리 세대로서는 이해할 수 없을 정도로, 요즘 아이들에게 한자는 정말 낯선 외국 문자다.

그래서 지금 어느 정도 시간이 있는 초등학생 자녀를 둔 학부모님들께는 아이들이 뜻과 음만 듣고도 그 한자의 모양을 쓸 수 있게 지도하라고 말씀드리고 싶다. 반면, 당장 내일

모레 고등학교에 진학할 예정인 중3이나 수능을 앞둔 고2·고3 학생들은 6회에 걸쳐 빠르게 한자 모양이라도 눈에 익히길 권한다.

이 책의 구성은 다음과 같다.
① 한자 한 글자씩 설명과 예문을 읽으며 암기한 뒤,
② 순서대로 제시된 한자를 보며 자신이 얼마나 아는지 점검하고,
③ 무작위로 섞은 한자의 뜻과 음을 써 내려가며 정확히 외웠는지 확인한다.

일선 학교나 학원의 국어 선생님들, 특히 한문을 전공하신 분들께는 일천하기 그지없는 한문 지식으로 이 책을 꾸리게 되어 죄송하고 부끄럽다. 그럼에도 요즘 아이들의 어휘력 신장을 돕고자 하는 마음 하나로 기획한 책이니만큼, 수업에 아낌없이 활용해 주시면 감사하겠다. 모쪼록 학생들에게 이 책이 수능 국어를 준비하는 과정에서 도움닫기를 하게끔 도와줄 분수령(分水嶺: 어떤 일이 결정되는 중요한 고비나 발전의 전환점)이 되길 바란다.

저자 김민정 드림

이 책의 구성과 특징

☑ 수능 국어와 모의고사 지문에 자주 등장하는 한자 333자를 엄선하였습니다.

☑ 해당 한자가 포함된 어휘를 예문들을 통해 익히게 하여 어휘력 향상을 꾀했습니다.

☑ 각 주차별 한자를 얼마나 익혔는지 두 차례에 걸쳐 테스트할 수 있도록 하였습니다.

☑ 6주 동안에 필수 한자 333자를 완벽하게 암기할 수 있도록 구성했습니다.

1. 한자 익히기

주차별로 55자~60자의 한자를 익힐 수 있도록 구성했습니다.

학생들이 좀 더 잘 기억할 수 있도록 한자의 유래와 기원을 적었습니다.

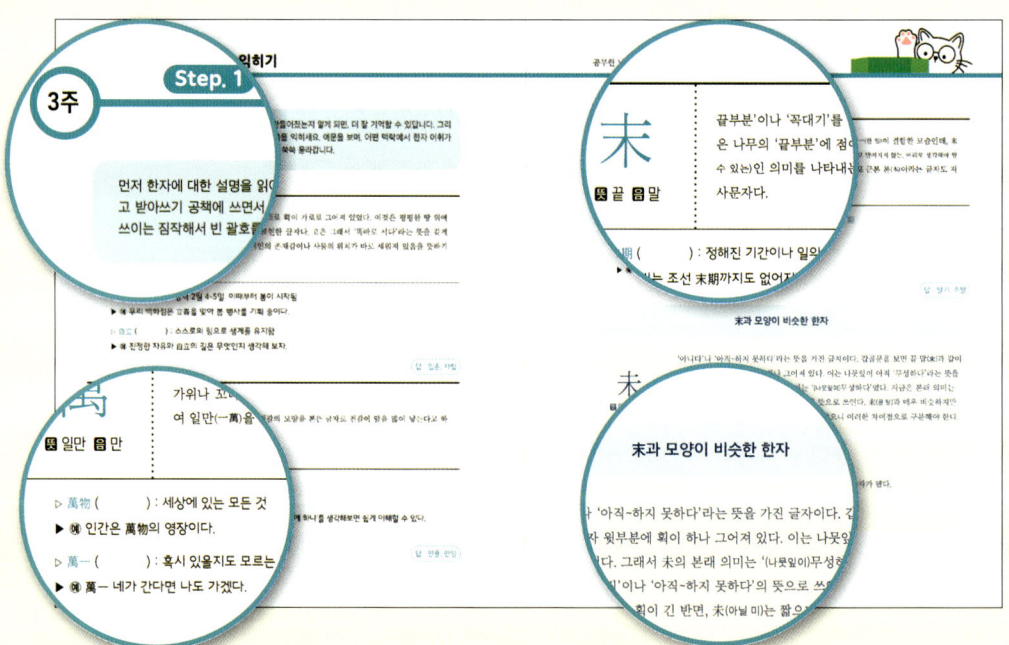

2. 한자 어휘 익히기

해당 한자가 포함된 어휘를 활용한 예문들을 통해 어휘력 향상을 꾀했습니다.

3. 헷갈리는 한자 익히기

해당 한자와 모양이 비슷한 한자들을 함께 제시해 확실히 구분하여 익힐 수 있도록 했습니다.

4. 두 번의 테스트로 확실하게 암기하기

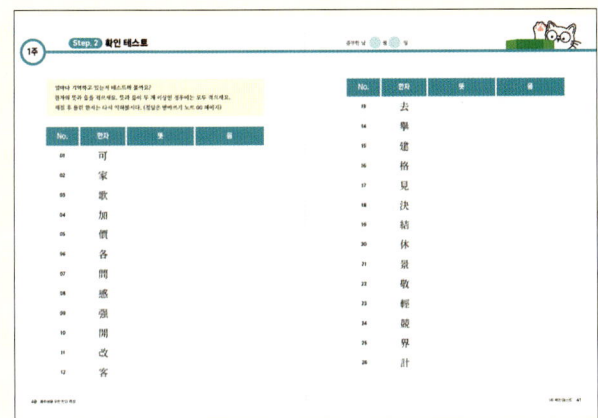
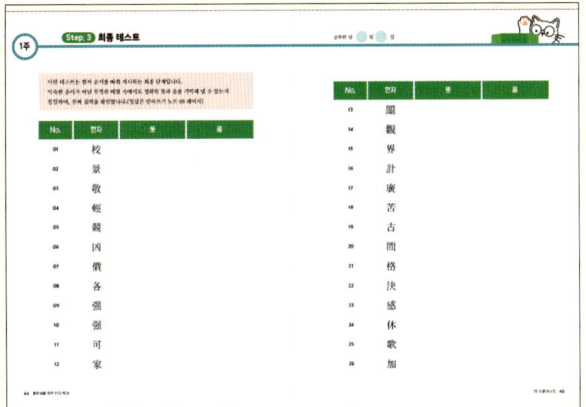

차례대로 빈칸마 제시한 확인 테스트 이외에, 순서를 바꾼 최종 테스트까지 실어 한자들의 뜻과 음을 확실하게 암기할 수 있도록 구성했습니다.

5. 한자 167자 부록 수록

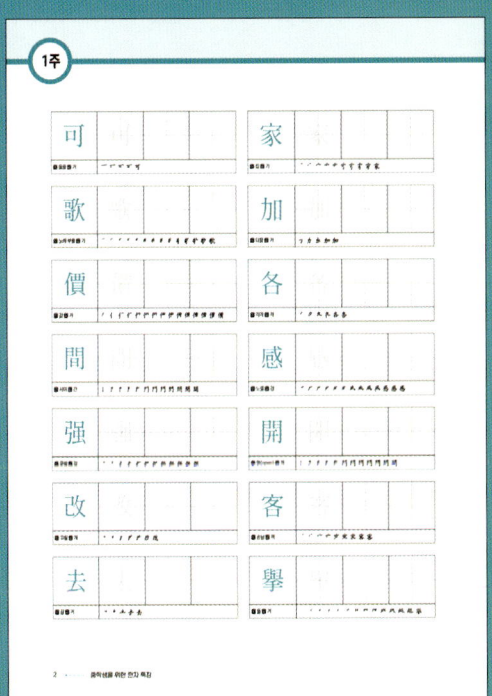

부록으로 필수 한자외 남은 한자 167자를 수록하여 5급에 해당하는 한자 500자를 모두 익힐 수 있도록 했습니다

책속의 책 ____ 한자 쓰기 노트

필수 한자 333자를 직접 쓰며 익힐 수 있도록 했습니다.

차례

본격적으로 한자를 공부하기 전
미리 알아두어야 할 기본 지식

1. 한자 쓰기 순서의 기본 원칙

① 위에서 아래로

대부분의 한자는 위에서 아래로 써야 한다. 예를 들어 三(석 삼)을 쓸 때는 맨 위에 있는 획부터 중간, 맨 아래 순서대로 3개의 선을 긋는다.

三　　一　　二　　三
(석 삼)

② 왼쪽에서 오른쪽

대부분의 한자는 왼쪽에서 오른쪽으로 써야 한다. 예를 들어 川(내 천)을 쓸 때는 맨 왼쪽에 있는 획부터 순서대로 위에서 아래로 그어 맨 오른쪽까지 순서대로 3개 선을 긋는다.

川　　丿　　刂　　川
(내 천)

③ 가로획 먼저

가로획과 세로획이 겹칠 때는 가로획을 먼저 쓴다. 예를 들어 木(나무 목), 十(열 십)을 쓸 때는 먼저 가로획부터 긋는다.

木　　一　　十　　才　　木
(나무 목)

④ 삐침(丿)과 파임(乀)의 순서

삐침과 파임이 만날 때는 삐침을 먼저 쓴다. 예를 들어 父(아비 부), 人(사람 인)을 쓸 때는 왼쪽의 삐침부터 먼저 긋는다.

父　　丿　　丷　　分　　父
(아비 부)

⑤ 바깥쪽 먼저

안쪽과 바깥쪽 글자로 나뉘어 있을 때는 바깥쪽을 먼저 쓴다. 예를 들어 同(같을 동), 固(굳을 고) 등의 글자를 쓸 때는 바깥에 있는 테두리로 보이는 획부터 먼저 긋고 그 안에 있는 글자를 쓴다.

同　　丨　　冂　　月　　冋　　同　　同
(같을 동)

⑥ 가운데 획 먼저

좌우 대칭 형태를 지닌 글자는 가운데 획을 먼저 써야 한다. 예를 들어 小(작을 소), 水(물 수) 등의 글자는 가운데 있는 획부터 먼저 긋는다.

小　　亅　　小　　小
(작을 소)

⑦ 꿰뚫는 획은 나중에

글자 전체를 꿰뚫는 획은 나중에 써야 한다. 예를 들어 中(가운데 중), 母(어미 모) 등의 글자를 쓸 때는 꿰뚫는 세로획(中)과 가로획(母)을 가장 나중에 쓴다.

中　　丶　　丶　　口　　口　　中
(가운데 중)

⑧ 오른쪽 위에 있는 점은 마지막에

오른쪽 위에 있는 점은 맨 마지막에 찍는다. 예를 들어 代(대신할 대), 犬(개 견) 등의 글자를 쓸 때 다른 획을 다 그은 뒤 맨 마지막에 오른쪽 위에 있는 점을 찍는다.

代　　丿　　亻　　仁　　代　　代
(대신할 대)

⑨ 받침은 맨 나중에

받침은 가장 마지막에 쓴다. 예를 들어 近(가까울 근), 建(세울 건) 등의 글자를 쓸 때에는 辶(쉬엄쉬엄 갈 착)과, 廴(책받침, 길게 걸을 인)과 같은 받침 글자를 맨 마지막에 쓴다.

近　　丶　　厂　　斤　　斤　　斤　　近　　近
(가까울 근)

2. 한자를 이루는 3가지 부분
形(모양 형), 音(소리 음), 意(뜻 의)

形(모양 형): 한자의 겉모양으로, 한자는 그림(상형문자)에서 시작해 점차 문자로 발전했기 때문에 시각적인 요소가 상당히 중요하다. 예를 들어 물 수(水)는 물줄기가 갈라지는 모양을 표현한 것인데, 복잡한 한자를 만들 때에는 모양이 더 간단하게 바뀌어서 부수로 들어간다. 이를테면 삼수변(氵)의 모양으로 바뀌어 물과 관련된 글자를 만드는 데에도 쓰이는데, 그러므로 자주 나오는 부수를 암기해 두면 한자를 공부할 때 큰 도움을 받을 수 있다.

音(소리 음): 한자가 가진 소리로, 발음을 통해 글자를 읽고 소통할 수 있도록 돕는 요소다. 예를 들어 강 강(江)과 물 하(河)는 두 글자 모두 물(氵)과 관련된 뜻을 가지고 있으나 그 발음이 서로 달라서 다른 어휘를 만들 때 쓰인다. 참고로 여기서 물 하(河)는 형성자로, 그 뜻을 가리키는 부분은 물 수(氵)이지만 이 한자의 음을 형성하는 부분은 옳을 가(可)에서 빌려 온 것이다. (가→하)

意(뜻 의): 한자가 지닌 뜻으로 각 글자가 지닌 고유한 의미를 설명한다. 이처럼 형, 음, 의가 결합되어 한자는 하나의 완성된 의미를 전달하는 글자로 쓰인다.

➡ 한자를 더욱 쉽게 공부하려면? 자주 쓰이는 부수들을 기억해 두자!

3. 한자 형성 방법
육서(여섯 六 쓸 書)

① 상형(모양 象 모양 形)
물체의 형상(모양이나 상태)을 본떠서 글자를 만드는 원리로, 해의 모양을 본떠 만든 '日(날 일)', 달의 모양을 본뜬 '月(달 월)', 산의 모양을 본떠 만든 '山(뫼 산)'을 그 예로 들 수 있다.

② 지사(가리킬 指 일 事)
상형의 원리로만 글자를 만들기에는 한계가 있어서 이를 극복하기 위해 만들어진 글자 형성 원리로서, '자세히 살펴서 그 뜻을 나타내거나, 그 뜻을 헤아릴 수 있는 글자'를 말한다. 숫자, 위치, 방향, 끝 등 추상적(눈으로 볼 수 없고 감각기관으로 느낄 수 없는)인 개념을 선이나 점

으로 표현한 글자라고 보면 된다. 그 예로 '一(하나 일)', '二(두 이)', '上(윗 상)', '下(아래 하)', '中(가운데 중)', '本(근본 본)', '末(끝 말)' 등의 글자들을 들 수 있다. 상형자와 지사자는 한자 이해의 가장 기본적인 바탕이 되며, 회의자와 형성자의 출발점이 된다.

③ 회의(모일 會 뜻 意)

모양을 본떠 만든 상형자나 그 모양을 본뜨기 어려운 추상적인 개념을 부호로 표현한 지사자에서 한 단계 발전된 문자로, 두 개 이상의 글자를 결합하고, 각 개념들을 이어서 새로운 의미를 만들어내는 방식을 회의자라고 한다. 뜻(意)을 모으다(會)라는 의미로, 뜻글자(표의문자)인 한자의 특성이 잘 드러난 생성 원리로 볼 수 있다. 나무(木)가 여러 개 있어서 숲을 이룬다는 점에서 만들어진 글자 수풀 림(林)이나, 사람(人)이 나무(木)에 기대어 쉰다는 점에서 만들어진 글자 쉴 휴(休) 등을 그 예로 들 수 있다.

④ 형성(모양 形 소리 聲)

회의자와 같이 두 개 이상의 글자를 결합해서 새로운 글자를 만드는 합체의 원리로 만들어진 글자이지만 의미 부분(形)과 소리 부분(聲)을 구분해서 결합한다는 점에서 회의자와 다른 원리다. 한자 중에서는 형성자가 그 수가 가장 많은 편이다. 나무 목(木)에 사귈 교(交)가 합쳐져서 학교 교(校)가 될 때, 나무 목(木)이 학교 교(校)의 의미 부분이 되고 사귈 교(交)가 이 글자의 소리 부분이 되는 것이 형성자의 대표적인 예라고 할 수 있다.

⑤ 전주(轉注)

한 글자가 비슷한 의미를 가진 다른 뜻으로 확장돼 쓰이는 글자를 의미한다. 예들 들어 즐길 락(樂)은, '음악 악/ 좋아할 요'로도 쓰이므로 음악(音樂), 요산요수(樂山樂水)로 그 뜻과 음이 확장되어 쓰이기도 한다. 이때의 樂을 전주자라고 부른다.

⑥ 가차(假借)

한자의 뜻과 상관없이, 해당 한자의 음만 빌려서 나타내는 한자 사용법으로 한자의 외국어 표기에서 코카콜라를 可口可口(가구가구)로 쓰는 방법이 그 예다.

➡ 즉, 가차와 전주는 새로 글자를 만들어내는 원리가 아니라 기존에 있는 글자를 다른 의미로 바꾸어 사용하는 방법이다.

자주 등장하는 부수들 암기해 두세요.

부수의 모양	원래 글자 모양	정식 이름 (옥편 표기)	약칭	쓰인 예시
辶	道	쉬엄쉬엄 갈 착	길, 도	近(가까울 근) 遠(멀 원)
氵	水	물 수	물, 삼수변	海(바다 해)
扌	手	손 수	손	技(재주 기)
宀	-	집 면	집, 지붕	家(집 가)
艹	草	풀 초	풀	花(꽃 화)
忄	心	마음 심	마음(왼쪽에 붙음)	情(뜻 정)
心	心	마음 심	마음(아래에 붙음)	思(생각할 사)
灬	火	불 화	불꽃	熱(뜨거울 열)
阝	阜	언덕 부	언덕(왼쪽에 붙음)	防(막을 방)
阝	邑	고을 읍	고을(오른쪽에 붙음)	部(거느릴 부)
犭	犬	개 견	짐승	猫(고양이 묘)

イ	人	사람 인	사람	休(쉴 휴)
リ	刀	칼 도	칼	利(이로울 리)
言(訁)	言	말씀 언	말	記(기록할 기)
貝	貝	조개 패	재물, 돈	賣(팔 매) 買(살 매)
金(왼쪽에 작게 붙음)	金	쇠 금	쇠, 금속	銀(은 은)
木(왼쪽에 작게 붙음)	木	나무 목	나무	林(수풀 림)
石(왼쪽, 아래 붙음)	石	돌 석	돌	岩(바위 암) 磨(갈다 마)
日(왼쪽에 작게 붙음)	日	날 일	해, 날	明(밝을 명)
月(양옆에 붙음)	月	달 월	달, 육체(몸)	朝(아침 조)
女(왼쪽에 작게 붙음)	女	계집 녀(여)	여자	好(좋아할 호)

각 한자 오른편에 있는 설명을 읽어보세요. 한자가 어떻게 만들어졌는지 원리를 이해해야 쉽게 외울 수 있으니까요. 다음으론 해당 한자가 쓰인 어휘를 확인하고, 예문까지 읽으면서 이 한자는 실생활에서 어떻게 활용되는지 꼭 확인하세요. 마지막으로, 뜻과 음만 봐도 해당 한자를 떠올릴 수 있을 만큼 여러 번 쓰면서 익히세요. 안타깝게도 한자 암기에 지름길은 없답니다. 반복만이 생명!

1

可

뜻 옳을 **음** 가

口(입 구)와 屮(가)의 형태가 바뀐 丁(곡괭이 정)이 합쳐진 글자다. 屮(가)는 입안 모양을 본뜬 글자인데, 막혔던 말(≒입 口)이 입안(屮)에서 튀어나온다는 점에서 '옳다, 허락하다'라는 뜻을 가지게 되었다고 한다. 한편 예나 지금이나 농사는 힘든 일이다. 그 어려움을 조금이라도 이겨내고자 농민들은 노동요를 흥얼거리곤 했다. 可는 이렇듯 곡괭이질(丁)을 하며 흥얼거린다(口)는 의미에서 '노래하다'라는 뜻으로 처음에는 쓰였다. 이후 可가 위에서 말한 '옳다'나 '허락하다'라는 뜻으로 굳어지면서, 지금은 여기에 입을 벌린 모습의 欠(하품 흠) 자를 결합한 歌(노래 가)가 '노래하다'의 뜻을 대신하게 되었다.

▷ 可決 (   ) : 제출된 안건을 합당하다고 결정함 / 결단할 決

▶ 예 만장일치로 可決을 선포합니다.

▷ 可能 (   ) : 할 수 있거나 될 수 있다. / 잘할 能

▶ 예 이번 일은 可能, 不可能을 따지지 말고 일단 밀어붙여봅시다.

답 : 가결, 가능

2

家

뜻 집 **음** 가

宀(집 면)과 豕(돼지 시)가 결합한 모습이다. 예로부터 소나 돼지와 같은 가축은 집안의 귀중한 재산이었으므로 고대 중국에서는 돼지우리를 반지하에 두고 그 위로는 사람이 함께 사는 특이한 구조의 집을 지었다.

▷ 家口 (   ) : 집안 식구. 현실적으로 주거 및 생계를 같이 하는 사람의 집단

▶ 예 우리나라 家口의 연평균 지출 규모는 얼마입니까?

▷ 家事 (   ) : 집안 살림살이에 관한 일

▶ 예 아내는 요즘 육아와 家事에 전념하고 있다

답 : 가구, 가사

3

歌

뜻 노래 부를 **음** 가

哥(노래 가)와 欠이 결합한 모습이다. 哥에 이미 '노래하다'라는 뜻이 있지만 입을 벌리고 있는 모습의 欠을 응용해 본래의 의미를 더욱 강조하고 있다.

▷ 歌手 (   ) : 노래 부르는 것을 직업으로 삼는 사람
▶ **예** 텔레비전을 틀자 마침 내가 좋아하는 歌手의 노래가 나왔다.

답 : 가수

4

加

뜻 더할 **음** 가

力(힘 력)와 口(입 구)가 결합한 모습이다. 力은 농기구를 그린 것으로 '힘쓰다'라는 뜻이 있다. 加는 이렇듯 '힘쓰다'라는 뜻을 가진 力에 口를 결합한 것으로 본래 의미는 '찬미하다'나 '칭찬하다'다. 그러니 加는 농사일에 힘쓰는 사람들을 격려한다는 뜻이었다. 시간이 흐르며 농사일을 통해 생산물이 늘어나는 것을 뜻하게 되면서 '더하다', '가하다'라는 뜻을 갖게 됐다.

▷ 加入 (   ) : 조직이나 단체에 구성원이 되기 위해 들어감
▶ **예** 그 동아리는 加入 절차가 매우 까다로웠다.

▷ 增加 (   ) : 양이나 수치가 늚. 더하여 많아짐 / 더할 增
▶ **예** 중국산 인삼의 밀반입 增加로 국내 인삼 수요가 크게 줄고 가격도 낮아지고 있다.

답 : 가입, 증가

5

價

뜻 값 **음** 가

價는 人(사람 인)에 賈(값 가)가 결합한 모습이다. 賈는 재화(貝)를 펼쳐놓고(襾) 물건을 판다는 데서 '장사하다'라는 뜻으로 주로 쓰였다. 여기에 人을 더해 '장사하는 사람이 부르는 것(값)'이라는 뜻을 표현하게 되었다.

▷ 價格 (   ) : 물건이 지니고 있는 가치를 돈으로 나타낸 것 / 격식 格
▶ **예** 공급이 수요보다 월등하게 많으면 상품의 價格은 떨어진다.

▷ 價値 (   ) : 사물이 지닌 쓸모. 대상이 지닌 중요성 / 둘 値
▶ **예** 그런 價値 없는 일에 너무 시간을 낭비하지 마라.

답 : 가격, 가치

6

各

뜻 각각 음 각

夂(치)와 口(구)가 합쳐진 말. 앞에 온 사람과 뒤에 오는(≒夂) 사람의 말(≒口)이 서로 다르다는 뜻으로 각각을 뜻한다. 여기서 夂(치)는 발의 모양이다.

▷ 各各 (   ) : 제각각, 따로따로

▶ 예 인사가 끝난 후 우리는 各各 제자리로 갔다.

▷ 各國 (   ) : 나라마다

▶ 예 우리는 세계 各國을 두루 돌아다니며 전통 무용을 공연했다.

답 : 각각, 각국

各과 모양이 비슷한 한자

名	多
뜻 이름 음 명	뜻 많을 음 다

7

間

뜻 사이 음 간

문(門) 사이로 해(日)가 뜨는 모습을 보고 '사이'라는 뜻이 생겼다고 한다.

▷ 間食 (   ) : 끼니와 끼니 사이에 음식을 먹음. 또는 그 음식 / 먹을 食

▶ 예 아침을 먹었는데도 배가 고파서 점심 먹기 전 間食을 먹었습니다.

▷ 夜間 (   ) : 밤사이, 해가 져서 먼동이 틀 때까지 / 밤 夜

▶ 예 夜間에는 거리가 한산해서 운전하기가 편하다.

답 : 간식, 야간

間과 모양이 비슷한 한자

門 뜻 문 음 문	양쪽으로 열고 닫는 큰 문의 모양을 본떠 만들었다.	問 뜻 물을 음 문	입 구(口)를 써서 내 입을 통해 말함으로써 물어본다는 의미를 더했다.
聞 뜻 들을 음 문	귀 이(耳)를 써서 내 귀를 통해 듣는다는 의미를 더했다.	開 뜻 열 음 개	평평할 개(开) 안의 받들 공(廾)으로 인해 양손으로 열다는 뜻이 생겼다.

8

感
뜻 느낄 음 감

咸(다 함)과 心(마음 심)이 결합한 모습이다. 咸은 '모두'나 '남김없이'라는 뜻을 갖고 있다. 이렇게 '남김없이'라는 뜻을 가진 咸에 心을 결합한 感은 '모조리 느끼다'라는 뜻이다. 여기서 말하는 '모조리 느끼다'라는 것은 오감(五感: 시각, 청각, 후각, 미각, 촉각)을 통해 느낀다는 뜻이다.

▷ 感動 (   ) : 깊이 느끼어 마음이 움직임
▶ 예 그 영화는 나에게 깊은 感動을 주었다.

▷ 感情 (   ) : 어떤 현상이나 일에 대해 일어나는 마음, 기분 / 뜻 情
▶ 예 은호는 벅차오르는 感情을 누를 수가 없었다.

> 답 : 감동, 감정

9

强
뜻 굳셀 음 강

弓(활 궁)과 口(입 구), 虫(벌레 충)이 결합한 모습이다. 强은 強(강할 강)의 또 다른 글자기도 하다. 여기시 強은 弘(넓을 홍)과 虫(벌레 충)이 합쳐져 만들어신 날자다. 強은 이렇듯 '크다'나 '넓다'라는 뜻을 가진 弘에 虫이 더해져, 강한 생명력을 가졌던 쌀벌레를 뜻했다. 지금은 '강하다'나 '굳건하다'라는 뜻으로 쓰이고 있다.

▷ 强力 (   ) : 힘이나 영향이 강함 ▶ 예 强力 접착제
▷ 强弱 (   ) : 강함과 약함 / 약할 弱
▶ 예 상구를 칠 때에는 적당한 强弱 조절이 필요하다.

> 답 : 강력, 강약

開

뜻 열(open) **음** 개

열 개(開)는 문 문(門)과 평평할 개(开)가 합쳐져 이루어진 한자다. 평평할 개(开)에서 받들 공(廾)이 양손을 뜻하기에 문(門)에서 양손(廾)으로 하는 행위라는 점에서 '문을 열다'라는 뜻이 생겼다고 한다.

▷ 開國 (　　　　) : 새로 나라를 세움

▶ 이성계는 조선의 開國에 힘쓴 신하들에게 큰 상을 주었다.

▷ 開學 (　　　　) : 방학을 마치고 수업을 시작함 / 배울 學

▶ 나는 開學이 가까워오자 밀린 숙제를 하느라 바빴다.

> 답 : 개국, 개학

改

뜻 고칠 **음** 개

고칠 개(改)는 巳(뱀 사)와 攵(칠 복)으로 구성됐다. 여기서 巳는 뱀이라기보다 아이를 상징했다고 본다. 그래서 改는 아이를 꿇어앉혀 매로써 교육하는 모습을 나타내며 이로부터 나쁜 습관이나 버릇을 고친다는 뜻이 생겼다.

▷ 改善 (　　　　) : 잘못을 고쳐 좋게 함 / 착할 善

▶ 여러 차례 改善을 요구했지만 국회도서관의 도서 대출 방식은 바뀌지 않고 있다.

▷ 改革 (　　　　) : 제도나 기구 따위를 새롭게 뜯어고침 / 가죽 革

▶ 국민들은 새 정부가 과감한 改革을 단행할 것으로 기대하고 있다.

> 답 : 개선, 개혁

 왜 '개혁'에 가죽 혁 자를 쓸까?

가죽 혁(革)은 가죽옷을 만들기 위해 짐승의 가죽을 벗겨 말리는 모습을 본뜬 글자다. 털이 그대로 남아 있는 모습을 뜻하는 가죽 피(皮)와 달리 가죽 혁(革)은 털을 제거한 상태를 말한다. 그래서 혁에는 '제거하다'라는 뜻도 생겼고, 동물의 가죽을 인간을 위한 가죽옷으로 변화시키는 행위로서 인간에게 이로운 형태의 변화가 일어난다는 것도 의미한다. 그래서 (좋은 방향으로)'바꾸다'의 뜻도 생겼다.

客

뜻 손님 **음** 객

宀(집 면)과 各(각각 각)이 결합한 글자다. 집으로 다른 사람의 발이 들어오는 모습을 뜻한다. 우리 집에 잠시 들어온 사람이라는 뜻에서 손님이라는 뜻이 생겼고, 곧 떠나는 사람이라는 의미에서 '나그네'를 뜻하는 말이 되기도 한다.

▷ 客席 (　　　　) : 극장 따위에서 손님이 앉는 자리 / 자리 席
▶ 예 공연 시작 10분 전이 되자 客席이 가득 찼다.

▷ 客室 (　　　　) : 손님이 머무르게 하거나 접대할 수 있도록 정해 둔 방 / 집 室
▶ 예 찾아온 손님을 客室로 모시다.

답 : 객석, 객실

 去

뜻 갈 **음** 거

土(흙 토)와 厶(사사로울 사)가 결합한 글자처럼 보이지만, 옛글자에서는 大(사람)이 口(문, 입구) 밖으로 나가는 모습을 표현한 것으로 되어 있고, 그 모양에서 '가다'라는 뜻을 가지게 된 것으로 추정한다.

▷ 去來 (　　　　) : 주고받음. 또는 사고팖. 친분 관계를 이루려 오고 감 / 올 來
▶ 예 그 기업은 여러 은행과의 去來를 일시에 중단하였다.

▷ 過去 (　　　　) : 이미 지나간 때. 지나간 일이나 생활 / 지날 過
▶ 예 過去에 연연하지 말고 현재에 충실하도록 해.

답 : 거래, 과거

去와 모양이 비슷한 한자

 **法**

뜻 법 **음** 법

물이 끊임없이 흘러가되(去) 거기에는 일정히 정해진 것(즉, 법)이 있다는 뜻

14 擧

뜻 들 **음** 거

무게 있는 것을 들기 위해 여러 사람(與)이 손(手)에 힘을 쓰는 모습을 표현한 글자다. 특히 與(여)는 서로 단단하게 맞물려 일하는 모습을 뜻하는 '더불어 여'인데 우리 편이라는 뜻도 되니 미리 알아두자.

▷ 科擧 (   ) : 우리나라와 중국에서 관리를 뽑을 때 보던 시험 / 과목 科
▶ ㉞ 당시 양반 사회는 科擧를 통해 출세(사회적으로 높은 지위에 오름)를 할 수 있었다.

▷ 選擧 (   ) : 일정한 조직이나 집단이 대표자, 임원을 가려 뽑는 일 / 고를 選
▶ ㉞ 김 후보는 시 의회 의장 選擧에서 근소(매우 적은)한 표차로 박 후보를 누르고 당선되었다.

답 : 과거, 선거

15 建

뜻 세울 **음** 건

이 한자는 聿(붓 율)과 廴(나아갈 인) 두 부분으로 이루어져 있다. 聿은 붓을 의미하고, 廴은 앞으로 나아가는 모습, 즉 길을 나타낸다. 붓을 쥐고 길 위에서 건물을 설계하는 모습을 나타냈다는 설이 있고, 한편으로 붓을 세워서 글을 쓰므로 거기서 '세우다'라는 뜻이 나왔다는 설도 있으니 암기하기 편한 방향으로 외워두자.

▷ 建國 (   ) : 나라가 세워짐
▶ ㉞ 그는 조선 왕조 建國에 큰 공을 세운 사람이다.

▷ 建物 (   ) : 사람이 들어 살거나, 일을 하거나, 물건을 보관하기 위해 지은 것
▶ ㉞ 建物을 짓다.

답 : 건국, 건물

16 格

뜻 격식 **음** 격

나무 목(木)과 각각 각(各)이 합쳐져 이루어진 한자로, 여기서 각(各)은 단순히 발음 역할이며, 원래는 가지치기를 마친 나무를 뜻하기 위해 만들어진 한자였다. 가지치기를 한 나무는 모양을 다듬어 바로잡아둔 것이라서 '바로잡다, 고치다'의 뜻이 생겼고, 의미가 더욱 확대되어 바로잡아서 다듬어진 '인성, 인격, 격식'의 의미도 가지게 되었다. 나무에 각각의 신분(격)이 새겨진 이름표를 떠올리면 좀 더 잘 외워진다.

▷ 合格 (   ) : 시험이나 조건에 맞아서 뽑힘 / 맞을, 모일 合
▶ ㉞ 언니, 임용 고시 合格을 진심으로 축하해.

답 : 합격

見

뜻 볼 / 뵈올
음 견 / 현

儿(어진 사람 인)과 目(눈 목)이 합쳐진 글자로, 무언가를 보는 사람의 모습을 나타냈다. 사람 위에 눈을 덧그려 사람이 눈으로 '보다'라는 의미가 생겼다.

▷ 見學 (   ) : 실제로 보고 그 일에 관한 구체적인 지식을 넓힘
▶ 예 나는 어제 박물관에 見學을 갔다.

▷ 發見 (   ) : 미처 찾아내지 못하였거나 알려지지 않은 것을 찾아냄
▶ 예 페니실린의 發見은 계속해서 다른 항생 물질의 발견으로 이어졌다.

▷ 謁見 (   ) : 지체 높은 사람을 찾아뵘 / 아뢸 謁
▶ 예 왕을 謁見할 기회가 흔히 오는 것은 아니다.

답 : 견학, 발견, 알현

뜻 결단할 **음** 결

결단할 결(決)은 물 수(氵)와 터놓을 쾌(夬)가 결합된 글자로, 본래는 물을 터놓는다는 뜻이다. 옛날에는 논농사를 위해 물을 막아두었다가, 벼가 익을 때쯤 물꼬를 터서 물을 흘려보내는 시기를 정했는데, 여기서 이 한자가 만들어졌다는 설이 제일 유력하다. 언제 물을 흘려보내야 할지 정하는 것은 상당히 중요했으므로 결단하다라는 뜻으로까지 심화됐다.

▷ 決定 (   ) : 행동이나 태도를 분명하게 정함 / 정할 定
▶ 예 決定을 내리다.

▷ 解決 (   ) : 엮인 일을 풀어서 잘 정리함 / 풀 解
▶ 예 어려운 문제였지만 잘 解決했다.

답 : 결정, 해결

結

19

뜻 맺을 **음** 결

한자 結은 실(糸)과 좋은 일을 약속한다는 뜻의 길(吉)이 합쳐진 글자로, 실을 잘 마무리하여 매듭지었다는 데서 나온 글자다.

▷ 結果 (　　　) : 열매를 맺음. 또는 어떤 원인으로 그 결말이 생김 / 과실 果

▶ ㉠ 結果가 발표되었다.

▷ 結末 (　　　) : 어떤 일이 마무리되는 끝 / 끝 末

▶ ㉠ 이 동화는 행복한 結末로 끝난다.

답 : 결과, 결말

休

20

뜻 쉴 **음** 휴

나무(木)에 기대어 쉬는 사람(亻)의 모습을 뜻하는 글자다.

▷ 休息 (　　　) : 하던 일을 멈추고 잠깐 쉼 / 쉴 息

▶ ㉠ 감독님께서는 훈련 도중에 休息 시간을 삼십 분 주셨다.

▷ 連休 (　　　) : 이틀 이상 휴일이 겹침. 또는 그런 휴일 / 이을 連

▶ ㉠ 이번 連休 때 무엇을 하셨습니까?

답 : 휴식, 연휴

景

21

뜻 볕 / 그림자
음 경 / 영

날 日(일)과 볕 京(경, 높은 누각을 뜻하기도 함)으로 이루어진 글자다. 높은 대 위에 태양이 빛난다는 의미에서, 태양의 빛(볕)을 뜻하며 더 나아가 그 빛에 비치는 경치라는 뜻도 생겼다.

▷ 景致 (　　　) : 자연의 아름다운 모습 / 경치 致

▶ ㉠ 이 산은 빼어난 景致를 자랑하고 있다.

답 : 경치

22

敬
뜻 공경할(받들) **음** 경

진실할 구(苟)에 칠 복(攵)을 합친 글자로 여기서 진실할 구(苟)가 잘못하여 혼나고 있는 아이의 모습을 뜻한다. 자기 주위를 잘 살펴서 예의에 어긋나지 않게 본인 스스로를 쳐(攵) 조심하고 삼간다는 뜻.

▷ 敬畏 (   ) : 공경하면서 두려워함 / 두려워할 畏
▶ ⑩ 어린 시절의 나는 복종과 사랑, 敬畏의 마음으로 내 아버지를 우러러보았다.

▷ 尊敬 (   ) : 남의 인격·사상·행위 따위를 높여 공경함 / 높일 尊
▶ ⑩ 제자들이 스승에게 尊敬을 표했다.

> 답 : 경외, 존경

 23

輕
뜻 가벼울 **음** 경

車(수레 차)와 巠(물줄기 경)이 합쳐진 글자로, 가볍게 흘러간다는 의미에서 나왔다.

▷ 輕量 (   ) : 가벼운 무게 / 헤아릴 量
▶ ⑩ 겨울 날씨가 점점 따뜻해지면서 輕量 패딩이 더 많이 팔리고 있다.

▷ 輕視 (   ) : 대수롭지 않게 보거나 업신여김 / 볼 視
▶ ⑩ 산업화·도시화가 너무 급속하게 진행되는 바람에 돈보다 사람 목숨을 輕視하는 생명 輕視 현상이 일어나고 있다.

> 답 : 경량, 경시

輕과 모양이 비슷한 한자

經
뜻 지날 **음** 경

經은 '지나다', '다스리다'라는 뜻을 가졌는데 糸(실 사)와 巠(물줄기 경)이 결합한 모습이다. 巠은 '물줄기'라는 뜻이 있지만, 본래는 베틀 사이로 날실이 지나가는 모습을 나타낸 글자다. 여기에 糸를 더해 '지나다'라는 뜻이 확실해졌다. 한편 經은 후에 비단 실을 엮어 옷감을 짜듯 기초를 닦고 일을 해나간다는 의미에서 '다스리다'나 '경영하다'라는 뜻도 깃게 됐다.
※경력(經歷): 겪어 지내온 일들 / 지날 歷

競

뜻 다툴 **음** 경

競의 초기 글자를 보면 人(사람 인) 위로 辛이 두 개 겹친 모양이다. 여기서 辛은 노예를 상징하니 競은 노예 둘을 함께 그린 셈이다. 고대 중국의 귀족들은 자신들의 즐거움을 위해 노예끼리 서로 힘겨루기를 하도록 했다. 競은 그러한 모습을 표현한 것으로 '다투다'나 '경쟁하다'라는 뜻을 갖게 되었다.

▷ 競技 (　　　　) : 일정한 규칙 아래 기량과 기술을 겨룸 / 재주 技

▶ ⑩ 競技에 임하는 선수의 자세

▷ 競爭 (　　　　) : 같은 목적을 두고 더 큰 이익을 얻으려 겨루는 것 / 다툴 爭

▶ ⑩ 競爭을 벌이다.

답 : 경기, 경쟁

界

뜻 지경 / 범위(scope / realm) **음** 계

界는 田(밭 전)과 介(끼일 개)가 결합한 모습이다. 介는 갑옷을 조여 입는다는 의미에서 '끼이다'나 '사이에 들다'라는 의미를 지닌다. 界는 이렇게 밭과 밭 사이라는 뜻에서 다른 땅 사이 경계선을 '끼다'라는 뜻(介)이다. 그래서 界는 토지나 영토의 구분선인 '경계'나 '한계'라는 의미로 쓰이고 있다.

▷ 世界 (　　　　) : 지구상의 모든 나라. 대상이나 현상의 모든 범위

▶ ⑩ 世界 평화와 인류 번영

답 : 세계

뜻 셀 **음** 계

숫자 10을 뜻하는 十에 言이 결합한 計는 1에서 10까지 말(言)로 셈한다는 뜻이다.

▷ 計算 (　　　　) : 수를 헤아림 / 셈 算

▶ ⑩ 나는 오늘 쓴 돈은 오늘 計算을 해야 마음이 편하다.

▷ 計劃 (　　　　) : 앞으로 할 일의 절차, 방법, 규모 따위를 미리 헤아려 작성함 / 그을 劃

▶ ⑩ 사업 計劃을 세우다.

답 : 계산, 계획

27

뜻 흉할 **음** 흉

凶은 짐승이 빠져나오지 못하도록 만든 함정을 나타낸 글자다. 凵은 구덩이, ㄨ는 구덩이에 이미 무언가가 빠졌음을 나타낸다. 결국 凶은 구덩이에 빠진 사람이나 짐승이 흉한 일을 당했다는 의미에서 '흉하다'나 '운수가 나쁘다'라는 뜻을 갖게 되었다.

▷ 凶家 (   ) : 드는 사람마다 흉한 일을 당한다고 하는 불길한 집

▶ 예 오랫동안 버려진 凶家

▷ 凶作 (   ) : 농작물의 수확이 평년작을 훨씬 밑도는 일. 또는 그런 농사 / 지을 作

▶ 예 이번 해엔 감자 농사가 凶作이라 걱정이 많아.

> 답 : 흉가, 흉작

28

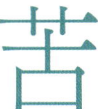

뜻 (맛이) 쓸 **음** 고

艹(풀 초)와 古(옛 고)가 결합한 모습이다. 古에는 '옛날'이라는 뜻이 있지만, 여기에서는 발음 역할만 하고 있다. 결국 苦는 풀이 매우 쓰다는 뜻으로, 위에 얹힌 글자인 풀 艹가 의미 역할을 담당한다. 맛이 '쓰다'라는 뜻에서 '괴롭다'라는 뜻으로도 이어질 수 있다.

▷ 苦役 (   ) : 몹시 힘들고 고된 일 / 일, 맡을 役

▶ 예 더운 여름 뙤약볕에서 농사를 짓는 일은 苦役이었다.

▷ 苦痛 (   ) : 몸이나 마음의 괴로움이나 아픔 / 아플 痛

▶ 예 苦痛이 심하다.

> 답 : 고역, 고통

苦와 모양이 비슷한 한자

뜻 같을 **음** 약

초창기 글꼴은 여인이 앉아서 양손으로 머리를 매만지는 모습을 나타낸 모양이었다고 전한다. 따라서 본뜻은 '머리를 손질하다'이며, 빗이 가는 대로 머릿결이 '같이' 따라가므로 '같다'의 뜻이 나왔을 것이다. 한편 빗으로 머리를 손질하면 머릿결이 빗에 따라가는 것이므로, '따르다', '순종하다'의 의미로도 확장된다.

뜻 옛 **음** 고

口(입 구)와 十(열 십)이 결합한 모습이다. 그러나 古의 초기 형태를 보면 口 위로 中(가운데 중)이 그려져 있었다. 이것은 각기 '입'과 '방패'를 표현한 것이다. 방패는 전쟁에 쓰이는 무기로, 古은 오래전 있었던 전쟁 이야기를 말한다는 뜻으로 만들어졌다. 옛날 이야기를 후세에 들려준다는 의미인 것이다. 한편 古에 攵(칠 복)을 더한 故(옛 고)가 '옛날'이라는 뜻으로 쓰이는 것도 바로 이 때문이다. (옛날에 다른 나라를 친(攵) 일을 말한다.)

▷ 古典 (   ) : ① 옛날부터 전해져 오는 의식이나 법 ② 오랫동안 많은 사람에게 널리 읽히고 높이 평가된 저술 또는 작품 / 법 典

▶ **예** 그의 책은 古典이 되어 시대와 지역을 초월해 사람들을 사로잡아왔다.

답 : 고전

뜻 알릴 / 고할 **음** 고

牛(소 우)와 口(입 구)가 결합한 모습이다. 고대에는 짐승을 제물로 바쳐 제사를 지내곤 했는데, 告는 결국 신에게 제사를 지냄을 알린다는 의미에서 '알리다'나 '고하다'라는 뜻을 갖게 되었다. 제사에는 주로 양이나 소가 제물로 쓰였다. 그러니 告에 쓰인 牛는 제물로 바친 소를 의미한다.

▷ 告白 (   ) : 마음속에 생각하고 있는 것이나 감춰둔 것을 숨김없이 말함 / 흰 白

▶ **예** 그의 告白은 진실했다.

▷ 報告 (   ) : 알리어 바치거나 베풀어 알림 / 알릴 報

▶ **예** 오후 2시에 세미나실에서 이번 사업의 경과에 대한 報告가 있습니다.

답 : 고백, 보고

뜻 굳을 **음** 고

口는 성(城)을 둘러싸고 있는 성벽을 그린 것이다. 固에 쓰인 古는 '옛날'이나 '오래다'라는 뜻이다. 성벽은 외부의 침입을 차단하는 역할을 한다. 그래서 단단하면서도 오래 유지되어야 했다. 固는 이러한 의미에서 '굳다', '단단하다'를 뜻하게 되었다.

▷ 固定 (   ) : 한번 정한 대로 변경하지 않음 / 정할 定

▶ **예** 저희 회사는 다달이 때맞춰 들어오는 固定 수입원이 있습니다.

▷ 固體 (   ) : 일정한 모양과 부피를 가진 물체 / 몸 體

▶ **예** 액체 상태의 물이 얼면 固體인 얼음이 된다.

답 : 고정, 고체

32

뜻 생각할 **음** 고

考는 耂(늙을 노)와 丂(공교할 교)가 결합한 모습이다. 丂는 '솜씨가 있다'라는 뜻을 가지고는 있지만 여기서는 모양 역할만 하고 있다. 考는 老(늙을 노)에서 확장된 글자다. 갑골문에서는 지팡이를 짚은 사람을 그려 '노인'을 나타냈다. 그러므로 考는 오랜 경험과 연륜을 통해 깊이 헤아려 생각할 줄 아는 노인이라는 뜻이 들어 있다. 단순히 '나이 듦'만을 뜻하는 老와 달리 考는 '깊이 헤아리다'라는 뜻으로 쓰인다.

▷ 思考 (   ) : 생각하고 궁리함 / 생각할 思

▶ 예 그는 思考의 폭이 넓은 사람이다.

▷ 考察 (   ) : 어떤 것을 깊이 생각하고 연구함 / 살필 察

▶ 예 한국 문학에 대한 새로운 考察

> 답 : 사고, 고찰

 33

뜻 굽을 **음** 곡

대나무나 싸리나무로 만든 바구니 모양의 굽은 모양을 본뜬 글자로 '굽다'를 뜻한다.

▷ 曲線 (   ) : 구부러진 선 / 실 線

▶ 예 그 춤꾼은 우아한 曲線으로 팔을 내저었다.

▷ 歪曲 (   ) : 사실과 다르게 해석하거나 그릇되게 함 / 기울어질 歪

▶ 예 이것은 분명 역사의 歪曲이다.

> 답 : 곡선, 왜곡

曲과 모양이 비슷한 한자

뜻 법 **음** 전

뜻 책 **음** 책

34

空

뜻 빌 **음** 공

空은 穴(구멍 혈)과 工(장인 공)이 결합한 모습이다. 工은 흙을 다지는 도구인 달구를 뜻한다. 空은 工에 穴을 결합한 것으로 흙을 다져 구멍을 만들었다는 의미에서 '공간'이라는 뜻을 갖게 됐다.

▷ 空氣 (   ) : 지구 표면을 둘러싼 무색, 무취, 투명한 기체

▶ ⑩ 영철이는 바람 빠진 타이어에 空氣를 넣었다.

▷ 空虛 (   ) : 어떤 것을 깊이 생각하고 연구함 / 살필 察

▶ ⑩ 멍하니 앉은 그의 가슴속에는 일시에 空虛 그 자체가 몰려들었다.

답 : 공기, 공허

35

公

뜻 모두 / 공평할 **음** 공

사사로운(마늘 모 厶 → 나, 사사롭다, 마늘 모양) 일과 서로 등지고(八) 있다는 데서 온 글자로, 혼자가 아니라 여럿과 관계된 일을 뜻한다.

▷ 公人 (   ) : 국가나 사회를 위하여 일하는 사람

▶ ⑩ 교육자는 교육을 담당한 公人으로서 투철한 사명감을 가져야 한다.

▷ 公休 (   ) : 정한 날에 함께 쉼

▶ ⑩ 公休일에는 도서관 등 관공서도 전부 쉰다.

답 : 공인, 공휴

36

功

뜻 성취, 노력 **음** 공

工(장인 공)과 力(힘 력)이 결합한 모습이다. 工은 땅을 다지는 도구인 '달구'를 뜻하는 글자다. 그러니 功은 땅을 다지는 도구를 들고 힘을 쓰는 모습을 표현한다. 전쟁이나 물을 다스려 홍수나 가뭄을 방지하는 일을 중시했던 시대에는 성과 둑을 쌓는 일 모두 나랏일과 관련된 사업이었다. 그래서 功은 나랏일에 힘쓴다는 의미에서 '공로'나 '업적, 사업'이라는 뜻을 갖게 됐다.

▷ 功勞 (   ) : 어떤 목적을 이루는 데 힘쓴 노력이나 수고 / 일할 勞

▶ ⑩ 그는 이번 일이 성사되게 한 데에 대한 功勞가 크다.

▷ 功名 (   ) : 공을 세워 이름을 떨침

▶ ⑩ 그 장군은 적군을 무찌른 공로로 평생 功名을 누리며 살았다.

답 : 공로, 공명

工

뜻 장인 **음** 공

共

뜻 함께 / 한 가지 **음** 공

제사에 쓰는 그릇을 공손히 들고 가는 모습으로 '공손하다'나 '정중하다', '함께'라는 뜻을 표현한 글자다.

▷ 共感 (　　　　) : 남의 감정, 의견, 주장 따위에 대해 자기도 그렇다고 느낌
▶ **예** 이 소설은 동심의 세계를 그리고 있어 독자로 하여금 경탄과 共感을 자아낸다.

▷ 共同 (　　　　) : 여러 사람이 일을 같이 하거나 같은 자격으로 모이는 결합
▶ **예** 교복을 共同으로 구매했더니 값이 훨씬 싸졌다.

답 : 공감, 공동

科

뜻 과목 / 과정 **음** 과

科는 禾(벼 화)와 斗(말 두)가 결합한 모습이다. 斗는 곡식을 담는 바가지를 그린 것으로 '용량의 단위'라는 뜻이 있다. 벼의 품질을 가늠하기 위해 바가지로 쌀을 퍼내는 모습을 표현한 글자가 科다. 벼의 품질이나 품종을 검사해 수확한 벼의 등급을 분류하는 데서 科는 벼의 '품종'이나 '등급'을 뜻하다가 후에 '분류'나 '종류, 과목' 등의 뜻을 갖게 되었다.

▷ 科目 (　　　　) : 가르치거나 배워야 할 지식 및 경험의 체계를 세분한 영역
▶ **예** 국어, 영어, 수학은 주요 科目이다.

▷ 科程 (　　　　) : 교육 과정의 준말 / 한도(limitation) 程
▶ **예** 초급 科程을 이수해야 상급 학년으로 올라갈 수 있다.

답 : 과목, 과정

39

課

뜻 과정 **음** 과

課는 言(말씀 언)과 果(열매 과)가 결합한 모습이다. 果는 나무 위에 열매가 맺혀 있는 모습을 그린 것으로 '열매'라는 뜻이다. 공부는 자신이 목표로 하는 성과를 얻어내기 위한 노력을 말한다. 課는 그러한 의미를 담은 글자로 '글공부(言)를 열심히 해 결실(果)을 맺는다'는 뜻으로 만들었다. 즉, 課는 공부를 열심히 해야 성과를 얻을 수 있다는 의미다.

▷ 課業 (   ) : 꼭 하여야 할 일이나 임무

▶ **예** 그녀는 평화적 통일은 민족적 課業이라고 주장했다.

▷ 課題 (   ) : 처리하거나 해결해야 할 문제 / 제목 題

▶ **예** 오늘은 선생님께서 課題를 너무 많이 내주셨다.

답 : 과업, 과제

課와 모양이 비슷한 한자

果

뜻 열매 / 과실 **음** 과

40

뜻 지날/ 재앙 **음** 과/ 화

뜻을 나타내는 辶(=辵, 쉬엄쉬엄 갈 착)과 음(音)을 나타내는 글자 咼(와→과, 입이 삐뚤어짐)의 뜻이 합쳐져 바른 길을 지나쳤다는 데서 '지나다'를 뜻한다.

▷ 過勞 (   ) : 몸이 고달플 정도로 지나치게 일함

▶ **예** 우리 회사의 직원 한 명이 過勞로 쓰러졌다.

▷ 過分 (   ) : 분수에 넘침

▶ **예** 형수는 형님에겐 過分한 여자였다.

답 : 과로, 과분

41

關
뜻 관계할 음 관

關은 門(문 문)과 絲(실 사), 卝(쌍상투 관)이 결합한 모습이다. 열쇠와 빗장이 絲와 卝으로 표현되면서 빗장이 열쇠로 잠겨 있다는 뜻의 關이 만들어졌다. 關에는 후에 '관계하다'라는 뜻도 생겼는데, 둘 이상의 친밀한 관계가 단단히 묶여 있다는 뜻이다.

▷ 關心 (   ) : 어떤 일이나 대상에 마음이 끌려 주의를 기울임
▶ 예 그 일은 많은 이들의 關心을 모았다.

▷ 關與 (   ) : 어떤 일에 관계하여 참여하는 것 / 더불어 與
▶ 예 남의 일에 關與하기 보다는 본인의 일을 잘 챙기는 것이 더 중요하다.

답 : 관심, 관여

42

觀
뜻 볼 음 관

觀은 雚(황새 관)과 見(볼 견)이 결합한 모습이다. 황새 雚은 隹(새 추) 위에 큰 눈과 눈썹을 그린 것이다. 이렇게 황새를 뜻하는 雚에 見을 결합한 觀은 나무 위에 올라가 있는 황새처럼 넓게 '보다'라는 뜻이다.

▷ 觀察 (   ) : 사물이나 현상을 주의하여 자세히 살펴봄 / 살필 察
▶ 예 좋은 작가가 되려면 주변에 대한 觀察을 게을리해서는 안 된다.

답 : 관찰

43

廣
뜻 넓을 음 광

广(집 엄)과 黃(누를 황)이 결합한 모습이다. 黃은 허리에 누렇고 둥근 옥을 두른 황제를 그린 것으로 '황제'라는 뜻도 있다. 황제가 살던 궁전은 규모가 크고 넓었다. 그래서 廣은 '황제'를 뜻하는 黃에 广을 결합해 황제가 살 법한 크고 넓은 '대궐'을 뜻했었다. 그러나 지금은 단순히 '넓다', '널찍하다'라는 뜻으로 쓰인다.

▷ 廣告 (   ) : 세상에 널리 알림 / 알릴 告
▶ 예 요즘은 텔레비전 廣告가 급격히 늘고 있다.

▷ 廣場 (   ) : 많은 사람들이 모일 수 있도록 만들어놓은 넓은 빈터 / 마당 場
▶ 예 시청 앞 廣場에 수많은 시민이 모여 시위를 하였다.

답 : 광고, 광장

廣과 모양이 비슷한 한자

黃
뜻 누를(노랗다) 음 황

庫
뜻 곳집, 창고 음 고

 44

校
뜻 학교 음 교

고대에는 校가 죄수의 손발에 끼우던 형틀을 뜻했다. 그래서 校는 다리를 꼬고 있는 모습을 그린 交에 木을 더해 나무로 만든 형틀에 사람이 묶여 있다는 뜻을 표현했다. 그러나 시간이 지나면서 校가 죄인을 가두어 심판했던 '기관'이라는 뜻으로 쓰이게 되었고, 이마저도 다시 뜻이 바뀌면서 지금은 전문 교육기관을 가리키게 되었다.

▷ 校歌 (　　　　) : 학교를 상징하는 노래
▶ 예 동창회의 마지막 순서는 대개 校歌를 함께 부르는 것이었다.

▷ 母校 (　　　　) : 자기가 졸업한 학교
▶ 예 나는 母校의 교사가 되었다.

답 : 교가, 모교

 45

黑
뜻 검을 음 흑

黑은 아궁이를 그린 것으로, 아궁이 주변은 불을 피우는 즉시 검게 그을리게 마련이라 '검다'는 뜻이 생겼다. 이외에 '악독하다, 횡령하다, 나쁘다'와 같은 부정적인 뜻을 전달하기도 한다.

▷ 黑幕 (　　　　) : 겉으로 드러나지 않은 음흉한 내막을 비유적으로 이르는 말 / 장막 幕
▶ 예 이 사건의 黑幕을 꼭 밝혀내도록 하시오.

▷ 黑白 (　　　　) : ① 검은색과 흰색을 아우르는 말 ② 잘잘못이나 옳고 그름 / 흰 白
▶ 예 黑白을 가리다.

답 : 흑막, 흑백

交

뜻 사귈 **음** 교

다리를 꼬고 앉아 있는 사람을 그려 '엇갈리다'나 '교차하다'라는 뜻을 표현한 글자다.

▷ 交代 (　　　　) : 서로 번갈아 드는 사람. 또는 그 일

▶ 예 그들은 다친 친구를 交代로 업고 언덕길을 올라 공터로 들어섰다.

▷ 交換 (　　　　) : 서로 바꿈. 서로 주고받고 함 / 바꿀 換

▶ 예 북한은 얼마 전 남북 정상 회담을 논의하기 위한 특별사절단 交換을 제의했다.

답 : 교대, 교환

球

뜻 공 **음** 구

玉(구슬 옥)과 求(구할 구)가 결합한 모습이다. 求는 '구하다'라는 뜻이 있지만, 여기에서는 발음 역할만 하고 있다. 球는 본래 둥글게 깎아놓은 옥을 뜻하기 위해 만든 글자지만, 지금은 '둥글다'라는 뜻만 남았다.

▷ 球技 (　　　　) : 공을 사용하는 운동 경기. 야구, 축구 따위가 있음 / 재주 技

▶ 예 이번 체육대회에서 우리 학교는 球技 종목에서 강세를 보였다.

▷ 球團 (　　　　) : 야구, 축구, 농구 따위를 사업으로 하는 단체 / 모일,둥글 團

▶ 예 월드컵에서 큰 활약을 보인 김 선수에게 해외 유명 球團들의 러브콜이 잇따르고 있다.

답 : 구기, 구단

球와 모양이 비슷한 한자

뜻 건질, 구할 **음** 구

區

뜻 구분할 **음** 구

갑골문에 나온 區를 보면 선반 위에 그릇이 놓인 모습이다. 그릇이 가지런히 나누어져 있는 모습에서 '구분하다'나 '나누다', '구역'이라는 뜻이 생겼다.

▷ 區別 (　　　) : 성질이나 종류에 따라 차이가 남 / 나눌 別
▶ ㉝ 조선 시대는 신분 區別이 엄격한 사회였다.

▷ 區分 (　　　) : 일정한 기준에 따라 전체를 몇 개로 갈라 나눔
▶ ㉝ 지금부터 선배와 후배로 區分을 지어 게임을 진행하도록 하겠습니다.

답 : 구별, 구분

救

뜻 건질/ 구할 **음** 구

救는 '구하다'라는 뜻을 가진 求에 攵을 결합한 것으로, 누군가를 구한다는 뜻으로 만들어졌다. 攵는 위기에 빠진 사람을 구하기 위해 나뭇가지를 내민다는 뜻으로 응용된 글자다.

▷ 救急 (　　　) : 위급한 처지에 놓여 있는 사람을 구하는 일 / 급할 急
▶ ㉝ 이재민을 위한 救急 방안을 마련하다.

▷ 救助 (　　　) : 구원하고 도와줌 / 도울 助
▶ ㉝ 산길에서 굴러 다리를 삐끗한 그는 소리를 질러 救助를 요청했다.

답 : 구급, 구조

救와 모양이 비슷한 한자

球

뜻 공 **음** 구

50

舊
뜻 옛 **음** 구

오랠 구(久)와 음이 같다는 이유로 수리부엉이를 뜻하던 글자를 빌려 와 만들어진 글자다. 획이 복잡하더라도 잘 외워두자.

▷ 舊面 (　　　　) : 예전부터 알고 있는 처지. 또는 그런 사람 / 얼굴 面
▶ 예 성현이가 소개시켜 준 사람은 나와는 이미 舊面이었다.

▷ 親舊 (　　　　) : 오래 두고 가깝게 사귄 친구 / 친할 親
▶ 예 親舊를 사귀다.

답 : 구면, 친구

舊와 뜻과 음이 비슷한 한자

뜻 오랠 **음** 구

51

局
뜻 판 **음** 국

局은 본래 장기나 바둑을 두던 '판'을 뜻한다. 이기기 위해서는 두뇌 싸움을 해야만 한다는 뜻이 생겨나면서 '당면한 사태'나 '재간'이라는 뜻이 생겼고 장기판의 판세에 빗대 나랏일을 논하는 '관청'이라는 뜻으로도 쓰이게 되었다.

▷ 局面 (　　　　) : 어떤 일이 벌어진 장면이나 형편
▶ 예 새로운 局面을 맞았다.

▷ 結局 (　　　　) : 일이 마무리되는 마당이나 일의 결과가 그렇게 돌아감을 이르는 말
▶ 예 그 사건으로 그녀는 結局 총장직을 사퇴했다.

답 : 국면, 결국

52

뜻 귀할 **음** 귀

臼(절구 구)와 土(흙 토), 貝(조개 패)가 결합한 모습이다. 그런데 갑골문에 나온 貴를 보면 양손으로 흙을 감싸고 있는 모습이다. 농경을 중시하던 시대에 흙은 만물을 창조하는 귀한 존재였기 때문이다. 시간이 흐르며 여기에 貝(재물을 뜻함)가 더해지면서 귀중함의 존재가 흙에서 재물로 옮겨 오게 되었다.

▷ 貴族 (   ) : 신분이 높고 가문이 좋은 사람
▶ 예 예술이란 소수 貴族만 누리는 것이 아니다.

▷ 貴下 (   ) : 편지 글에서 상대방을 높여 이름 다음에 붙여 쓰는 말
▶ 예 ○○○ 貴下

답 : 귀족, 귀하

貴와 모양이 비슷한 한자

責	賣	買
뜻 꾸짖을 **음** 책	**뜻** 팔(팔다) **음** 매	**뜻** 살(사다) **음** 매

53

規

뜻 법 **음** 규

夫(지아비 부)와 見(볼 견)이 결합한 모습이다. 夫는 상투를 틀고 비녀를 꽂은 남자를 그린 것으로 '지아비'나 '남자'라는 뜻을 갖고 있다. 고대에는 결혼하거나 성인이 되어야 비녀를 꽂을 수 있었다. 그래서 夫는 어른을 뜻한다. 어른을 뜻하는 夫에 見이 결합한 規는 '어른의 보는 눈'이라는 뜻이다. 어른의 보는 눈은 옳다라는 의미에서 '법규'나 '법칙'을 뜻하게 된 것이다.

▷ 規律 (   ) : 질서, 제도를 유지하기 위해 정한, 행동의 기준이 되는 본보기 / 법 律
▶ 예 현수는 학교의 規律을 잘 따르는 모범적인 학생이다.

▷ 規定 (   ) : 규칙으로 정함. 또는 그 정하여 놓은 것
▶ 예 그 학생은 학교 規定에 따라 정학 처분을 받았다.

답 : 규율, 규정

親와 모양이 비슷한 한자

親	現
뜻 친할 음 친	뜻 나타날 음 현

 根

뜻 뿌리 음 근

木(나무 목)과 艮(어긋날 간)이 결합한 모습이다. 艮은 사람의 시선이 땅을 향해 있는 글자다. 여기에 木이 더해진 根은 사람의 시선이 나무뿌리를 향하고 있다는 의미에서 '뿌리'를 뜻하게 되었다. 뿌리는 나무를 지탱하는 가장 든든한 근본이다. 그래서 根은 사물의 가장 원초적인 근본과 본바탕이라는 뜻도 된다.

▷ 根據 (   ) : 근본이 되는 거점. 어떤 일, 의견의 근본이 됨 / 머무를 據

▶ 예 이 집은 예전에 독립운동의 根據로 삼았던 곳이다.

▷ 根本 (   ) : 초목의 뿌리. 사물의 본질이나 본바탕 / 근본 本

▶ 예 우리 모임의 根本 원칙은 다음과 같습니다.

답 : 근거, 근본

根과 모양이 비슷한 한자

恨	眠
뜻 원망할, 한할 음 한	뜻 잠잘 음 면
	※동면(冬眠) : 겨울잠

近

뜻 가까울 **음** 근

辶(쉬엄쉬엄 갈 착)과 斤(도끼 근)이 결합한 모습이다. 斤은 '도끼'를 그린 것이다. 여기에 辶이 결합해 길을 나누듯이 거리를 줄인다는 뜻을 표현하고 있다. 다만 지금의 近은 단순히 거리가 짧은 것뿐만 아니라 사람 관계에서 친분이나, 어떤 때가 가까움을 뜻하기도 한다.

▷ 近來 (   ) : 가까운 요즈음

▶ 예 요 近來에 들어, 옆집 할아버지는 부쩍 손자들을 보고 싶어 하셨다.

▷ 近接 (   ) : 가까이 접근함

▶ 예 近接 촬영

답 : 근래, 근접

近과 모양이 비슷한 한자

新

뜻 새로울 **음** 신

얼마나 기억하고 있는지 테스트해 볼까요?

한자의 뜻과 음을 적으세요. 뜻과 음이 두 개 이상인 경우에는 모두 적으세요.

채점 후 틀린 한자는 다시 익혀봅시다. (정답은 한자 쓰기 노트 28 페이지)

No.	한자	뜻	음
01	可		
02	家		
03	歌		
04	加		
05	價		
06	各		
07	間		
08	感		
09	強		
10	開		
11	改		
12	客		

No.	한자	뜻	음
13	去		
14	擧		
15	建		
16	格		
17	見		
18	決		
19	結		
20	休		
21	景		
22	敬		
23	輕		
24	競		
25	界		
26	計		

No.	한자	뜻	음
27	凶		
28	苦		
29	古		
30	告		
31	固		
32	考		
33	曲		
34	空		
35	公		
36	功		
37	共		
38	科		
39	課		
40	過		

No.	한자	뜻	음
41	關		
42	觀		
43	廣		
44	校		
45	黑		
46	交		
47	球		
48	區		
49	救		
50	舊		
51	局		
52	貴		
53	規		
54	根		
55	近		

Step. 3 최종 테스트

이번 테스트는 한자 순서를 바꿔 제시하는 최종 단계입니다.
익숙한 순서가 아닌 무작위 배열 속에서도 정확히 뜻과 음을 기억해 낼 수 있는지
점검하며, 진짜 실력을 확인합니다.(정답은 한자 쓰기 노트 30 페이지)

No.	한자	뜻	음
01	校		
02	景		
03	敬		
04	輕		
05	競		
06	凶		
07	價		
08	各		
09	强		
10	强		
11	可		
12	家		

No.	한자	뜻	음
13	關		
14	觀		
15	界		
16	計		
17	廣		
18	苦		
19	古		
20	間		
21	格		
22	決		
23	感		
24	休		
25	歌		
26	加		

No.	한자	뜻	음
27	建		
28	見		
29	功		
30	共		
31	科		
32	球		
33	結		
34	課		
35	過		
36	改		
37	客		
38	舊		
39	考		
40	曲		

No.	한자	뜻	음
41	局		
42	去		
43	擧		
44	告		
45	固		
46	空		
47	貴		
48	規		
49	根		
50	黑		
51	交		
52	近		
53	公		
54	區		
55	救		

각 한자 오른편에 있는 설명을 읽어보세요. 한자가 어떻게 만들어졌는지 원리를 이해해야 쉽게 외울 수 있으니까요. 다음으론 해당 한자가 쓰인 어휘를 확인하고, 예문까지 읽으면서 이 한자는 실생활에서 어떻게 활용되는지 꼭 확인하세요. 마지막으로, 뜻과 음만 봐도 해당 한자를 떠올릴 수 있을 만큼 여러 번 쓰면서 익히세요. 안타깝게도 한자 암기에 지름길은 없답니다. 반복만이 생명!

56

뜻 이제 **음** 금

今은 人(사람 인)이 부수로 지정되어 있지만, 사람과는 아무 관계가 없다. 今의 갑골문을 보면 마치 알파벳의 A자 아래에 획이 그어져 있는 듯한 모습이었다. 이는 口(입 구)를 거꾸로 뒤집어 그린 것으로 입안에 무언가가 들어가 있다는 것을 표현한 글자로, 본디 '머금다'라는 뜻으로 쓰였다. 그러나 지금은 본래의 의미와는 관계없이 '이제'나 '곧', '현재'와 같은 시간적인 개념을 표현하는 글자로 쓰인다. 한편 요즘은 이제 금(今)에 口(입 구)가 더해진 含(머금을 함)이 '머금다'라는 뜻을 대신하고 있다.

▷ 今日 (   ) : 오늘
▶ 예 今日 진료는 마감되었습니다.

▷ 今年 (   ) : 올해
▶ 예 今年 여름은 유난히 더웠다.

답 : 금일, 금년

57

뜻 급할 **음** 급

急은 心(마음 심)과 彑(꼴 추)가 결합한 모습이다. 彑는 及(미칠 급)이 변형된 것이기 때문에 急은 心과 及이 결합한 것으로 해석해야 한다. 及은 사람을 뒤에서 붙잡는 모습을 나타낸 글자다. 急은 이렇게 사람을 붙잡는 모습에 心을 더한 것으로, 떠나는 사람을 붙잡고 싶은 '초조하고 급한 마음'을 뜻한다.

▷ 急流 (   ) : 물이 빠른 속도로 흐름 / 흐를 流
▶ 예 急流에 휩쓸리다.

▷ 救急 (   ) : 위급할 때 도움 / 건질, 도울 救
▶ 예 이재민을 위한 救急 방안을 마련하다.

답 : 급류, 구급

58

糸(가는 실 사)와 及(미칠 급)이 결합한 모습이다. 及은 사람 다리를 붙잡고 있는 모양이다. 그런데 級의 갑골문을 보면 糸가 아닌 阜(언덕 부)에 及이 합쳐진 형태였다. 마치 사람이 계단을 오르내리는 모습을 표현한 것과도 같다. 이후 글자가 조금 바뀌게 되긴 했지만 원래 뜻으로 치면 '등급, 차례, 층계'라는 뜻을 포함하고 있다.

▷ 級數 (　　　　) : 기술 따위를 우열에 따라 매긴 등급 / 헤아릴 數
▶ 예 그는 나보다 바둑 級數가 낮다.

▷ 等級 (　　　　) : 높고 낮음이나 좋고 나쁨의 정도에 따라 나눈 구별 / 무리 等
▶ 예 우리 식당은 等級이 높은 쇠고기만 사용합니다.

답 : 급수, 등급

59

糸(가는 실 사)와 合(합할 합)이 결합한 모습이다. 合은 뚜껑이 있는 그릇을 그린 것으로 '합하다'나 '더하다'라는 뜻을 갖고 있다. 給은 긴 실을 만들기 위해서는 계속 다른 실을 이어주어야 한다는 뜻을 표현하기 위해 만든 글자다. 그래서 '더하다'라는 뜻을 가진 合에 糸를 결합해 실이 계속 이어진다는 뜻의 給이 만들어지게 되었다. 다만 지금의 給에는 단순히 '주다'라는 뜻만 있다.

▷ 給食 (　　　　) : 식사를 공급함
▶ 예 노조는 공장의 給食을 개선하라고 회사 측에 요구했다.

▷ 給與 (　　　　) : 돈이나 물품 따위를 줌. 그 돈이나 물품 / 더불어 與
▶ 예 給與를 받다.

답 : 급식, 급여

記

뜻 기록할 **음** 기

言(말씀 언)과 己(자기 기)가 결합한 모습이다. 己는 줄을 늘여놓은 모습을 그린 것으로 '나'나 '자기'라는 뜻이다. 외우거나 기억하는 행위는 어떠한 말이나 사건을 자신의 머릿속에 저장한다는 뜻이다. 그러니 記는 '말(言)을 나(己)의 머릿속에 보관한다'라는 뜻이다. 그래서 記는 말을 머릿속에 기억한다는 뜻으로 쓰였지만, 후에 뜻이 확대되면서 '기록하다, 적다'라는 뜻을 갖게 됐다.

▷ 記事 (   ) : 사실을 적은 글
▶ 예 김 기자는 신문사로 보낼 記事를 작성하느라 여념이 없다.

▷ 記錄 (   ) : 사실을 적은 서류 또는 사실을 적음 / 기록할, 적을 錄
▶ 예 記錄을 남기다.

> 답 : 기사, 기록

 旗

뜻 깃발 **음** 기

旗는 㫃(나부낄 언)과 其(그 기)가 결합한 모습이다. 여기서 음은 기(其)에서 비롯됐다. 군대에서 깃발은 소속된 단위를 상징했다. 그래서 旗는 단순히 '깃발'이라는 뜻 외에도 다른 사물과 분간할 수 있는 두드러진 '표시'라는 뜻도 함께 갖게 되었다.

▷ 靑旗 (   ) : 청색 깃발
▶ 예 우리 청군은 靑旗를 흔들고, 백군은 백기를 흔들며 응원했다.

▷ 旗號 (   ) : 어떠한 뜻을 나타내기 위하여 쓰이는 부호, 문자, 표지 따위를 통틀어 이르는 말 / 부를 號
▶ 예 비문학 지문을 읽을 땐 자신만의 旗號를 정해 표시하며 글을 읽어야 한다.

> 답 : 청기, 기호

旗와 모양이 비슷한 한자

期	其	基
뜻 기약할 **음** 기	**뜻** 그 **음** 기	**뜻** 터 **음** 기

뜻 몸 **음** 기

여기서 말하는 '몸'이란 '나 자신'을 뜻한다. 己의 유래에 대한 의견은 분분하다. 일부에서는 사람이 몸을 구부린 모습에서 유래한 것으로 보기도 하지만, 새끼줄을 그린 것으로 해석하기도 한다. 그런데 己와 결합한 글자들을 보면 새끼줄이 구부러져 있는 모습에서 유래한 것으로 보는 것이 타당해 보인다. 다만 己가 단독으로 쓰일 때는 여전히 '나 자신'이라는 뜻을 가지게 된다. 다만 다른 글자와 결합할 때는 새끼줄이나 구부러진 모양을 표현하는 경우가 많으니 상황에 따른 적절한 해석이 필요하다.

▷ 利己 (   ) : 자기 자신의 이익만 꾀함 / 이로울 利
▶ ㉖ 利己에 사로잡히지 말고 시야를 넓혀 공동체의 이익 증진을 도모하라.

▷ 自己 (   ) : 제 몸. 자기 자신
▶ ㉖ 自己 자신을 사랑하는 것부터 인생의 행복이 시작된다.

답 : 이기, 자기

뜻 재주 **음** 기

手(손 수)와 支(지탱할 지)가 결합한 모습이다. 支는 나무를 붙잡고 있는 모습을 그린 것이지만 여기에서는 '지→기'로의 발음 역할만을 하고 있다. 技는 손재주가 뛰어나다는 것을 뜻하기 위해 手가 의미를 뜻하는 말로 쓰였다. 손재주뿐만이 아니라 '재능'이나 '솜씨'와 같이 개인의 특별한 능력을 뜻하는 말로 확대됐다.

▷ 技能 (   ) : 기술적인 능력이나 재능 / 잘할 能
▶ ㉖ 技能을 연마하다.

답 : 기능

뜻 터 **음** 기

基는 土(흙 토)와 其(그 기)가 결합한 모습이다. 其는 벼나 곡식의 껍데기를 걸러내던 도구인 키를 나타낸 글자다. 갑골문에 나온 基를 보면 키 위로 土가 그려져 있었다. 이것은 키나 바구니로 흙을 퍼 나르는 모습을 표현한 것이다. 건물을 짓기 위해서는 가장 먼저 땅을 파고 기초를 다져야 한다. 결국 흙을 퍼 나르는 모습을 그린 基는 건물을 짓기 전에 터를 다진다는 뜻이다.

▷ 基準 (   ) : 사물의 기본이 되는 표준 / 법도 準
▶ ㉖ 하루 작업량의 基準을 정하자.

▷ 基礎 (   ) : 사물이나 일 따위의 기본이 되는 것 / 주춧돌 礎
▶ ㉖ 基礎 실력을 쌓는 일에 집중해야 더 어려운 기술을 배울 수 있다.

답 : 기준, 기초

期

뜻 기약할 **음** 기

期는 其(그 기)와 月(달 월)이 결합한 모습이다. 其는 '그'나 '그것'이라는 뜻이 있지만, 여기에서는 발음 역할만 하고 있다. 달은 주기적으로 모양이 변하기 때문에 옛사람들은 달이 변하는 것을 보고 시간의 흐름을 알았다고 한다. 그러니 期에 쓰인 月은 시간의 흐름을 뜻하기 위해 쓰인 것이라 할 수 있다.

▷ 期待 (   ) : 어떤 일이 원하는 대로 이루어지기를 바라며 기다림 / 기다릴 待

▶ ㉠ 期待를 걸다.

▷ 期約 (   ) : 때를 정하여 약속함 / 약속할, 맺을 約

▶ ㉠ 期約 없는 기다림을 견뎌야만 했다.

답 : 기대, 기약

吉

뜻 길할 **음** 길

士(선비 사)와 口(입 구)가 합해져서 훌륭한 사람(선비)이 하는 말은 모두가 훌륭하다는 뜻.

▷ 吉夢 (   ) : 좋은 일이 생길 듯한 꿈

▶ ㉠ 꽃이 지면 열매를 맺는 것이 정한 이치니, 꽃이 지는 것을 보았다는 당신의 꿈은 吉夢이오.

▷ 吉兆 (   ) : 좋은 일이 있을 징조 / 조짐 兆

▶ ㉠ 예로부터 흰 사슴이나 흰 염소가 태어나는 것은 吉兆로 여겨졌다.

답 : 길몽, 길조

吉과 모양이 비슷한 한자

뜻 옛 **음** 고

뜻 굳을 **음** 고

67

念

뜻 생각 음 념

念은 今(이제 금)과 心(마음 심)이 결합한 모습이다. 今은 입을 거꾸로 그린 것이다. 그래서 본래의 의미는 '입안에 머금다'였다. 念은 이렇게 입을 거꾸로 그린 今에 心을 결합한 것으로 말이 밖으로 나가지 못하고 심장으로 들어간다는 뜻이다. 옛 사람들은 생각은 머리가 아닌 심장이 하는 것이라 믿었다. 그러니 念은 머릿속 생각이 밖으로 나오지 못하는 모습을 표현한 글자다.

▷ 概念 (   ) : 어떤 사물이나 현상에 대한 일반적인 지식 / 대개, 보통 概

▶ 예 이 책은 칸트 철학의 주요 概念을 쉽게 설명하고 있다.

▷ 理念 (   ) : 이상적인 것으로 여겨지는 생각이나 견해 / 다스릴 理

▶ 예 숭고한 理念

답 : 개념, 이념

 68

農

뜻 농사 음 농

辰(별 진)과 曲(굽을 곡)이 결합한 모습이다. 曲은 田의 변형이고, 辰은 농기구의 일종이다. 농사철이 되어 밭에 나가 농사를 짓는다는 뜻을 나타낸다.

▷ 農事 (   ) : 논밭을 갈라 농작물을 심고 가꾸고 거두어들이는 일

▶ 예 배추 農事

▷ 農村 (   ) : 농토를 끼고 농사를 짓는 사람들이 사는 마을 / 마을 村

▶ 예 農村 생활

답 : 농사, 농촌

 69

能

뜻 능할, 잘할 음 능

能은 곰을 본뜬 모양이다. 그래서 能은 본래 '곰'을 뜻했었다. 곰을 그린 能이 왜 '재능'이나 '능력'이라는 뜻으로 바뀐 것일까? 곰은 재주가 뛰어나기에 재능을 뜻하게 되었다는 해석이 있다. 신성함을 상징했던 곰은 여러모로 탁월한 능력을 갖췄던 것으로 생각했기 때문이다.

▷ 能力 (   ) : 일을 감당하거나 해결해 낼 수 있는 힘. 어떤 일에 대하여 요구되고 적당하다고 인정되는 자격

▶ 예 지원 학과는 각자의 적성과 能力을 고려해서 결정해야 한다.

답 : 능력

70

短

뜻 짧을 **음** 단

短은 矢(화살 시)와 豆(콩 두)가 결합한 모습이다. 短는 '투호'라 불리는 화살 던지기 놀이에서 유래한 글자다. 투호는 화살을 손으로 던져 통에 넣는 놀이였기에 短에 쓰인 豆는 투호 통을 표현한 것으로 해석해야 한다. 투호 놀이로 화살을 던지는 것은 활로 쏘는 것보다 도달할 수 있는 거리가 짧았기 때문에 短은 '짧다'나 '가깝다'라는 뜻을 갖게 되었다.

▷ 短命 (　　　) : 목숨이 짧음 / 목숨 命
▶ 예 아들이 短命할 팔자라는 말에 어머니는 겁에 질렸다.

▷ 短點 (　　　) : 잘못되고 모자라는 점 / 점찍을 點
▶ 예 短點을 보완하다.

답 : 단명, 단점

 71

談

뜻 이야기 / 말씀 **음** 담

談은 言(말씀 언)과 炎(불탈 염)이 결합한 것이기 때문에 '열정적으로 말하다'라는 뜻이 들어 있다. 그래서 談은 담판(談判)이나 담합(談合)과 같이 논쟁과 합의가 필요한 '말'이라는 뜻으로 쓰인다.

▷ 談笑 (　　　) : 웃고 즐기면서 이야기함 / 웃을 笑
▶ 예 談笑를 나누다.

▷ 德談 (　　　) : 남이 잘되기를 비는 말. 주로 새해에 많이 나눔 / 큰, 덕 德
▶ 예 설날에는 세배를 드리고 德談을 나눈다.

답 : 담소, 덕담

 72

#

뜻 대답할 **음** 답

뜻을 나타내는 죽(竹(=⺮), 대나무)과 음(音)을 나타내는 글자 合(합→답)으로 이루어진 글자다. 종이가 없던 때에 사용하였던 대나무(竹)쪽에 편지를 써서 회답한다는 데서 나온 뜻이다.

▷ 答案 (　　　) : 문제에 대한 해답. 해답을 쓴 종이 / 책상 案
▶ 예 答案을 작성하다.

답 : 답안

73

堂

뜻 집 **음** 당

堂은 土(흙 토)와 尚(오히려 상)이 결합한 모습이다. 尚은 집 위로 무언가가 올라가는 모습을 그린 것이지만, 여기에서는 단순히 '집'이라는 뜻으로 쓰였다.

▷ 堂堂 (　　　　) : 거리낌 없이 떳떳한 모습이나 태도
▶ 예 堂堂하게 1위에 입상하다.

▷ 聖堂 (　　　　) : 천주교 의식이 치러지는 곳 / 성인, 성스러울 聖
▶ 예 聖堂에 다니다.

답 : 당당, 성당

74

當

뜻 마땅할 **음** 당

當은 尚(오히려 상)과 田(밭 전)이 결합한 모습이다. 여기서 尚은 '상→당'으로의 발음을 나타낼 뿐이고 田은 서로 '대등하다'를 뜻하는 것으로 풀이된다. '마땅하다', '균형 잡히다', '맡다' 등의 뜻이 더 있다.

▷ 當番 (　　　　) : 어떤 일을 차례대로 돌아가면서 맡음 / 차례 番
▶ 예 청소 當番

▷ 當付 (　　　　) : 말로 단단히 부탁함 / 줄 付
▶ 예 나는 큰집에 한번 다녀오라는 형님의 當付를 듣지 않았다.

답 : 당번, 당부

當과 모양이 비슷한 한자

堂 뜻 집 음 당	田(밭 전)이 들어간 마땅할 당과 달리 土(흙 토)가 아래에 들어가 있다.	黨 뜻 무리 음 당	※당파(黨派) : 정치적 의견을 같이한 사람들의 무리 / 물결 派
室 뜻 집 음 실	고대 중국에서 堂은 주로 손님을 접대하는 장소이고 室은 집주인이 잠을 자는 곳을 뜻했다. 室은 宀(집 면)과 至(이를 지)가 결합한 모습이다. 至는 화살이 날아와 땅에 박혀 있는 모습을 그린 것으로 '~에 이르다, 도착하다'라는 뜻이다. 결국 室은 실내에 이르렀다는 뜻이다.	宙 뜻 집 음 주	※우주(宇宙) : 집 우, 집 주 / Universe

75

代

뜻 대신할 음 대

人(사람 인)과 弋(주살 익)이 결합한 모습이다. 弋은 짐승을 잡기 위해 줄을 묶어두던 말뚝을 뜻한다. 代는 이렇게 줄을 묶어두던 弋에 人을 결합한 것으로, 사람이 끈처럼 서로 연결돼 있다는 뜻이다. 여기서 사람이 끈처럼 연결되어 있다는 것은 그 아래 세대로 꾸준히 이어지고 있다는 의미다.

▷ 代入 (　　　　) : 어떤 것을 대신하여 넣음

▶ 예 다음의 문장에서 괄호 안에 들어갈 만한 적당한 단어를 代入을 해보아라.

▷ 代理 (　　　　) : 남의 일을 대신 처리함 / 다스릴 理

▶ 예 변호사는 법정에서 의뢰인을 代理하여 싸우는 직업이다.

답 : 대입, 대리

對
뜻 대할 **음** 대

堇(풀 무성할 착)과 寸(마디 촌)이 결합한 모습이다. 堇은 뜻과는 관계없이 촛대로 활용됐다. 對의 갑골문을 보면 여러 개의 초가 꽂힌 긴 촛대를 들고 있는 모습으로 그려져 있었다. 이것은 누군가를 마주하기 위해 불을 밝힌 모습을 표현한 것이다. 그래서 對는 불을 밝혀 누군가를 마주한다는 의미에서 '대하다'나 '마주하다'라는 뜻을 갖게 되었다.

▷ 對備 (   ) : 앞으로 일어날 지 모르는 일에 대응하기 위해 미리 준비함 / 갖출 備
▶ 예 그들은 시장 개방에 대한 구체적인 對備를 하지 못했습니다.

▷ 對應 (   ) : 어떤 일이나 사태에 맞추어 태도나 행동을 취함 / 응할 應
▶ 예 이에 따른 적절한 정책 對應이 이루어져야 한다.

답 : 대비, 대응

待
뜻 기다릴 **음** 대

待는 彳(조금 걸을 척)과 寺(절 사)가 결합한 모습이다. 중국이 불교를 받아들이기 이전까지는 寺가 '관청'으로 쓰였다. 待는 이렇게 '관청'을 뜻하던 寺에 彳이 결합한 것으로 '관청을 가다'라는 뜻으로 만들어졌다. 관청은 행정을 담당하던 곳이었으나 업무를 처리하는 속도가 매우 느렸다. 그래서 待는 '관청을 가다'를 뜻하다가 후에 '기다리다'라는 뜻을 갖게 되었다.

▷ 待遇 (   ) : 어떤 사회적 태도로 대하는 일. 예의를 갖춰 대하는 일 / 만날 遇
▶ 예 우리는 그 집에 초대되어 정중한 待遇를 받았다.

▷ 期待 (   ) : 어떤 일이 이루어지기를 바라고 기다림 / 기약할 期
▶ 예 期待에 어긋나다.

답 : 대우, 기대

德
뜻 큰, 덕 **음** 덕

德은 彳(조금 걸을 척)과 直(곧을 직), 心(마음 심)이 결합한 모습이다. 이 글자는 사람의 '행실이 바르다'라는 뜻을 나타낸다. 直은 곧게 바라보는 눈빛을, 心은 '곧은 마음가짐'이라는 뜻이다. 여기에 길을 뜻하는 彳이 있으니 德은 "곧은 마음으로 길을 걷는 사는 사람"이라는 뜻이다. 여기서 말하는 '길'이란 '삶'이나 '인생'을 비유한 것이다. 그러니 德은 곧은 마음가짐을 가지고 사는 사람이라는 뜻으로 해석될 수 있다.

▷ 德談 (   ) : 남이 잘되라고 비는 말 ▶ 예 德談을 듣다.
▷ 德性 (   ) : 어질고 너그러운 성질 / 성질 性 ▶ 예 德性을 기르다.

답 : 덕담, 덕성

道

뜻 길 **음** 도

辶(쉬엄쉬엄 갈 착)과 首(머리 수)가 결합한 모습이다. 首는 '머리'라는 뜻이 있다. 道는 길을 뜻하는 辶에 首를 결합한 것으로 본래 의미는 '인도하다, 이끌다'였다. 그러나 후에 '사람이 가야 할 올바른 길'이라는 의미가 확대되면서 '도리'나 '이치'를 뜻하게 되었다.

▷ 道理 (   ) : 사람이 마땅히 해야 할 바른 길 / 다스릴 理

▶ ⑨ 그의 요청을 거절할 道理가 없었다.

▷ 道路 (   ) : 사람이나 차가 다닐 수 있도록 만든 비교적 넓은 길 / 길 路

▶ ⑨ 道路를 포장하다.

답 : 도리, 도로

圖

뜻 그림 **음** 도

圖는 囗(둘러쌀 위)와 啚(더러울 비)가 생략된 글자가 결합한 모습이다. 啚는 '더럽다'나 '변방 지역'이라는 뜻이다. 圖는 이렇게 변방을 뜻하는 啚에 囗를 더해 '지도'를 그린 것이다. 전쟁에 대한 계획을 세우기 위해서는 지도가 필수적이었다. 그래서 圖에는 '지도' 외에도 '꾀하다', '계산하다'라는 뜻도 있다.

▷ 圖書 (   ) : 그림, 글씨, 책 따위를 통틀어 이르는 말 / 글 書

▶ ⑨ 이 대학의 도서관은 200만 권의 圖書를 소장하고 있다.

▷ 圖形 (   ) : 그림의 모양이나 형태 / 모양 形

▶ ⑨ 오늘은 수학 시간에 여러 가지 圖形에 대해 배웠다.

답 : 도서, 도형

圖와 모양이 비슷한 한자

뜻 모일, 둥글 **음** 단

뜻 둥글 **음** 원

※원형(圓形) : 둥근 모양

뜻 동산/ 정원 **음** 원

※정원(庭園) : 집 안의 뜰이나 꽃밭

81

뜻 법도 **음** 도

'법도'나 '헤아리다'라는 뜻을 가진 글자다. 度은 广(집 엄)과 廿(스물 입), 又(또 우)가 결합한 모습이다. 여기서 廿은 돌멩이를 표현한 모양자다. 이렇게 돌멩이를 그린 廿에 又가 결합한 度는 집 주위로 돌멩이를 던져 크기를 헤아리는 모습을 표현한 것이다. 度에 아직도 '던지다'나 '재다'라는 뜻이 남아 있는 것도 바로 이 때문이다. 고대에도 길이나 무게는 국가가 정한 기준을 따라야 했다. 그래서 이렇게 '길이를 헤아리다'라는 뜻으로 만들어진 度는 이후 '법도'나 '법'이라는 뜻을 갖게 되었다.

▷ 度量 (   ) : ① 사물을 너그럽게 용납하여 처리할 수 있는 넓은 마음과 생각 ② 재거나 되거나 하여 사물의 양을 헤아림 / 헤아릴 量 ▶ 예 그 친구는 度量이 넓다.

답 : 도량

82

到

뜻 이를 **음** 도

至(이를 지)와 刀(칼 도)가 결합한 모습이다. 至는 땅에 화살이 꽂힌 모습을 그린 것으로 어떠한 장소에 '다다르다'라는 뜻이다. 여기에 刀(칼 도)에서 음을 빌려 글자가 만들어졌다.

▷ 到達 (   ) : 목적한 곳이나 수준에 다다름 / 통할 達
▶ 예 목표에 到達하기 위해 최선을 다했다.

▷ 到來 (   ) : 어떤 시기가 닥쳐옴
▶ 예 새 시대의 到來

답 : 도달, 도래

83

뜻 섬 **음** 도

島는 鳥(새 조)와 山(뫼 산)이 결합한 모습이다. 새를 뜻하는 鳥 아래로 山이 있으니 島는 '섬' 위에 새가 앉아 있는 모습을 그린 것이다. 새가 많이 드나드는 섬의 특성을 나타낸 글자라 할 수 있다.

▷ 島民 (   ) : 섬에서 사는 사람
▶ 예 섬에 도착하여 島民들의 열렬한 환영을 받았다.

▷ 獨島 (   ) : 우리나라 최동단에 있는 섬 / 홀로 獨
▶ 예 우리는 유람선을 타고 獨島를 둘러보았다.

답 : 도민, 독도

讀
뜻 읽을 **음** 독

言(말씀 언)과 賣(팔 매)가 결합한 모습이다. 賣는 '팔다'라는 뜻이다. 물건을 팔고 나면 얼마를 벌었는지 셈을 할 것이다. 본래는 '팔다'라는 뜻의 賣에 言이 결합한 讀은 물건을 팔아(賣) 돈을 센다(言)는 것을 뜻했다. 讀에 아직도 '계산하다'나 '세다'라는 뜻이 남아 있는 것도 이 때문이다. 그래서 讀은 돈을 세며 중얼거린다는 뜻으로 쓰였지만, 후에 이러한 뜻이 확대되어 '읽다'라는 뜻을 갖게 되었다.

▷ 讀書 (　　　　) : 책을 읽음

▶ 예 김 선생님은 학생들에게 폭넓은 讀書를 권했다.

▷ 讀解 (　　　　) : 글을 읽어서 뜻을 이해함 / 풀 解

▶ 예 나는 讀解를 잘하기 위해 다양한 글을 많이 읽었다.

답 : 독서, 독해

獨
뜻 홀로 **음** 독

犬(개 견)과 蜀(애벌레 촉)이 결합한 모습이다. 蜀은 '애벌레'라는 뜻이다. 그런데 애벌레와 개의 조합이 왜 '홀로'나 '혼자'라는 뜻을 갖게 된 것일까? 이에 대해 개는 혼자 있기를 좋아하기 때문이라는 해석이 있지만, 의미가 명확하지 않다. 그래서 獨에 쓰인 蜀은 단순히 '촉→독'으로 바뀌어 발음 역할만 하는 것으로 보인다.

▷ 獨學 (　　　　) : 스승이 없거나 학교에 다니지 아니하고 혼자서 배움

▶ 예 獨學으로 배우다.

답 : 독학

動
뜻 움직일 **음** 동

重(무거울 중)과 力(힘 력)이 결합한 모습이다. 重은 보따리를 매고 있는 사람을 그린 것으로 무겁다는 뜻이 있다. 이렇게 무거운 보따리를 맨 사람을 그린 重에 力이 결합한 動은 보따리를 옮기기 위해 힘을 쓴다는 뜻을 표현한 것이다.

▷ 動物 (　　　　) : 사람을 제외한 길짐승. 날짐승. 물짐승 따위를 통틀어 이르는 말

▶ 예 動物 보호 단체

▷ 動作 (　　　　) : 어떤 일을 하기 위해서 몸을 움직이는 일.

▶ 예 그의 動作은 잽쌌다.

답 : 동물, 동작

童 뜻 아이 음 동

동네(里) 어귀에 서서(立) 노는 아이들이라는 뜻에서 아이를 뜻하게 되었다.

▷ 童心 (　　　　) : 어린아이의 마음 ▶ 예 童心으로 돌아가다.
▷ 童話 (　　　　) : 어린이를 위하여 동심을 바탕으로 지은 이야기 / 이야기 話
▶ 예 백설 공주는 童話 속에 나오는 여주인공이다.

답 : 동심, 동화

頭 뜻 머리 음 두

豆(콩 두)와 頁(머리 혈)이 합쳐져 이뤄졌다. 豆는 소리를 나타내는 글자고 頁은 머리라는 뜻을 나타낸 것이다. 여기서 頁은 사람의 목부터 머리 끝까지의 모양을 본뜬 글자로 글자의 뜻을 나타내는 부분이다.

▷ 頭角 (　　　　) : 뛰어난 학식이나 재능을 비유적으로 이르는 말 / 뿔 角
▶ 예 한국인은 주로 손재주를 겨루는 경기에서 頭角을 나타냈다.

▷ 頭腦 (　　　　) : 뇌. 지식 수준이 뛰어난 사람을 비유적으로 이르는 말 / 뇌 腦
▶ 예 요 근래는 미국으로의 頭腦 유출이 심각한 지경이다.

답 : 두각, 두뇌

登 뜻 오를 음 등

발을 들어 올리고(癶(등질 발): 사람의 양발을 그린 글자로 걷다, 가다라는 뜻도 있다) 제사에 쓸 그릇(豆)을 높은 곳에 올려놓는다는 뜻을 더해서 '오르다'를 뜻한다.

▷ 登板 (　　　　) : 야구에서 투수가 마운드에 서는 일 / 널빤지 板
▶ 예 김 선수는 올해 첫 登板에서 승리를 거머쥐었다.

▷ 登場 (　　　　) : 소설, 영화 또는 무대 등에 나옴. 무슨 일에 어떠한 사람이 나타나거나 새로운 제품 등이 세상에 처음으로 나옴
▶ 예 주인공이 登場하자 관객들은 모두 박수와 환호성을 보냈다.

답 : 등판, 등장

90

等

뜻 무리/ 등급/ 같을
음 등

竹(대나무 죽)과 寺(절 사)가 결합한 모습이다. 寺는 불교가 중국에 전해지기 전에는 국가의 업무를 담당하던 '관청'을 뜻했다. 관청에서는 문서 내용에 따라 죽간(대나무 위에 쓴 문서)을 분류해 정리하였는데, 等은 문서를 종류에 따라 분류함을 뜻한다. 이러한 의미가 확대되어 지금은 '등급'이나 '계급'이라는 뜻도 갖게 됐다.

▷ 等分 (   ) : 분량을 똑같이 나눔 또는 그 분량 / 나눌 分

▶ 엑 사과를 네 等分으로 나누다.

▷ 等數 (   ) : 등급에 따라 정한 차례 / 헤아릴 數 ▶ 엑 等數를 매기다.

답 : 등분, 등수

91

樂

뜻 즐길/ 좋아할/ 풍류
음 락/ 요/ 악

나무(木) 받침대 위에 북과 방울 등 악기가 놓여 있어 연주하는 악기를 뜻하며, 여기에서 나아가 '즐겁다, 좋아하다'를 뜻한다. 음악(音樂)의 뜻일 때는 [악], 그것을 듣고 즐긴다는 뜻일 때는 [락]이라 읽으며, 좋아한다는 뜻으로 쓰일 때는 [요]로 읽어야 한다. 이런 글자를 '전주자'라고 부른다.

▷ 喜怒哀樂 (   ) : 기쁨과 노여움, 슬픔과 즐거움을 아울러 이름

▶ 엑 좋은 드라마와 소설에는 喜怒哀樂이 고스란히 담겨 있다.

▷ 樂山樂水 (   ) : 산과 물을 좋아함 ▶ 엑 군자는 樂山樂水하는 법이라오.

▷ 音樂 (   ) : 박자, 가락, 음성 따위를 갖가지 형식으로 조화하고 결합해 목소리나 악기를 통해 사상 또는 감정을 드러내는 예술 ▶ 엑 音樂을 연주하다.

답 : 희로애락, 요산요수, 음악

92

落

뜻 떨어질 **음** 락

풀 초(艹)와 물이름 락(洛)이 합쳐진 글자로, 원래는 '잎이 떨어지다'라는 뜻에서 유래했다.

▷ 落選 (   ) : 선거에서 떨어짐 / 고를 選

▶ 엑 그는 한때 촉망받는 정치인이었으나 비리 사건이 들통나 落選을 했다.

▷ 落葉 (   ) : 떨어진 나뭇잎 / 잎 葉 ▶ 엑 落葉이 지다.

답 : 낙선, 낙엽

93

뜻 찰 **음** 랭

冷자는 冫(얼음 빙)과 令(우두머리 령)이 결합한 모습이다. 令은 이렇게 명령을 내리는 우두머리와 얼음을 결합한 것으로 '차다'나 '쌀쌀하다'라는 뜻으로 쓰이고 있다.

▷ 冷房 (　　　　) : 실내 온도를 차게 하는 일 / 방 房

▶ 예 여름에 冷房 시설이 없는 차를 타는 것은 너무 힘든 일이야.

답 : 냉방

94

뜻 좋을/ 어질 **음** 량

곡물 중에서 특히 좋은 곡물만을 골라내기 위한 기구를 본뜬 글자다.

▷ 良心 (　　　　) : 사물의 가치를 변별하고 자기 행위에 대해 옳고 그름과 선악의 판단을 내리는 도덕적 의식

▶ 예 良心의 가책

▷ 良質 (　　　　) : 좋은 바탕이나 품질 / 바탕 質

▶ 예 良質의 쌀

답 : 양심, 양질

95

뜻 헤아릴 **음** 량

곡식이 들어 있는 봇짐을 그려낸 里 위에 曰이 있는 것은 깔때기가 꽂혀 있다는 뜻을 표현한 것이다. 그래서 量은 봇짐에 곡식을 담으며 양을 헤아린다는 의미에서 '헤아리다'나 '재다'리는 뜻을 갖게 되었다.

▷ 分量 (　　　　) : 수효 무게 따위의 많고 적음이나 부피의 크고 적은 정도

▶ 예 分量 초과

▷ 力量 (　　　　) : 힘, 능력, 어떤 일을 감당해 해낼 수 있는 힘

▶ 예 우리의 모든 力量을 집중하여 이번 일을 완수합시다.

답 : 분량, 역량

旅

뜻 나그네 **음** 려

㫃(나부낄 언)과 从(좇을 종)이 결합됐다. 旅의 갑골문을 보면 깃발 아래로 두 사람이 그려져 있다. 이는 많은 사람이 모여 있다는 뜻이다. 깃발은 각 군부대를 상징한다. 고대에는 군인 500명을 '一旅'로 나누어 하나의 군대 편제로 구분했다. 旅는 후에 '고향을 떠나 여기저기를 떠돌다'라는 뜻으로 확장됐는데, 군인들은 전쟁을 위해 오랜 기간 집을 떠나 객지 생활을 했었기 때문이다. 그래서 지금의 旅는 '여행하다'나 '나그네'라는 뜻으로 쓰이고 있다.

▷ 旅行 (   ) : 일이나 유람을 목적으로 다른 고장이나 외국에 가는 일
▶ 예 그는 고민이 생기면 곧잘 旅行을 떠나곤 했다.

답 : 여행

歷

뜻 지날 **음** 력

갑골문에는 나무 두 그루와 止(발 지)가 함께 그려져 있다. 이는 숲으로 걸어 들어가는 모습을 나타낸 것으로 '지나다'라는 뜻을 드러낸다. 시간이 흐르면서 木(나무목)이 禾(벼 화)로 바뀌었고, 厂(기슭 엄)이 더해지면서 지금과 같은 歷이 만들어지게 되었다. 비록 글자의 조합이 바뀌기는 했지만 歷은 '지나다', '겪다', '세월'처럼 지나온 발자취를 뜻한다.

▷ 經歷 (   ) : 겪어 지내온 일들 / 지날 經
▶ 예 經歷은 신입 사원에 비해 일처리가 훨씬 빨랐다.

▷ 歷任 (   ) : 맡아온 일. 지내온 자리 / 맡을 任
▶ 예 歷任을 하면서 경력을 쌓았다.

답 : 경력, 역임

練

뜻 익힐 **음** 련

糸(가는 실 사)와 柬(가릴 간)이 결합한 모습이다. 柬은 나뭇단을 묶어놓은 모습을 그린 것으로 '가리다'나 '분간하다'라는 뜻으로 쓰인다. 練은 '분간하다'라는 뜻을 가진 柬에 糸를 결합한 것으로 누에고치에게서 뽑은 실을 '분류하다'라는 뜻으로 만들어졌다. 수많은 누에고치에서 뽑은 실을 분류해 내는 일을 아무나 하지는 못했을 것이다. 그래서 練은 '분류하다'라는 뜻으로 만들어졌지만, 이후 '(경험이) 풍부하다'나 '능숙하다', '익히다'처럼 일을 하는 과정에서 얻은 노련함을 뜻하게 됐다.

▷ 練習 (   ) : 학문이나 기예 따위를 익숙하도록 되풀이해 익힘 / 익힐 習
▶ 예 육상부인 그는 방과후에 늘 운동장에서 달리기 練習을 한다.

▷ 未練 (   ) : 딱 잘라 단념하지 못하는 마음 / 아닐 未
▶ 예 나는 그 일에 아직 未練이 남아 있다.

답 : 연습, 미련

뜻 하여금 / 명령할
음 령

령(令)은 갑골문에서 모자를 쓴 사람이 앉아 있는 모습을 그렸는데, 모자는 권위의 상징이었다. 그래서 령(令)은 권력을 가진 우두머리를 뜻하고, 우두머리는 명령을 내릴 수 있다는 의미에서 '부리다'와 '명령하다'라는 뜻이 더 있다.

▷ 命令 (   ) : 윗사람이 아랫사람에게 무엇을 하게 함

▶ **예** 命令을 내리다.

▷ 法令 (   ) : 법적 효력을 가진 법규들을 통틀어 이르는 말

▶ **예** 이번에 개정된 法令은 내년부터 시행될 예정이다.

답 : 명령, 법령

令과 모양이 비슷한 한자

뜻 목숨 **음** 명

뜻 예도 **음** 례

뜻을 나타내는 보일 시(示(=礻) 보이다, 신)와 신에게 바치기 위해 그릇 위에 제사 음식을 가득 담은 모양을 뜻하는 豊(제기 례)를 합친 글자다. 제사를 풍성하게 차려놓고 신 앞에서 예의를 다 하였다 해서 예식, 예도를 뜻한다.

▷ 禮節 (   ) : 예의에 관한 모든 절차나 질서 / 마디 節

▶ **예** 식생활 禮節

▷ 禮讚 (   ) : 무엇이 훌륭하거나 좋거나 아름답다고 찬양함 / 기릴, 칭찬 讚

▶ **예** 자연 禮讚

답 : 예절, 예찬

老

뜻 늙을 **음** 로(노)

머리가 헝클어진 노인이 지팡이를 짚고 있는 모습을 그린 상형문자다.

▷ 老人 (　　　　) : 나이가 많은 사람. 늙은 분

▶ 예 백발이 성한 老人

▷ 老弱 (　　　　) : 늙고 약함

▶ 예 이곳은 老弱한 사람과 병든 사람을 위한 자리다.

답 : 노인, 노약

路

뜻 길 **음** 로(노)

저마다 각각(各) 발로(足) 걸어다니는 곳이라는 데서 길을 뜻한다.

▷ 路線 (　　　　) : 자동차 선로, 철도 선로 따위와 같이 일정한 두 지점을 정기적으로 오가는 교통선 / 줄, 실 線

▶ 예 서울 지하철 路線은 복잡해서, 처음 이용하는 사람들은 길을 헷갈릴 수 있다.

▷ 大路 (　　　　) : 큰길. 어떤 목적을 향해 나아가는 활동의 큰 방향

▶ 예 大路로 나서다.

답 : 노선, 대로

勞

뜻 일할 **음** 로

勞는 火(불 화)와 冖(덮을 멱), 力(힘 력)이 결합한 모습이다. 또는 熒(등불 형)과 力이 결합한 것으로 보기도 한다. 熒이 '등불'이나 '밝다'라는 뜻이 있으니 勞는 밤에도 불을 밝힌 채 열심히 일하고 있는 모습을 표현한 것이라 할 수 있다. 그래서 勞에서 말하는 '일하다'라는 것은 매우 열심히 일하거나 너무 지나치게 일한다는 의미가 내포되어 있다. 그러다 보니 勞에는 '지치다'나 '고달프다'라는 뜻도 있다.

▷ 勞動 (　　　　) : 마음과 몸을 써서 일을 함. 또는 그 일

▶ 예 그는 勞動을 해서 하루하루 먹고산다.

답 : 노동

綠
뜻 푸를 **음** 록

糸(가는 실 사)와 彔(새길 록)이 결합한 모습이다. 고대에는 자연에서 채취한 다양한 재료를 이용해 염색했다. 때로는 나무나 풀에서 색을 얻었는데, 모두 천을 염색하는 데 사용됐다. 彔(새길 록)은 자연에서 채취한 염료를 보자기에 넣어 쥐어짜는 모습을 구체화한 것으로 '새기다'라는 뜻이다. 綠은 이렇게 염료를 쥐어짜는 모습을 그린 彔에 糸를 결합한 것으로 '초록빛'이라는 뜻으로 쓰인다.

▷ 綠陰 (　　　　) : 푸른 잎이 우거진 나무나 수풀 / 그늘 陰
▶ 例 여름에는 온 천지에 綠陰이 짙다.

▷ 草綠 (　　　　) : 녹색보다 조금 더 푸른색을 띤 색깔 / 풀 草
▶ 例 草綠 잎새들이 우거진 골짜기가 눈앞에 가득 펼쳐졌다.

답 : 녹음, 초록

綠과 모양이 비슷한 한자

錄
뜻 기록할 **음** 록

流
뜻 흐를 **음** 류

流는 水(물 수)와 㐬(깃발 유)가 결합한 모습이다. 㐬는 여기서 물에 떠내려가는 아이로 봐야 한다. 㐬자 자체에도 '흐르다'라는 뜻이 있지만, 왼쪽에 물(氵)을 더한 流는 본래의 의미를 더욱 강조한 글자다.

▷ 流入 (　　　　) : 액체나 기체, 열 따위가 어떤 곳으로 흘리 들어옴
▶ 例 이 지역은 여러 지류들의 流入으로 낙동강의 폭이 확장되는 곳이다.

▷ 流出 (　　　　) : ① 밖으로 흘러 나가거나 흘려 내보냄 ② (중요한 것이) 나라나 조직 밖으로 나가버림
▶ 例 회사에서 정보실 김 과장에게 기밀 문서의 流出에 대해 책임을 물었다.

답 : 유입, 유출

類

뜻 무리 **음** 류

類는 '엇비슷하다'라는 뜻을 가진 頪(뢰)에 犬(개 견)을 결합한 것으로 비슷한 개들이 모여 있다는 뜻이다. 그래서 '무리'나 '비슷하다'라는 뜻으로 쓰인다.

▷ 書類 (   ) : 글자로 기록한 문서를 통틀어 이르는 말
▶ 예 書類 정리를 제대로 해두어야 업무할 때 편해.

▷ 類似 (   ) : 서로 비슷하게 닮음 / 닮을 似
▶ 예 공식몰이 아닌 다른 곳에서 판매하는 類似 제품을 피하시기 바랍니다.

답 : 서류, 유사

陸

뜻 뭍(땅) **음** 륙

阜(阝 : 언덕 부)와 坴(언덕 륙)이 결합한 모습이다. 坴은 흙(土)더미, 즉 산을 나타낸 글자다. 여기에 언덕을 뜻하는 阜까지 더했으니 陸은 육지의 다양한 모습을 전부 담은 글자라 할 수 있다.

▷ 陸地 (   ) : 강이나 바다와 같이 물이 있는 곳을 제외한 지구 겉면
▶ 예 명량 해협은 진도와 해남, 이 두 陸地 사이에 있는 매우 좁은 해협이다.

▷ 離陸 (   ) : 비행기 따위가 땅 위를 떠나 떠오름 / 떼놓을 離
▶ 예 비행기는 離陸을 하기 위하여 활주로를 달렸다.

답 : 육지, 이륙

##

뜻 마을 **음** 리

田(밭 전)과 土(흙 토)가 결합한 모습이다. 밭과 흙이 있다는 것은 농사를 지을 수 있는 곳이란 뜻이고 이런 곳에는 사람들이 모여 살게 되니 里는 '마을'이라는 뜻을 갖게 되었다.

▷ 洞里 (   ) : 마을. 지방 행정 구역 / 마을 洞
▶ 예 새벽녘, 수탉이 우는 소리가 온 洞里에 울려 퍼졌다.

▷ 里長 (   ) : 시골에서 공중(公衆 : 사회 대부분)의 일을 맡아보는 사람
▶ 예 오늘 마을 회의는 里長 집에서 열렸다.

답 : 동리, 이장

理

뜻 다스릴 **음** 리

玉(구슬 옥)과 里(마을 리)가 결합한 모습이다. 里에는 '마을'이라는 뜻이 있지만, 여기에서는 발음 역할만 하고 있다. 理는 본래 옥 안에 있는 무늬를 뜻했다. 이것이 철학적 개념으로 발전하여 '사물 안에 있는 원리'나 '우주의 근본이 되는 도리'를 가리키는 말로 쓰였다. 한편 옥에 새겨 넣는 무늬를 뜻하기도 하는데 단단한 옥을 깎아 무늬를 새겨 넣는 작업은 매우 어렵기 마련이다. 그래서 理는 간혹 실수로 구멍 낸 곳을 메운다는 의미에서 '메우다'나 '수선하다'라는 뜻도 가지게 되었고 지금은 '(일을)처리한다'라는 뜻으로도 광범위하게 쓰이고 있다.

▷ 理由 (   ) : 어떠한 결론이나 결과에 이른 까닭이나 근거 / 말미암을 由

▶ ㉲ 정당한 理由

▷ 理解 (   ) : 사리를 분별하여 해석함. 깨달아 앎 / 풀 解

▶ ㉲ 그녀는 철학에 대한 理解가 깊다.

> 답 : 이유, 이해

利

뜻 이로울 **음** 리

利는 禾(벼 화)와 刀(칼 도)가 결합한 모습이다. 벼와 칼을 함께 그린 것이니 利는 벼를 베는 모습을 표현한 것이다. 본래 칼이 벼를 벨 수 있을 정도로 '날카롭다'라는 뜻을 위해 만든 글자였는데, 아직도 '예리(銳利)하다'라는 뜻이 있는 것도 바로 이 때문이다. 利는 후에 '이익'이나 '이롭다'라는 뜻으로 확대됐는데 추수하는 것은 농부들에게 이익을 가져다주었기 때문이다.

▷ 利益 (   ) : 물질적으로나 정신적으로 보탬이 되는 것 / 더할 益

▶ ㉲ 수현이는 늘 자기 자신보다는 다른 많은 사람들의 利益을 우선하였다.

▷ 利子 (   ) : 남에게 돈을 빌려 쓴 대가로 치르는 일정한 비율의 돈

▶ ㉲ 지난달 빌려준 돈의 利子를 받다.

> 답 : 이익, 이자

얼마나 기억하고 있는지 테스트해 볼까요?

한자의 뜻과 음을 적으세요. 뜻과 음이 두 개 이상인 경우에는 모두 적으세요.

채점 후 틀린 한자는 다시 익혀봅시다. (정답은 한자 쓰기 노트 32 페이지)

No.	한자	뜻	음
01	今		
02	急		
03	級		
04	給		
05	記		
06	旗		
07	己		
08	技		
09	基		
10	期		
11	吉		
12	念		

No.	한자	뜻	음
13	農		
14	能		
15	短		
16	談		
17	答		
18	堂		
19	當		
20	代		
21	對		
22	待		
23	德		
24	道		
25	圖		
26	度		

No.	한자	뜻	음
27	到		
28	島		
29	讀		
30	獨		
31	動		
32	童		
33	頭		
34	登		
35	等		
36	樂		
37	落		
38	冷		
39	良		
40	量		

No.	한자	뜻	음
41	旅		
42	歷		
43	練		
44	令		
45	禮		
46	老		
47	路		
48	勞		
49	綠		
50	流		
51	類		
52	陸		
53	里		
54	理		
55	利		

Step. 3 최종 테스트

이번 테스트는 한자 순서를 바꿔 제시하는 최종 단계입니다.
익숙한 순서가 아닌 무작위 배열 속에서도 정확히 뜻과 음을 기억해 낼 수 있는지 점검하며, 진짜 실력을 확인합니다. (정답은 한자 쓰기 노트 34 페이지)

No.	한자	뜻	음
01	禮		
02	練		
03	德		
04	度		
05	基		
06	良		
07	等		
08	樂		
09	記		
10	待		
11	答		
12	令		

No.	한자	뜻	음
13	道		
14	旗		
15	期		
16	己		
17	綠		
18	談		
19	量		
20	讀		
21	吉		
22	當		
23	冷		
24	對		
25	短		
26	類		

No.	한자	뜻	음
27	技		
28	獨		
29	陸		
30	堂		
31	落		
32	代		
33	理		
34	農		
35	圖		
36	流		
37	童		
38	今		
39	級		
40	登		

No.	한자	뜻	음
41	旅		
42	到		
43	給		
44	動		
45	老		
46	急		
47	頭		
48	島		
49	路		
50	能		
51	歷		
52	念		
53	里		
54	勞		
55	利		

각 한자 오른편에 있는 설명을 읽어보세요. 한자가 어떻게 만들어졌는지 원리를 이해해야 쉽게 외울 수 있으니까요. 다음으론 해당 한자가 쓰인 어휘를 확인하고, 예문까지 읽으면서 이 한자는 실생활에서 어떻게 활용되는지 꼭 확인하세요. 마지막으로, 뜻과 음만 봐도 해당 한자를 떠올릴 수 있을 만큼 여러 번 쓰면서 익히세요. 안타깝게도 한자 암기에 지름길은 없답니다. 반복만이 생명!

뜻 설 **음** 립

갑골문을 보면 大(큰 대) 아래로 획이 가로로 그어져 있었다. 이것은 평평한 땅 위에 당당히 서 있는 사람을 표현한 글자다. 立은 그래서 '똑바로 서다'라는 뜻을 갖게 되었지만, 더 나아가 개인의 존재감이나 사물의 위치가 바로 세워져 있음을 뜻하기도 한다.

▷ 立春 (   ) : 양력 2월 4~5일. 이때부터 봄이 시작됨

▶ 예 우리 백화점은 立春을 맞아 봄 행사를 기획 중이다.

▷ 自立 (   ) : 스스로의 힘으로 생계를 유지함

▶ 예 진정한 자유와 自立의 길은 무엇인지 생각해 보자.

답 : 입춘, 자립

뜻 일만 **음** 만

가위나 꼬리를 번쩍 든 전갈의 모양을 본뜬 글자로 전갈이 알을 많이 낳는다고 하여 일만(一萬)을 뜻한다.

▷ 萬物 (   ) : 세상에 있는 모든 것

▶ 예 인간은 萬物의 영장이다.

▷ 萬一 (   ) : 혹시 있을지도 모르는 뜻밖의 경우. '만에 하나'를 생각해보면 쉽게 이해할 수 있다.

▶ 예 萬一 네가 간다면 나도 가겠다.

답 : 만물, 만일

末

뜻 끝 **음** 말

'끝부분'이나 '꼭대기'를 뜻하는 글자다. 木(나무 목)과 一(한 일)이 결합한 모습인데, 末은 나무의 '끝부분'에 점이 찍혀 추상적(눈에 보이지 않고 만져지지 않는, 머리로 생각해야 알 수 있는)인 의미를 나타내는 지사문자다. 비슷한 예로 근본 본(本)이라는 글자도 지사문자다.

▷ 末期 (　　　　) : 정해진 기간이나 일의 끝이 되는 때나 시기 / 기약할 期

▶ 예 노비는 조선 末期까지도 없어지지 않았다.

▷ 週末 (　　　　) : 한 주일의 끝 / 돌 週

▶ 예 週末에는 많은 사람들이 교외로 나들이를 간다.

답 : 말기, 주말

末과 모양이 비슷한 한자

뜻 아닐 **음** 미

'아니다'나 '아직~하지 못하다'라는 뜻을 가진 글자다. 갑골문을 보면 끝 말(末)과 같이 木(나무 목)자 윗부분에 획이 하나 그어져 있다. 이는 나뭇잎이 아직 '무성하다'라는 뜻을 표현한 것이다. 그래서 未의 본래 의미는 '(나뭇잎이) 무성하다'였다. 지금은 본래 의미는 사라지고 '아직'이나 '아직 ~하지 못하다'의 뜻으로 쓰인다. 末(끝 말)과 매우 비슷하지만 末(끝 말)은 끝부분 획이 긴 반면, 未(아닐 미)는 짧으니 이러한 차이점으로 구분해야 한다.

뜻 근본 **음** 본

나무의 뿌리가 있는 부분에 점을 찍어 근본을 뜻하는 글자가 됐다.

114

望

뜻 바랄 **음** 망

뜻을 나타내는 월(月 초승달)과 음(音)을 나타내는 글자 亡(망)으로 이루어졌다고 보는 견해가 지배적이다. 달을 바라보며 뭔가를 기대하는 사람의 모습을 나타낸 글자로 암기해 두자.

▷ 展望 (   ) : 넓고 먼 곳을 멀리 바라봄 / 펼 展

▶ ㉐ 展望이 좋다.

▷ 希望 (   ) : 어떤 일을 이루거나 하기를 바람. 좋은 결과를 기대하는 마음 / 바랄 希

▶ ㉐ 希望 사항

> 답 : 전망, 희망

115

뜻 망할 **음** 망

亡의 갑골문은 칼날이 부러진 칼을 묘사하고 있다. 칼날이 부러졌다는 것은 싸움에서 패배했다는 의미다. 그래서 亡은 전쟁에서 졌다는 의미에서 '멸망하다'나 '도망하다'라는 뜻을 갖게 되었다. 당시 패배는 곧 죽음을 의미한다. 그러므로 亡은 '죽다', '잃다'라는 뜻으로 확장되기도 했다.

▷ 亡命 (   ) : 자기 나라의 정치적 탄압 따위를 피하여 외국으로 몸을 숨김

▶ ㉐ 비록 생명의 위협을 받아 亡命을 떠났지만 김 선생은 조국을 잊을 수 없었다.

▷ 死亡 (   ) : 사람이 죽음. 자연인이 생명을 잃음

▶ ㉐ 死亡에 이르다.

> 답 : 망명, 사망

116

뜻 매양 **음** 매

어린아이(人)가 어머니(母)의 젖을 매번, 한결같이 먹는다는 뜻이 합해져서 '매양, 매일, 한결같은, 늘'이라는 뜻으로 쓰인다.

▷ 每事 (   ) : 모든 일 ▶ ㉐ 그는 每事가 이런 식입니다.

▷ 每日 (   ) : 각각의 개별적인 나날 ▶ ㉐ 그는 每日 새벽에 조깅을 한다.

> 답 : 매사, 매일

賣
뜻 팔 **음** 매

賣는 買(살 매)와 出(날 출)이 결합한 모습이다. 賣에 쓰인 士(선비 사)는 出이 잘못 변형된 것으로 원래는 出이 쓰인 것으로 본다. 본디 고대에는 買로 사는 것이나 파는 것을 따로 구별하지 않고 전부 썼다. 그러나 후대에 구별이 필요해지면서 買에 '나가다'라는 뜻의 出을 더한 賣가 '팔다'를 뜻하게 되었다.

▷ 賣却 (　　　) : 물건을 팔아버림 / 물리칠 却
▶ 예 그 회사는 공장 부지의 **賣却** 계획을 밝혔다.

▷ 賣出 (　　　) : 물건 따위를 내다 파는 일 ▶ 예 **賣出**이 늘다.

답 : 매각, 매출

買
뜻 살 **음** 매

買는 网(그물 망)과 貝(조개 패)가 결합한 모습이다. 网이 부수로 쓰일 때는 罒으로 바뀌게 되니 買는 그물과 조개를 함께 그린 셈이다. 한자에서 貝는 '화폐'나 '재물'을 뜻한다. 고대 중국에서는 조개를 화폐를 대신해 썼기 때문이다. 따라서 재물을 쓸어 그물에 쓸어 담는다는 의미에서 '사다'라는 뜻으로 쓰이고 있다.

▷ 買受 (　　　) : 물건을 사서 넘겨받음 / 받을 受
▶ 예 이 토지에 대한 **買受** 의향을 밝힌 사람이 몇 명이나 되는가?

▷ 買入 (　　　) : 물건 따위를 사들임
▶ 예 김장철을 맞아 고추 수요가 늘어나자 고추 **買入** 가격이 폭등하고 있다.

답 : 매수, 매입

面
뜻 얼굴 **음** 면

面의 갑골문을 보면 길쭉한 타원형 안에 하나의 눈만 그려져 있었다. 이는 사람의 얼굴을 표현한 것이다. 그러나 面이 단순히 '얼굴'만 뜻하지는 않고, 사람 얼굴에서 비롯되는 '표정'이나 '겉모습'이라는 뜻으로도 확대돼 쓰인다.

▷ 面接 (　　　) : 얼굴을 마주 대함. 직접 만남. 면접시험의 준말 / 사귈 接
▶ 예 그는 필기시험은 통과했지만 **面接**에서 떨어졌다.

▷ 正面 (　　　) : 똑바로 마주 보이는 면 ▶ 예 길 건너 **正面**으로 보이는 건물이 바로 시청입니다.

답 : 면접, 정면

名

뜻 이름 **음** 명

夕(저녁 석)과 口(입 구)가 결합한 모습이다. 夕은 초승달을 그린 것으로 '저녁'이라는 뜻이다. 요즘이야 한밤중에도 불을 켜니 밝지만, 예전에는 그렇지 못했다. 그래서 어두운 저녁 저 멀리 오는 누군가를 알아내기 위해 이름을 불러본다는 뜻으로 만들어진 글자다.

▷ 名分 (　　　　) : 반드시 지켜야 할 도리나 분수

▶ ⑩ 名分이 없이 큰 일을 하려고 하면 사람들이 모이지 않는다.

▷ 名節 (　　　　) : 해마다 일정하게 지키어 즐기거나 기념하는 절기(節氣)

▶ ⑩ 민족의 名節인 설이나 추석에는 가족들이 다함께 모여 즐거운 시간을 보낸다.

답 : 명분, 명절

命

뜻 목숨 **음** 명

우두머리 령(令)에 입 구(口)가 더해진 구조다. 우두머리 령(令)은 갑골문에서 모자를 쓴 사람이 앉아 있는 모습을 그렸는데, 모자는 권위의 상징이었다. 그래서 령(令)은 권력을 가진 우두머리를 뜻하고, 우두머리는 입(口)으로 명령을 내릴 수 있다는 의미에서 명(命)에는 '부리다'와 '명령'이라는 뜻이 더 있다. 그래서 명(命)은 말로써 사람들을 부리는 것을 의미했고 이후 윗사람이 아랫사람을 부리는 모든 행위를 가리켰으며 다시 천명(어디서, 어떻게, 얼마만큼 살다 올지 정해 주는 하늘의 명령, 그래서 목숨을 뜻하기도 함)이라는 뜻도 갖는다.

▷ 命令 (　　　　) : 윗사람이 아랫사람에게 무엇을 하도록 시킴

▶ ⑩ 命令을 내리다.

▷ 生命 (　　　　) : 목숨

▶ ⑩ 그는 나를 구해 준 生命의 은인이다.

답 : 명령, 생명

明

뜻 밝을 **음** 명

해(日)와 달(月)로부터만 빛을 얻었던 옛사람들을 생각하면서 외우자!

▷ 明暗 (　　　　　) : 밝음과 어두움. 기쁜 일과 슬픈 일 또는 행복과 불행을 통틀어 이르는 말 / 어두울 暗

▶ 예 제품별로 색상의 明暗이 조금씩 다르다.

▷ 明快 (　　　　　) : 말이나 그날 따위의 내용이 명백하여 시원함 / 쾌할 快

▶ 예 새로 부임한 교수의 강의가 무척 明快하다.

답 : 명암, 명쾌

 問

뜻 물을 **음** 문

입 구(口)로 말을 해서 물어본다는 것을 생각하며 외우자.

▷ 問安 (　　　　　) : 웃어른에게 안부를 여쭘

▶ 예 옛날에는 아침마다 부모님께 問安을 드렸다.

▷ 問答 (　　　　　) : 물음과 대답

▶ 예 강연이 끝나자 잠시 問答을 하는 시간이 있었다.

답 : 문안, 문답

 聞

뜻 들을 **음** 문

귀 이(耳)로 듣는다는 것을 생각하며 외우자.

▷ 所聞 (　　　　　) : 사람들 입에 오르내려 전하여 들리는 말 ▶ 예 所聞이 나다.

▷ 新聞 (　　　　　) : 새로운 소식이나 견문, 혹은 이를 빨리 알리는 정기 간행물

▶ 예 그에 관한 기사가 新聞에 났다.

답 : 소문, 신문

物

뜻 만물 **음** 물

物은 '물건'이나 '사물'이라는 뜻을 갖고있다. 牛(소 우)와 勿(말 물)이 결합한 모습이다. 여기서 勿은 무언가를 칼로 내리친다는 뜻도 된다. 따라서 物을 소를 도축하여 상품화시키는 모습으로 해석하기도 한다. 하지만 고대에는 다양한 색이 뒤섞인 '얼룩소'를 物이라고 불렀다고 한다. 후에 다양한 가축의 종류나 등급과 관계된 뜻으로 확대돼 쓰이게 되면서 지금은 더 넓은 의미에서 '제품'이나 '상품', 온갖 사물', 즉 '만물'이라는 뜻으로 쓰이고 있다.

▷ 物件 (　　　　) : 사람이 필요에 따라 만들어 내 어떤 목적으로 이용하는, 들고 다닐 만한 크기의 일정한 형태를 가진 대상이나 물품 / 사물 件

▶ 예 별생각이 없다가 物件을 보니 갖고 싶어지는 것을 견물생심(見物生心)이라고 불러.

답 : 물건

米

뜻 쌀 **음** 미

벼의 낱알을 그린 것으로 '쌀'이나 '곡식의 낱알'이라는 뜻이 있다. 마치 木(나무 목)자에 점이 찍힌 듯 보이지만 실제로는 十(열 십) 주위로 낱알이 흩어져 있는 모습이다. 갑골문에 나온 米를 보면 긴 막대기 주위로 6개의 낱알이 흩어져 있는데, 여기서 긴 막대기는 낱알을 펼쳐놓는 도구다. 지금도 벼를 수확하면 낱알을 햇볕에 말리는데, 이때 낱알이 잘 건조되도록 펼치는 도구를 뜻한다.

▷ 米穀 (　　　) : 벼에서 껍질을 벗겨낸 알맹이 / 곡식 穀

▶ 예 탈곡은 진작 마무리되었는데 米穀 처리장이 부족하여 제때 출하하지 못하고 있다.

답 : 미곡

反

뜻 돌이킬 **음** 반

갑골문에 나온 反은 손으로 무언가를 잡으려는 듯한 모습으로 그려져 있다. 이는 어떤 물건을 손으로 뒤집는다는 뜻이 표현된 것이다. 그래서 反은 '뒤집다'라는 뜻을 갖게 됐지만, 후에 뜻이 확대되면서 '배반하다', '반역하다'라는 뜻도 갖게 되었다.

▷ 反省 (　　　) : 자신의 언행에 대해 부족함이 없었는지 돌이켜 봄 / 살필 省

▶ 예 反省이 없는 삶은 발전이 없다.

▷ 贊反 (　　　) : 찬성과 반대를 아울러 이르는 말 / 도울 贊

▶ 예 새로운 입시 제도를 도입하는 정책에 대해 贊反이 분분하다.

답 : 반성, 찬반

半
뜻 절반 **음** 반

半은 소(牛)를 반으로 가르는 모습을 그린 것이다. 참고로 '가르다'라는 뜻을 가진 다른 글자와 달리 정확히 반으로 가른다는 의미가 담겨 있다.

▷ 半年 (　　　) : 한 해의 반 ▶ 예 내가 취직한 지도 어느새 半年이 지났다.

▷ 折半 (　　　) : 하나를 반으로 가름 / 꺾일 折 ▶ 예 그녀는 1년의 折半 가량을 해외에서 지낸다.

답 : 반년, 절반

班
뜻 나눌 **음** 반

두 개의 옥(玉)과 刀(칼 도)가 결합한 모습이다. 이는 칼로 옥을 나눈 모습을 표현한 것이다. 班을 珏(쌍옥 각)과 刀(칼 도)가 결합한 것으로 보기도 하는데, 어쨌든 칼로 옥을 나눈다는 의미에는 변함이 없다. 한편 '차례대로' 나눠준다는 뜻으로도 확장돼 '차례'나 '순서'라는 뜻도 가지고 있다. 나눠진 '자리'라는 의미도 있어서 고려시대 문신을 문반, 무신을 무반이라 하여 양반이라고 부르기 시작해 사대부(벼슬이나 문벌이 높은 사람)를 부르는 다른 말이 되기도 했다.

▷ 斑白 (　　　) : 흰색과 검은색이 반반 정도인 머리털

▶ 예 민혁이는 어느새 斑白의 신사가 되어 있었다.

▷ 班長 (　　　) : 어떤 일을 함께하는 소규모 조직체인 班을 대표해 일을 맡아보는 사람 ▶ 예 형사 班長

답 : 반백, 반장

發
뜻 필 **음** 발

發은 癶(등질 발)과 弓(활 궁), 殳(창 수)가 결합한 모습이다. 發의 갑골문을 보면 癶과 又(또 우), 矢(화살 시)가 함께 그려져 있다. 이는 도망가는 사람을 향해 화살을 쏘는 모습을 표현한 것이다. 그래서 發의 본래 의미는 '쏘다'나 '발사하다'였다. 그러다 후대로 가면서 又기 몽둥이를 들고 있는 모습의 殳도 바뀌었고, 이로 인해 지금은 활과 몽둥이를 들고 누군가를 뒤쫓아가는 모습이 됐다. 그래서 '나타내다, 들추다, 밝히다'와 같은 뜻으로도 쓰이고 있다.

▷ 發見 (　　　) : 미처 찾아내지 못하였거나 아직 알려지지 아니한 사물이나 현상, 사실 따위를 찾아냄

▶ 예 우리는 언제나 자아 發見과 계발에 힘써야 한다.

▷ 發生 (　　　) : 어떤 일이나 사물이 생겨남 ▶ 예 사건 發生은 봄과 여름에 가장 많다.

답 : 발견, 발생

白

뜻 흰 **음** 백

갑골문으로 보면 촛불의 심지와 밝게 빛나는 불빛을 표현한 것이라고 한다.

▷ 告白 (　　　　) : 숨긴 일이나 생각한 바를 사실대로 솔직하게 말함
▶ 예 사랑 告白

▷ 明白 (　　　　) : 의심할 것 없이 아주 뚜렷하고 환함
▶ 예 협상을 제의한 그들의 속셈이 너무 明白하다.

답 : 고백, 명백

放

뜻 놓을 **음** 방

方(모 방)과 攵(칠 복)이 결합한 모습이다. 方은 소의 등에 물리는 쟁기(밭을 가는 농기구의 일종)를 그린 것으로 '방향'이라는 뜻이다. 이렇게 사방으로 '나아가다'라는 뜻을 가진 方에 攵을 결합한 放은 결국 몽둥이로 내쳐서 사방으로 내보낸다는 뜻을 표현한 글자다.

▷ 放學 (　　　　) : 일정 기간 동안 수업을 쉬는 일. 또는 그 기간
▶ 예 放學인데 보충 수업 때문에 놀지도 못하고 이게 뭐니?

답 : 방학

別

뜻 나눌 **음** 별

另(헤어질 령)과 刀(칼 도)가 결합한 모습이다. 另은 冎(뼈 발라낼 과)에서 유래한 것으로 뼈와 살을 발라낸다는 뜻이 있다. 別의 갑골문을 보면 뼛조각과 칼이 함께 그려져 있었다. 이것은 사람의 뼈와 살이 나누어졌다는 뜻을 표현한 것이다. 한편 뼈와 살이 나눠졌다는 것은 사람이 죽었다는 뜻도 되므로, 헤어지다의 의미도 갖게 됐다.

▷ 別個 (　　　　) : 관련성이 없이 서로 다름 / 낱 個
▶ 예 이 두 가지 방안은 따로 떨어진 別個의 방안이 아니다.

답 : 별개

法

뜻 법 **음** 법

물(氵)이 끊임없이 흘러가되(去) 거기에는 일정하게 정해진 것(즉, 법)이 있다는 뜻으로 만들어진 글자.

▷ 法規 (　　　　) : 일반 국민의 권리와 의무에 관계된 법 규범 / 법 規

▶ 예 운전자들은 교통 신호나 차선을 지키는 것 등 각종 도로 교통에 관한 法規를 준수해야 한다.

답 : 법규

變

뜻 변할 **음** 변

絲(어지러울 련)과 攵(칠 복)이 결합한 모습이다. 絲은 말이 실에 꼬여버린 모습을 표현한 것으로 '어지럽다'라는 뜻이다. 變은 이렇듯 어지러운 상황을 뜻하는 絲에 몽둥이를 든 모습을 그린 攵을 합쳐서 혼란스러운 상황을 바로잡는다는 뜻으로 만들어진 글자다. 이는 곧 상황이 바뀐다는 뜻이다. 그래서 變은 어지러운 상황이 바뀌었다는 의미로 '변하다, 고치다'라는 뜻을 갖게 되었다.

▷ 變德 (　　　　) : 이랬다저랬다 잘 변하는 성질이나 태도

▶ 예 날씨가 變德을 일으켜 갑자기 소나기가 쏟아졌다.

▷ 變動 (　　　　) : 바뀌어 달라짐

▶ 예 갑작스러운 환율 變動은 국제 경제에 많은 영향을 미칠 수 있다.

답 : 변덕, 변동

病

뜻 병 **음** 병

뜻을 나타내는 병들 녘(疒, 병상에 드러누운 모양)과 음을 나타내는 글자 丙(남녘 병)으로 이루어진 글자다. 갑골문에서는 침대에 누워 땀을 흘리고 있는 사람의 모양을 흉내낸 글자로 그려져 있다.

▷ 病名 (　　　　) : 병의 이름

▶ 예 진찰 결과 아이의 病名은 폐렴이라고 한다.

▷ 病院 (　　　　) : 병자를 진찰, 치료하는 데 필요한 설비를 갖춰놓은 곳 / 집 院

▶ 예 그녀는 病院에 입원한 지 하루 만에 퇴원했다.

답 : 병명, 병원

兵
뜻 병사 **음** 병

斤(도끼 근)과 廾(받들 공)이 결합한 모습이다. 갑골문에 나온 兵을 보면 도끼나 창을 양손으로 받들고 있는 모습이 그려져 있었다. 兵은 이렇게 양손에 무기를 들고 있는 모습을 그린 것으로 '무기'나 '병기'라는 뜻을 갖게 되었고 후에 '병사'나 '싸움'이라는 뜻이 나왔다.

▷ 兵力 (   ) : 군대의 인원, 또는 그 숫자

▶ 예 막강한 兵力의 군대

▷ 兵法 (   ) : 군사를 지휘하여 전쟁하는 방법

▶ 예 兵法의 기본은 적을 알고 나를 아는 것이다.

답 : 병력, 병법

服
뜻 옷 **음** 복

갑골문에서의 服은 무릎을 꿇은 사람(卩)을 이끌어(又) 배(舟)에 태우고 있는 모습이 표현되어 있었다. 여기서 무릎을 꿇은 사람은 죄인이다. 그러니까 服은 죄인을 배에 태워 호송하는 모습을 나타낸 글자다. 그래서 服은 죄인이 따르도록 한다는 의미에서 '복종시키다'나 '항복하다'라는 뜻으로 만들어졌지만, 후에 '의복(옷)'이라는 뜻도 생겼다.

▷ 克服 (   ) : 악조건이나 고생 따위를 이겨냄 / 이길 克

※ 여기서 服은 '항복하다, 뜻을 굽히다'와 같은 말로 쓰였다.

▶ 예 무엇보다 시급한 것은 위기 克服을 위한 대책 마련이다.

▷ 服用 (   ) : 약 등을 절차에 따라 먹음.

※ 여기서 服은 한 번에 마실 만큼 약의 양을 뜻하는 말로도 쓰인다.

▶ 예 이 약은 캡슐로 되어 있어 服用이 간편하다.

답 : 극복, 복용

本

뜻 근본 **음** 본

이미 만들어져 있던 木(나무 목)의 아랫 부분에 점을 찍어 나무의 뿌리를 가리키는 本을 만들었다. 나무를 지탱하는 것이 뿌리이듯 사물을 구성하는 가장 기초적인 바탕이라는 의미에서 '근본'을 뜻하게 되었다.

▷ 基本 (   ) : 사물이나 현상, 이론, 시설 따위의 기초와 근본 / 터 基
▶ 예 수영의 基本을 익히는 데는 3개월이면 충분하다.

▷ 本質 (   ) : 본디부터 가지고 있는 사물 자체의 성질이나 모습 / 바탕 質
▶ 예 김 교수는 겉으로 드러난 현상보다는 그 本質을 파악해야 한다고 말했다.

답 : 기본, 본질

奉

뜻 받들 **음** 봉

약초를 양손으로 떠받치고 있는 모습을 본뜬 글자라고 한다. 고대에는 그 지역에서 생산되거나 채취한 귀한 진상품을 황제나 지역 관리에게 바쳐야 했다. 그래서 奉은 귀한 약초(산삼)를 바치는 모습으로 그려져 '바치다'나 '섬기다'라는 뜻을 표현한 글자다.

▷ 奉仕 (   ) : 국가나 사회 또는 남을 위해 헌신적으로 일함 / 섬길 仕
▶ 예 그녀는 어린 시절부터 자원 奉仕 활동을 꾸준히 해왔다.

답 : 봉사

夫

뜻 지아비(남편) **음** 부

夫를 보면 사람 모양(大)의 머리 부분에 획이 더 그어져 있다. 이는 남자들이 머리를 고정할 때 사용하던 비녀를 그린 것이다. 고대 중국에서는 남자들도 머리에 비녀를 꽂아 성인이 됐음을 일렸다. 그래서 大는 이미 성인식을 치른 남자라는 의미에서 '남편'이나 '사내, 군인'이라는 뜻으로 쓰인다.

▷ 夫婦 (   ) : 남편과 아내
▶ 예 그들 夫婦는 금슬이 매우 좋다.

▷ 夫人 (   ) : 남의 아내를 높여 이르는 말
▶ 예 저기, 夫人께서 오시는군요.

답 : 부부, 부인

部
뜻 거느릴 **음** 부

뜻을 나타내는 阝(=마을 邑)와 음을 나타내는 咅(부)로 이루어진 글자다. 고대에는 각 행정구역이 서로 이어져 있지 않고 일정한 간격을 두고 있었다. 그래서 部는 '이 마을'과 '저 마을'이라는 의미로 부르려고 만들었지만, 이후 구분, 분류한다는 뜻이 확대되면서 지금은 '분류, 구분'이라는 뜻으로 널리 쓰이고 있다.

▷ 部分 (   ) : 전체를 이루는 작은 범위. 또는 전체를 몇 개로 나눈 것의 하나
▶ 예 민영이는 다리의 멍든 部分에 연고를 발랐다.

▷ 部品 (   ) : 기계 따위의 어떤 부분에 쓰는 물품
▶ 예 기술자는 컴퓨터의 部品 하나하나를 꼼꼼히 살펴보고 고장의 원인을 찾아냈다.

답 : 부분, 부품

分
뜻 나눌 **음** 분

八(여덟 팔)과 刀(칼 도)가 결합한 모습이다. 八은 사물이 반으로 갈린 모습을 그린 것이다. 이렇게 사물이 나누어진 八에 刀가 결합한 分은 물건을 반으로 나누었다는 뜻을 표현한 것이다. 여기서 '나누어주다'나 '베풀어주다'라는 뜻을 갖게 됐지만, 물건이 나뉜 후에는 사물의 내부가 보인다는 뜻에서 '구별하다'나 '명백하다'라는 뜻도 있다.

▷ 分明 (   ) : 틀림없이 확실하게 / 밝을 明
▶ 예 分明 날 부르는 소리가 들렸는데 밖에 나가보니 아무도 없었다.

▷ 分析 (   ) : 얽혀 있거나 복잡한 것을 풀어 개별적 요소로 나눔 / 가를 析
▶ 예 이 사건의 원인에 대한 分析은 사람마다 차이가 있다.

답 : 분명, 분석

##
뜻 견줄 **음** 비

比는 두 사람이 오른쪽을 향해 나란히 서 있는 모습을 그린 것이다. 본래 '친하다'나 '친숙하다'라는 뜻을 위해 만든 글자였다. 그러나 지금은 두 대상을 서로 비교한다는 의미에서 '견주다'나 '비교하다'라는 뜻으로 쓰이고 있다.

▷ 比較 (   ) : 둘 이상의 사물을 견주어 차이, 공통점을 살핌 / 견줄 較 ▶ 예 比較 대상
▷ 比率 (   ) : 다른 수나 양에 대한 어떤 수나 양의 비 / 비율 率 ▶ 예 比率이 높다.

답 : 비교, 비율

145

費

뜻 쓸 **음** 비

弗(아닐 불)은 나무토막을 끈으로 묶어놓은 모습을 나타낸 글자로 '근심하다'라는 뜻으로 쓰였다. 내가 필요한 물건을 사기 위해서는 돈(貝)을 지출해야 하지만 한편으로는 돈을 너무 많이 쓰면 걱정거리가 늘어나기도 한다. 그러니 費에 쓰인 弗은 이때 생기는 근심과 걱정을 뜻한다고 볼 수 있다. 결국 費는 '돈이 나가니 걱정이다'라는 의미로 만들어졌다.

▷ 費用 (   ) : 물건을 사거나 어떤 일을 하는 데 드는 돈
▶ 예 費用이 들다.

▷ 浪費 (   ) : 시간이나 재물 따위를 헤프게 씀 / 방자할, 삼가지 않을 浪
▶ 예 자원 浪費

답 : 비용, 낭비

146

뜻 코 **음** 비

뜻을 나타내는 글자 自(스스로 자: 코의 모양)와 음을 나타내는 畀(줄 비)로 이루어졌다. 옛날엔 自(자)가 코의 뜻을 나타냈지만 나중에 자기(自己)·자연(自然) 등 여러 뜻으로 쓰이면서 코를 뜻하는 글자를 따로 만들었다.

▷ 鼻炎 (   ) : 콧속의 점막에 생기는 염증 / 불탈 炎
▶ 예 건조한 날씨가 계속되면서 鼻炎으로 고생하는 사람들이 많아졌다.

답 : 비염

147

뜻 모일 **음** 사

示(보일 시)와 土(흙 토)가 결합한 모습이다. 示는 신에게 제사를 지내는 제단을 그린 것으로 여기에 土가 결합한 社의 본래 의미는 '토지의 신'이었다. 신에게 제사를 지낼 때는 여러 사람이 함께 모여 제물을 바친다. '토지의 신'에게 제사를 지내기 위해 많은 사람이 모였다는 의미가 확대되면서 후에 '모이다'라는 뜻을 갖게 되었다.

▷ 社會 (   ) : 같은 무리끼리 모여 이루는 집단
▶ 예 건강한 社會는 비판이 자유롭고 개방적이다.

답 : 사회

使

뜻 하여금 **음** 사

갑골문이 등장했던 고대에는 使(부릴 사)와 史(역사 사), 事(일 사), 吏(관리 리)가 모두 하나의 글자였다고 한다. 여기서 使는 본래 정부 관료인 '사관'을 뜻했었다. 사관은 제사를 주관하는 역할도 했기 때문에 손에는 제사를 지내고 점을 치는 주술 도구를 쥐고 있었다. 갑골문은 바로 그러한 모습을 그린 것이었다. 후에 글자가 더 세밀한 뜻으로 나뉘면서 人이 들어간 使는 '일을 시키는 사람'이라는 뜻으로 쓰이게 되었다.

▷ 使用 (   ) : 일정한 목적이나 기능에 맞게 씀

▶ 예 근래 일회용품의 과다한 使用이 환경 오염과 관련하여 문제가 되고 있다.

▷ 使役 (   ) : 일을 시킴 / 부리다, 일 시키다 役

▶ 예 영어에서 대표적 使役 동사로는 make, have, let 등이 있다.

답 : 사용, 사역

士

뜻 선비 **음** 사

士는 본래 휴대가 간편하게끔 깎은 고대 무기(손도끼)를 그린 것이다. 지금은 학문을 닦는 사람을 '선비'라고 하지만 고대에는 무관(武官)을 뜻했던 것이다. 士에 아직도 '관리'나 '군사', '사내'와 같은 뜻이 남아 있는 이유도 이 때문이다. 그래서 士가 부수로 쓰일 때는 '선비, 관리, 남자'라는 뜻을 전달하게 된다.

▷ 人士 (   ) : 사회적 지위가 높거나 사회적 활동이 많은 사람(Celebrity)

▶ 예 이번 교육 위원회에는 각계각층의 人士가 참여할 예정이다.

답 : 인사

史

뜻 역사 **음** 사

史는 본래 신에게 지내는 제사를 주관하는 사관을 뜻했던 글자였다. 사관들은 제사를 지내거나 점을 칠 때 사용하던 주술 도구를 지니고 다녔는데, 史는 그것을 손에 쥐고 있는 모습을 그린 것이다. 후에 사관이 임금의 언행이나 역사를 기록하는 역할을 담당하게 되면서 지금은 '역사'나 '사관'이라는 뜻을 갖게 되었다.

▷ 史官 (   ) : 역사 편찬을 맡아 초고를 쓰는 일을 맡아보던 벼슬

▶ 예 조선 시대 史官은 실록 편찬의 자료가 되는 초서를 썼다.

▷ 歷史 (   ) : 지나간 일을 기록하여 다듬은 것 / 지낼 歷 ▶ 예 歷史에 기록되다

답 : 사관, 역사

思 **뜻** 생각할 **음** 사

田(전)과 心(심)이 합쳐진 글자다. 여기서 田은 본래는 정수리 신(囟)을 썼던 자리인데 좀 더 편하게 쓰려고 밭 전(田)으로 바꿨다고 한다. 이렇듯 두뇌(囟→田)와 마음(≒心)이라는 데서 '생각하다'라는 뜻이 생겼다.

▷ 意思 (　　　　) : 무엇을 하고자 하는 생각. 마음먹은 생각 / 뜻 意

▶ ⑩ 어물거리지 말고 자신의 意思를 명확히 밝혀야 할 것이다.

답 : 의사

寫 **뜻** 베낄 **음** 사

宀(집 면)과 舃(까치 석)이 결합한 모습이다. 여기서 舃에는 '까치'라는 뜻이 있지만, 고대에는 나무로 만든 '신발'을 뜻하기도 했다. 이 신발은 왕을 알현하던 대신(大臣)들이 신던 귀한 것이라 아무 데나 벗어놓지는 못했다. 그래서 대신들은 신발을 벗은 후에 항상 집 안으로 옮겨놓았는데, 이를 뜻하는 글자다. 이후 寫는 '옮기다'라는 의미가 확대되면서 '베끼다'나 '본뜨다'라는 뜻을 갖게 되었다.

▷ 寫眞 (　　　　) : 물체를 있는 모양 그대로 그려냄 / 참 眞

▶ ⑩ 寫眞을 찍다.

답 : 사진

算 **뜻** 셈 **음** 산

算은 竹(대나무 죽)과 目(눈 목), 廾(받들 공)이 결합한 모습인데 여기서 目은 본 뜻과는 관계없이 계산 도구 모양을 표현한 것이다. 그래서 算은 대나무를 일정한 방법으로 늘어놓아 숫자를 계산하는 방식을 나타낸 글자다.

▷ 算出 (　　　　) : 어떤 수치를 계산해 냄

▶ ⑩ 생산량 算出

답 : 산출

産

뜻 낳을 **음** 산

産은 文(글월 문)과 厂(기슭 엄), 生(날 생)이 결합한 모습인데, 이는 집(厂)에서 아이(文)를 낳았다(生)라는 뜻으로 해석된다.

▷ 産卵 (　　　　) : 알을 낳음 / 알 卵 ▶ **예** 그 양어장은 産卵에 좋은 조건을 갖추었다.

▷ 産業 (　　　　) : 인간 생활을 경제적으로 풍요롭게 하기 위하여 재화나 서비스를 생산하는 사업

▶ **예** 관광은 오염을 일으키지 않는 21세기 産業이다.

답 : 산란, 산업

相

뜻 서로 **음** 상

相은 木(나무 목)과 目(눈 목)이 결합한 모습이다. 相은 마치 나무를 바라보고 있는 듯한 모습으로 그려졌다. 그래서 相은 나에게 필요한 목재인지를 자세히 살펴본다는 의미에서 '자세히 보다'를 뜻했었지만, 이후 나무와 눈의 관계로까지 확장돼 '서로'라는 뜻을 갖게 되었다.

▷ 相見 (　　　　) : 서로 만나봄 ▶ **예** 오늘 저녁에 신입생과 선배들의 相見 모임이 있습니다.

▷ 相談 (　　　　) : 문제를 해결하거나 궁금증을 풀기 위해 서로 의논함 / 이야기 談

▶ **예** 약은 의사나 약사와 相談 후에 복용하시기 바랍니다.

답 : 상견, 상담

商

뜻 장사 **음** 상

갑골문에서는 선반 위에 기다란 항아리가 그려져 있는 모습으로 드러난다. 이렇게 좌판 위에 물건을 올려놓은 모습이 장사하는 것과 같다는 데서 나온 글자다.

▷ 商圈 (　　　　) : 상업의 세력이 미치는 범위 / 구역 圈

▶ **예** 이 지역에 최근 백화점과 대형 할인 매장이 넷이나 생기면서 새로운 商圈으로 주목받고 있다.

▷ 商業 (　　　　) : 상품을 사고파는 행위를 통하여 이익을 얻는 일

▶ **예** 이 도시는 항구 도시의 이점을 이용하여 商業의 중심지로 발전하였다.

답 : 상권, 상업

뜻 상줄 **음** 상

집을 뜻하는 尙과 貝가 결합한 賞은 집에 재물(貝)이 놓인 모습을 표현한 것이다. 상으로 받은 재물이 집 앞마당에 있는 모습을 나타낸 글자다.

▷ 賞金 (   ) : 선행이나 업적에 대해 격려하기 위하여 주는 돈

▶ **예** 賞金을 받다.

답 : 상금

뜻 글 **음** 서

聿은 손에 붓을 쥐고 있는 모습을 그린 것으로 '붓'이라는 뜻이다. 여기에 '말씀'을 뜻하는 曰(왈)이 더해진 書는 말을 글로 적어낸다는 뜻을 갖고 있다.

▷ 書類 (   ) : 글자로 기록한 문서를 통틀어 이르는 말 / 무리 類

▶ **예** 書類를 작성하다.

답 : 서류

뜻 차례 **음** 서

广(집 엄)과 予(나 여)가 결합한 모습으로 予(나 여)는 실을 감는 도구인 '실패'를 뜻하지만 이 글자에서는 '서'로 나아가는 발음 역할도 맡고 있는데, 차례차례 실을 감아나가는 과정을 떠올리면 쉽게 외울 수 있다.

▷ 序論 (   ) : 말이나 글 따위에서 본격적 논의를 하기 위한 실마리가 되는 부분

▶ **예** 딱딱한 이야기로 序論을 시작하니까 글이 지루하게 느껴진다.

▷ 序列 (   ) : 일정한 기준에 따라 순서대로 늘어섬 / 줄 列

▶ **예** 우리 모임에서 굳이 序列을 정하자면 나는 중간 정도에 해당한다.

답 : 서론, 서열

席

뜻 자리 **음** 석

초기 갑골문에 나온 席은 단순히 돗자리 하나만 그려져 있었다. 점점 시간이 흐르며 여기에 厂(기슭 엄)이 더해진 형태로 바뀌었는데, 그늘진 곳에 자리를 깔고 앉는다는 뜻이 생겼기 때문이다.

▷ 客席 (   ) : 극장 따위에서 손님이 앉는 자리
▶ ⑩ 공연 시작 10분 전이 되자 客席이 가득찼다.

▷ 出席 (   ) : 어떤 자리에 나가 참석함
▶ ⑩ 그대로 가다간 出席 미달로 유급이 될 처지였다.

답 : 객석, 출석

先

뜻 먼저 **음** 선

초기 갑골문 형태의 글자로 보면 止(발 지)와 儿(어진 사람 인)이 결합한 모습이다. 이는 사람(儿)보다 발이 앞서 나가는 모습을 표현한 것이다. 그래서 先은 '먼저'라는 뜻을 갖게 되었다고 전한다.

▷ 先頭 (   ) : 대열이나 행렬, 활동 따위에서 맨 앞 / 머리 頭 ▶ ⑩ 先頭를 달리다.
▷ 先祖 (   ) : 할아버지 이상의 조상 / 조상 祖
▶ ⑩ 이 땅에는 우리 先祖가 남긴 귀중한 유물들이 많다.

답 : 선두, 선조

線

뜻 줄/ 실 **음** 선

糸(가는 실 사)와 泉(샘 천)이 결합한 모습이다. 물이 끊임없이 흘러내리는 모습을 그린 泉에 糸를 결합해 '길게 끝없이 이어져 있는 실'이라는 뜻을 표현하게 되었다.

▷ 線分 (   ) : 직선 위에서 그 위의 두 점에 한정된 부분
▶ ⑩ 삼각형은 세 개의 線分으로 이루어져 있다.

▷ 視線 (   ) : 눈이 가는 길. 또는 눈의 방향 ▶ ⑩ 視線을 피하다.

답 : 선분, 시선

仙

뜻 신선 **음** 선

산(山)에 사는 사람(人)이라는 뜻이다.

▷ 仙境 (   ) : 신선이 산다는 곳 / 장소 境
▶ 예 조선 초 시가 작품에서는 화자가 머무르는 자연을 仙境이라 표현하기도 한다.

답 : 선경

船

뜻 배 **음** 선

'물을 따라 흐르다'라는 뜻을 가진 沿(물 따라갈 연)에 舟(조각배 주)를 결합한 것으로 배가 물을 따라 흘러간다는 뜻으로 만들어진 글자다.

▷ 船上 (   ) : 배의 위. 항해 중인 배를 타고 있음을 뜻하는 말
▶ 예 해경은 船上의 갑판과 주변 바다에서 승객과 승무원 대부분을 구조했다.

▷ 船員 (   ) : 선박의 승무원, 배에서 일을 보는 사람 / 일꾼 員
▶ 예 선장에게 불만을 품은 船員이 집단 난동을 선동했다.

답 : 선상, 선원

善

뜻 착할 **음** 선

초기 善의 갑골문을 보면 양과 눈이 함께 그려져 있었다. '양의 눈망울과 같은'이라는 뜻이다. 우리 식으로는 '사슴 같은 눈망울'로 해석될 수 있겠다. 보통 착하고 선한 사람에게 사슴 같은 눈망울을 가졌다고 말하곤 한다. 善은 그런 눈망울을 표현한 글자다.

▷ 善惡 (   ) : 착한 것과 악한 것을 아울러 이르는 말 / 악할 惡
▶ 예 인간의 본성은 善惡을 전부 다 갖고 있다고 한다.

▷ 最善 (   ) : 가장 좋고 훌륭함 / 가장 最
▶ 예 最善의 노력을 다하다.

답 : 선악, 최선

얼마나 기억하고 있는지 테스트해 볼까요?

한자의 뜻과 음을 적으세요. 뜻과 음이 두 개 이상인 경우에는 모두 적으세요.

채점 후 틀린 한자는 다시 익혀봅시다. (정답은 한자 쓰기 노트 36 페이지)

No.	한자	뜻	음
01	立		
02	萬		
03	末		
04	望		
05	亡		
06	每		
07	賣		
08	買		
09	面		
10	名		
11	命		
12	明		

No.	한자	뜻	음
13	問		
14	聞		
15	物		
16	米		
17	反		
18	半		
19	班		
20	發		
21	白		
22	放		
23	別		
24	法		
25	變		
26	病		

No.	한자	뜻	음
27	兵		
28	服		
29	本		
30	奉		
31	夫		
32	部		
33	分		
34	比		
35	費		
36	鼻		
37	社		
38	使		
39	士		
40	史		

No.	한자	뜻	음
41	思		
42	寫		
43	算		
44	産		
45	相		
46	商		
47	賞		
48	書		
49	序		
50	席		
51	先		
52	線		
53	仙		
54	船		
55	善		

Step. 3 최종 테스트

이번 테스트는 한자 순서를 바꿔 제시하는 최종 단계입니다.
익숙한 순서가 아닌 무작위 배열 속에서도 정확히 뜻과 음을 기억해 낼 수 있는지 점검하며, 진짜 실력을 확인합니다. (정답은 한자 쓰기 노트 38 페이지)

No.	한자	뜻	음
01	史		
02	亡		
03	思		
04	士		
05	問		
06	末		
07	班		
08	望		
09	仙		
10	船		
11	每		
12	相		

No.	한자	뜻	음
13	善		
14	明		
15	立		
16	物		
17	米		
18	反		
19	費		
20	法		
21	半		
22	發		
23	部		
24	賣		
25	本		
26	買		

No.	한자	뜻	음
27	社		
28	賞		
29	夫		
30	席		
31	聞		
32	比		
33	商		
34	萬		
35	使		
36	放		
37	序		
38	病		
39	面		
40	寫		

No.	한자	뜻	음
41	命		
42	線		
43	服		
44	別		
45	名		
46	分		
47	變		
48	先		
49	算		
50	鼻		
51	書		
52	奉		
53	白		
54	産		
55	兵		

각 한자 오른편에 있는 설명을 읽어보세요. 한자가 어떻게 만들어졌는지 원리를 이해해야 쉽게 외울 수 있으니까요. 다음으로 해당 한자가 쓰인 어휘를 확인하고, 예문까지 읽으면서 이 한자는 실생활에서 어떻게 활용되는지 꼭 확인하세요. 마지막으로, 뜻과 음만 봐도 해당 한자를 떠올릴 수 있을 만큼 여러 번 쓰면서 익히세요. 안타깝게도 한자 암기에 지름길은 없답니다. 반복만이 생명!

166

뜻 가릴 **음** 선

辶(쉬엄쉬엄 갈 착)과 巽(유순할 손)이 결합한 글자다. 巽은 탁자 위에 무릎을 꿇고 올라가 있는 사람을 그린 모습으로 이해하면 된다. 選은 공손히 앉아 있는 사람들을 뜻하는 巽을 응용해 누구를 보낼 것인지를 놓고 가려서 선택한다는 뜻을 표현하고 있다. 그래서 選은 여러 사람 중의 하나를 고른다는 의미에서 '가리다'나 '뽑다'라는 뜻으로 쓰인다.

▷ 選別 (   ) : 가려서 따로 나눔. 골라서 추려냄 / 나눌 別
▶ ⑩ 좋은 과일을 選別하는 과정이 필요해.

▷ 選出 (   ) : 여럿 가운데서 뽑아냄
▶ ⑩ 새로운 대의원 選出이 코앞으로 다가왔다.

답 : 선별, 선출

167

뜻 눈 **음** 설

雨(비 우)와 彗(비 혜)가 결합한 모습이다. 彗은 손에 빗자루를 쥐고 있는 모습을 그린 것으로 '빗자루'나 '쓸다'라는 뜻이 있다. 이것은 내린 눈을 빗자루로 쓰는 모습을 표현한 글자다. '씻다'라는 뜻도 있다.

▷ 雪景 (   ) : 눈이 내리거나 눈이 쌓인 경치 / 볕 景
▶ ⑩ 눈이 내린 날은 헐벗은 나무들에 눈꽃이 핀 아름다운 雪景을 볼 수 있다.

▷ 雪辱 (   ) : 상대를 이겨서 지난 패배의 부끄러움을 씻고 명예를 되찾음 / 욕될 辱
▶ ⑩ 그 선수는 치욕적인 패배 후에 마음을 가다듬고 雪辱의 기회를 엿보고 있다.

답 : 설경, 설욕

168

說

뜻 말씀 / 달랠 / 기쁠
음 설 / 세 / 열

說은 言(말씀 언)과 兌(기쁠 태)가 결합한 모습이다. 兌는 입을 벌려 웃는 모습을 그린 것으로 '아주 기쁘다'라는 뜻을 갖고 있다. 兌에 言이 결합한 說은 누군가에게 웃으며 말하는 모습을 표현한 것이다. 그래서 說은 주로 '이야기하다, 서술하다, (선거 등을 위해 사람들 앞에서 크게 말하는) 유세하다'와 같이 입을 벌려 크게 말한다는 뜻으로 쓰인다. 樂과 마찬가지로 전주자다.

▷ 說得 (   ) : 상대편이 이쪽 편의 이야기를 따르도록 깨우쳐 말함 / 얻을 得
▶ 예 고집 센 철수도 영희의 거듭된 說得에는 당할 수가 없었다.

▷ 遊說 (   ) : 자기 의견 또는 소속 정당의 주장을 선전하며 돌아다님 / 놀 遊
▶ 예 최 의원이 선거 遊說를 하면 청중이 광장을 꽉 메우곤 했다.

▷ 喜說(悅) (   ) : 기쁨 / 기쁠 喜
▶ 예 나는 수학 문제를 풀면서 喜說(悅)을 느끼고는 해.

답 : 설득, 유세, 희열

169

姓

뜻 성씨 음 성

女(여자 여)와 生(날 생)이 결합한 모습이다. 生은 나무나 풀이 땅에서 올라오는 모습을 나타낸 글자로, '날것, 태어나다'라는 뜻이 있다. 生과 女로 이루어진 姓은 그러므로 '태어남(生)은 곧 여자(女)에 의해 결정된다'라는 뜻이다. 고대 인류는 어머니를 중심으로 한 사회(모계사회)였다. 모계사회에서는 여자만이 姓을 가질 수 있었고 자신의 성은 딸아이에게 대물림됐다. 아이를 낳을 수 있는 능력이 있던 여성이 신성시됐기 때문이다. 이러한 고대 사람들의 인식이 낳은 글자가 '姓'이다.

▷ 同姓 (   ) : 성씨가 같음 / 같을 同
▶ 예 경수는 신입 사원이 자기와 同姓에다 고향까지 같아 퍽 친근하게 느껴졌다.

▷ 百姓 (   ) : 나라의 근본을 이루는 일반 국민 / 일백 百
▶ 예 나라 잃은 百姓

답 : 동성, 백성

成
뜻 이룰 **음** 성

戌(창 모)와 丁(못 정)이 결합한 글자다. 戌는 반달 모양의 날이 달린 창을 그린 글자다. 戌에 丁이 더해진 成은 본래는 '평정하다'라는 뜻으로 만들어졌다. 이는 곧 적을 굴복시킨다는 의미다. 成은 이후 적을 굴복시켜 일을 마무리지었다는 의미가 확대되면서 지금은 '이루다'나 '완성되다'라는 뜻을 갖게 되었다.

▷ 成功 (　　　　) : 목적하는 바를 이룸 / 공, 노력 功
▶ 예 그녀는 成功을 위해서 최선의 노력을 다했다.

▷ 成長 (　　　　) : 사람이나 동식물 따위가 자라서 점점 커짐 / 긴, 클 長
▶ 예 동물의 成長 과정

답 : 성공, 성장

性
뜻 성품 **음** 성

心(마음 심)과 生(날 생)이 결합한 글자다. 生은 풀과 나무가 땅에서 올라오는 모습을 그린 글자로 '태어나다'라는 뜻이다. 生과 心을 결합한 性은 결국 '타고날(生) 때부터 가지고 있었던 마음(心)'이라는 뜻을 지닌다.

▷ 性格 (　　　　) : 각 개인이 가지고 있는 고유한 성질이나 품성 / 격식 格
▶ 예 性格이 쾌활하다.

▷ 性別 (　　　　) : 남녀나 암수의 구별 / 나눌 別
▶ 예 그 배우는 사회 계층이나 性別에 관계없이 많은 사람들에게 사랑을 받고 있다.

답 : 성격, 성별

洗
뜻 씻을 **음** 세

水(물 수)와 先(먼저 선)이 결합한 글자다. 先 주위로 물이 튄 모습인데,. 先은 사람의 머리 부분에 발을 강조해 그린 글자다. 여기에 水를 결합한 것은 발을 씻는다는 뜻을 표현하기 위해서였다. 여기서 씻는다는 의미가 생겼다.

▷ 洗手 (　　　　) : 손이나 얼굴을 씻음
▶ 예 철수는 아침에 일어나서 洗手도 하지 않고 밥을 먹는다.

답 : 세수

小

뜻 (크기가) 작을 **음** 소

작은 조각이 좌우로 튀는 모습을 그린 글자이므로 '작다'라는 뜻을 갖게 되었다.

▷ 小人 (   ) : 나이 어린 사람. 또는 몸집이 몹시 작은 사람
▶ ⑩ 13세 이하 小人의 입장료는 대인의 절반이다.

▷ 小說 (   ) : 작가의 상상력에 바탕을 두고 허구적으로 이야기를 꾸며 나가거나 사실을 각색한 산문체의
문학 양식 / 말씀 說
▶ ⑩ 요즘 우화적이거나 상징적인 기법을 사용하는 小說이 인기를 얻고 있다.

> 답 : 소인, 소설

少

뜻 (양, 수가) 적을
음 소

고대에는 小(작을 소)와 少(적을 소)의 구분이 없었다. 少도 작은 조각들이 튀는 모습을 그린 것이기 때문이다. 그러나 지금의 小는 크기가 '작다'로 少는 수가 '적다'로 뜻이 나뉘었다.

▷ 少女 (   ) : 완전히 성숙하지 않고 아주 어리지도 않은 여자아이
▶ ⑩ 사진 속 少女의 모습은 마치 동화에 나오는 공주 같았다.

▷ 少年 (   ) : 완전히 성숙하지 않고 아주 어리지도 않은 사내아이
▶ ⑩ 少年은 떠나가는 엄마의 뒷모습이 아주 보이지 않을 때까지 우두커니 서 있었다.

> 답 : 소녀, 소년

所

뜻 ~곳, ~하는 바 **음** 소

음(音)을 나타내는 戶(호→소)와 도끼(斤)로 찍은 그곳이라는 뜻이 더해져, 바로 그 '곳'이나 ~하는 '바'를 뜻한다. 나무를 베는 소리를 말한 것이었지만 나중에 處 (곳 처)를 대신해서 썼다.

▷ 所感 (   ) : 기쁜 일이나 뜻깊은 일을 겪고 난 뒤 마음에 느낀 바 / 느낄 感
▶ ⑩ 우리나라의 문화 유적지를 본 所感이 어떠니?

> 답 : 소감

消

뜻 사라질 **음** 소

水(물 수)와 肖(작을 초)가 더해진 글자다. 肖는 '작다'라는 뜻이 있다. 여기에 水가 더해진 消는 물이 작게 부서져 수증기로 변해 사라진다는 뜻이다. 그래서 消는 '사라지다'나 '빠지다'라는 뜻을 가지게 되었지만, 후에 '약해지다'나 '쇠퇴하다'라는 뜻으로도 확대되었다.

▷ 消滅 (　　　　) : 사라져 없어짐 / 멸할 滅

▶ 예 인터넷의 발달로 인해 종이 신문은 消滅의 길을 걷게 되었다.

▷ 消費 (　　　　) : 돈이나 물자, 시간, 노력 따위를 들이거나 써서 없앰 / 쓸 費

▶ 예 에어컨의 등장은 전력의 消費를 더욱 부채질했다.

답 : 소멸, 소비

速

뜻 빠를 **음** 속

辶(쉬엄쉬엄 갈 착)과 束(묶을 속)이 결합한 모습이다. 束은 나뭇단을 묶어놓은 모습을 그린 것이다. 갈 길을 재촉할 때는 준비를 단단히 갖춰야 한다. 그래서 速은 나뭇단을 단단히 묶어놓은 모습을 그린 束을 응용해 발목을 단단히 조이고 길을 재촉했음을 표현하고 있다.

▷ 加速 (　　　　) : 점점 속도를 더함 / 더할 加

▶ 예 눈썰매는 加速이 붙어서 평지에 와서도 한참을 갔다.

▷ 速成 (　　　　) : 빨리 이루어짐 / 이룰 成

▶ 예 그녀는 速成으로 반년 만에 프랑스어를 완벽하게 마스터했다.

답 : 가속, 속성

束

뜻 묶을 / 약속할 **음** 속

束은 나뭇단을 묶어 놓은 모습을 본뜬 글자다. 약속한다는 뜻으로도 쓰인다.

▷ 束縛 (   ) : 권리 행사를 자유롭게 못 하도록 강압으로 얽어맴 / 얽을 縛

▶ 例 사회와 가정에서 여성은 이중의 압력과 束縛을 받는다.

▷ 拘束 (   ) : 행동이나 의사의 자유를 제한하거나 속박함 / 잡을 拘

▶ 例 누구든지 체포 또는 拘束을 당한 때에는 즉시 변호인의 조력을 받을 권리를 가진다.

답 : 속박, 구속

束과 모양이 비슷한 한자

東

뜻 동녘 **음** 동

해가 나무 위로 떠오르는 모습인데, 매일 아침 동쪽에서 해가 뜬다는 점을 떠올려보자.

孫

뜻 손자 **음** 손

孫은 子(아들 자)와 系(이을 계)가 결합한 글자다. 系는 명주실을 손으로 엮는 모습을 그린 것으로 '이어지다'라는 뜻이 있다. 系에 子가 결합한 孫은 '아들이 대를 이어 이어지다'라는 뜻으로 만들어졌다.

▷ 孫子 (   ) : 아들/ 딸의 아들

▶ 例 할아버지께서는 모든 孫子를 귀여워하셨다.

▷ 後孫 (   ) : 자신의 세대에서 여러 세대가 지난 뒤의 자녀를 통틀어 이르는 말

▶ 例 제사란 바로 조상과 後孫을 잇는 구실을 하는 것이다.

답 : 손자, 후손

樹

뜻 나무 **음** 수

음(音)을 나타내는 글자 尌(손으로 물건을 세운 모양→수)와 살아서 서 있는 나무(木)의 뜻을 합한 글자다.

▷ 樹木 (　　　　) : 살아 있는 나무 ▶ ⑩ 이곳은 樹木이 울창한 산림 지대다.

▷ 樹石 (　　　　) : 나무와 돌 ▶ ⑩ 할아버지는 기묘한 모양을 한 樹石을 수집하는 취미를 가지셨다.

답 : 수목, 수석

首

뜻 머리 **음** 수

首은 동물의 머리를 본떠 만든 글자로 실제 쓰임에서는 사람의 '머리'나 '우두머리'를 뜻한다.

▷ 首都 (　　　　) : 한 나라의 정부가 있는 도시. 서울 / 도읍 都

▶ ⑩ 서울은 대한민국의 首都다.

▷ 首將 (　　　　) : 장수 가운데 우두머리 / 장수 將

▶ ⑩ 을지문덕은 살수 대첩에서 대승을 거둔 뛰어난 首將이다.

답 : 수도, 수장

宿

뜻 잘/ 별자리
음 숙/ 수

宿은 宀과 佰(일백 백)이 결합한 것으로 보기도 하지만 큰 관계는 없다고 한다. 宿에 쓰인 百은 모양자에 불과하기 때문이다. 갑골문에 있는 宿을 보면 침대에 누워 있는 사람의 모습이다. 그래서 宿의 본래 의미는 '자다'였다. 후에 뜻이 확대되면서 '숙박하다'나 '오래되다'라는 뜻도 갖게 되었다.

▷ 宿命 (　　　　) : 날 때부터 타고난 정해진 운명 / 목숨, 하여금 命

▶ ⑩ 그는 자신에게 주어진 고통을 宿命으로 여겼다.

▷ 宿泊 (　　　　) : 여관이나 호텔 따위에서 잠을 자고 머무름 / 머무를 泊

▶ ⑩ 우리는 여행할 때 宿泊은 주로 민박집을 이용한다.

답 : 숙명, 숙박

順

뜻 차례대로 따를 **음** 순

川(내 천)과 頁(머리 혈)이 결합한 모습이다. '유순하다'라는 것은 순응하며 잘 따른다는 뜻이다. 물은 위에서 아래로 흐르는 것이 당연하면서도 자연스럽다. 그러므로 順에 쓰인 川은 사람이 까다롭지 않고 물 흐르듯이 순응하며 잘 따른다는 뜻을 가진다.

▷ 順序 (   ) : 정해진 기준에서 말하는 전후, 좌우, 상하 따위 차례 / 차례 序

▶ **예** 順序대로 나열하다.

▷ 順位 (   ) : 차례나 순서를 나타내는 위치나 지위 / 자리 位 ▶ **예** 順位 결정전

답 : 순서, 순위

 術

뜻 재주 **음** 술

초기의 術을 보면 '손'을 뜻하는 又(또 우) 주위로 획이 그어져 있었다. 이는 손이 빠르게 움직이고 있다는 뜻을 표현한 朮(차조 출)로 나타난다. 朮이 '꾀, 재주'라는 뜻으로 쓰인 것이다. 이후 재주를 부리고 있는 장소를 뜻하기 위해 맨 왼쪽에 行(다닐 행)이 더해지면서 지금과 같은 術이 만들어지게 되었다.

▷ 手術 (   ) : 의료 기계를 써서 환자의 병을 고치는 일 / 손 手

▶ **예** 근래 시력을 잃은 환자에게 죽은 사람의 각막을 이식하는 手術이 널리 행해지고 있다.

▷ 話術 (   ) : 말을 잘하는 능력. 말재주 / 말씀, 이야기 話

▶ **예** 경준이는 유창한 話術로 청중들의 관심을 끌었다.

답 : 수술, 화술

  習

뜻 익힐 **음** 습

羽(깃 우)와 白(흰 백)이 결합한 글자다. 習의 초기 형태를 보면 白이 아닌 日(해 일)에 羽가 그려져 있었다. 이는 새가 하늘을 나는 모습을 표현한 것이다. 새의 날개깃이 태양 위에 있으니 習은 매우 높이 나는 모양이다. 새가 이렇게 하늘을 높이 나는 법을 익히기까지는 큰 노력과 시간이 필요했을 것이다. 그래서 習은 수없이 배우고 익혔다는 의미에서 '익히다'라는 뜻을 갖게 됐다.

▷ 習慣 (   ) : 어떤 행위를 오랫동안 되풀이하며 저절로 익힌 행동 방식 / 버릇 慣 ▶ **예** 식생활 習慣

▷ 習得 (   ) : 학문이나 기술 따위를 배워서 자기 것으로 함 / 얻을 得

▶ **예** 언어 習得 능력은 어린이가 어른보다 훨씬 뛰어나다.

답 : 습관, 습득

186

勝

 이길 **음** 승

朕(나 짐)과 力(힘 력)이 결합한 모습이다. 朕은 노를 저어 배를 움직이는 모습을 그린 것이지만 황제가 본인 스스로를 가리켜 부르는 '나'라는 뜻이 있다. 그러니까 朕은 황제가 자신을 뱃사공에 비유하여 나라를 이끌어간다는 뜻이다. 여기에 力이 더해진 勝은 나라를 이끌어가는 황제가 힘을 발휘해 다른 나라와의 싸움에서 이기거나 나라를 훌륭하게 만든다는 의미다. 여기서 '이기다, 뛰어나다, 훌륭하다'라는 뜻이 나왔다.

▷ 勝利 (   ) : 겨루어 이김 / 이로울 利

▶ 🐵 우리 팀은 이번 경기에서 勝利를 거두었다.

▷ 優勝 (   ) : 경기에서 이겨 첫째를 차지함. 또는 첫째 등위 / 넉넉할 優

▶ 🐵 이번 대회 優勝의 주인공은 쉽게 예측하기가 어렵다.

답 : 승리, 우승

187

始

 처음 / 비로소 **음** 시

女(여자 여)와 台(별 태)가 결합한 모습이다. 台는 匕(비수 비)와 口(입 구)가 합친 것으로 수저를 입에 가져다 대는 모습을 그린 것이다. 여기에 女가 더해진 始는 마치 엄마가 아이에게 음식을 먹이는 듯한 모습을 표현했다. 아이는 엄마가 주는 밥을 통해 삶을 시작하게 된다. 始는 이런 의미를 담아 만든 글자다.

▷ 始作 (   ) : 어떤 일이나 행동의 처음을 이루거나 그렇게 함 / 지을 作

▶ 🐵 이번 일은 始作부터 조짐이 좋다.

▷ 始祖 (   ) : 한 겨레나 가계의 맨 처음이 되는 조상 / 조상 祖

▶ 🐵 고구려의 始祖인 주몽은 알에서 태어났다고 전해진다.

답 : 시작, 시조

188

示

뜻 보일 **음** 시

示는 신에게 제를 지낼 때 사용하던 제단을 그린 글자다. 제단은 제사를 지낼 때 제물을 올려놓던 단이다. 示는 신에게 제사를 지내면 길흉이 나타난다는 의미에서 '보이다'라는 뜻을 갖게 되었다. 그래서 示가 한자 부수로 쓰일 때는 대부분이 '신'이나 '귀신, 제사, 길흉'과 관계된 의미를 전달한다.

▷ 示唆 (　　　) : 미리 간접적으로 일러줌 / 부추길 唆 (암시하다와 비슷한 뜻)
▶ **예** ~ 점에서 부당하다는 점을 示唆하고 있습니다.

▷ 提示 (　　　) : 어떠한 뜻을 글이나 말로 드러내어 보이거나 가리킴 / 끌 提
▶ **예** 오늘 회의는 근본적인 해결책의 提示가 없이 끝이 났다.

> 답 : 시사, 제시

 189

植

뜻 심을 **음** 식

木(나무 목)과 直(곧을 직)이 결합한 모습이다. 直은 눈동자에 흔들림이 없는 모습을 뜻하는 글자로 '곧다'라는 뜻이다. 直에 木을 결합한 植은 결국 '나무를 곧게 심다'라는 뜻이 됐다.

▷ 植木 (　　　) : 나무를 심음 ▶ **예** 마당에 植木을 했다.
▷ 移植 (　　　) : 원래 있던 곳에서 다른 데로 옮겨서 자라게 함 / 옮길 移
▶ **예** 영미는 안구 移植을 받아 시력을 되찾았다.

> 답 : 식목, 이식

 190

 式

뜻 법 **음** 식

弋(주살 익)과 工(장인 공)이 결합한 모습이다. 弋은 동물을 잡기 위해 만든 말뚝을 그린 것이지만 여기에서는 '익→식'으로의 발음 역할만 하고 있다. 式에 쓰인 工은 물건을 만드는 '장인'이라는 뜻이 있다. 장인들은 자신이 정한 기준에 따라 물건을 만든다. 그래서 式은 장인의 규칙이라는 의미에서 '제도, 의식'이라는 뜻을 갖게 되었다.

▷ 公式 (　　　) : 국가적이나 사회적으로 인정된 공적인 방식 / 여럿, 공공 公
▶ **예** 公式으로 통보하다.

> 답 : 공식

191

識

뜻 알 / 적을 / 깃발
음 식 / 지 / 치

초기 글자에는 戈(창 과)에 깃발이 걸려 있는 모습만 그려져 있었다. 고대에는 긴 창이나 막대기에 깃발을 매달아 군부대를 구별했다. 識에 아직도 '깃발'이나 '표시'라는 뜻이 남아 있는 것도 이 때문이다. 본래 이런 표시들을 뜻하는 글자였으나 이후 言(말씀 언)과 音(소리 음)이 추가되면서 지금의 모습을 갖췄다. 말(言)과 소리(音)를 통해서도 알아듣는다는 뜻을 전달하고자 했던 것은 아닌가 싶다.

▷ 識見 (   ) : 학식과 견문(보고 들음)이라는 뜻. 사물을 분별할 수 있는 능력
▶ ㉾ 학생들은 수학여행을 통해서 識見을 넓힐 수 있다.

▷ 識別 (   ) : 사물의 성질이나 종류 따위를 분별해 알아봄 / 나눌 別
▶ ㉾ 수입 소고기와 한우의 識別은 매우 어렵다.

답 : 식견, 식별

 192

信

뜻 믿을 **음** 신

사람(人)의 말(言)은 믿을 수 있어야 하고 거짓이 없어야 한다는 뜻이다. 그래서 信은 '믿다'나 '신뢰하다, 신임하다'라는 뜻으로 쓰인다.

▷ 信賴 (   ) : 굳게 믿고 의지함 / 의뢰할 賴
▶ ㉾ 우리는 그에게 절대적인 지지와 信賴를 보내고 있다.

▷ 信用 (   ) : 사람이나 사물이 틀림없다고 믿어 의심하지 아니함 / 쓸 用
▶ ㉾ 가진 것 없는 젊은 시절에는 信用이 곧 재산이다.

답 : 신뢰, 신용

臣

뜻 신하 **음** 신

臣은 왕의 눈을 마주하지 못하고 고개를 숙인 사람의 눈을 그린 글자라 신하라는 의미를 지니게 됐다.

▷ 臣僚 (　　　　) : 모든 신하 / 동료 僚
▶ 例 지금 주상(임금)은 臣僚를 함부로 죽이고 백성들을 슬픔에 빠뜨리고 있습니다.

▷ 臣民 (　　　　) : 군주국에서 관원과 백성을 아울러 이르는 말
▶ 例 황제의 훌륭한 인품은 모든 臣民의 존경을 받았다.

답 : 신료, 신민

室

뜻 집 **음** 실

고대 중국에서 堂은 주로 손님을 접대하는 장소이고 室은 집주인이 잠을 자는 곳을 뜻했다. 室은 宀(집 면)과 至(이를 지)가 결합한 모습이다. 至는 화살이 날아와 땅에 박혀 있는 모습을 그린 것으로 '~에 이르다, 도착하다'라는 뜻이다. 결국 室은 실내에 이르렀다는 뜻이다.

▷ 室內 (　　　　) : 방 안 ▶ 例 室內 온도를 너무 높이지 마라.
▷ 敎室 (　　　　) : 학교에서 학습 활동이 이뤄지는 방 / 가르칠 敎
▶ 例 수업 시간 종 치기 전에 어서 敎室로 들어가자.

답 : 실내, 교실

失

뜻 잃을 **음** 실

失의 초기 글자를 보면 手(손 수) 옆에 획이 하나 그어진 형태다. 이는 손에서 무언가가 떨어지는 모습을 표현한 것이다. 결국 失은 손에서 물건을 떨어트려 잃어버렸다는 의미에서 '잃다'라는 뜻을 갖게 된 글자다.

▷ 失手 (　　　　) : 조심하지 아니하여 잘못함 ▶ 例 失手를 했을 때는 스스로 반성하고 고쳐야 합니다.
▷ 失敗 (　　　　) : 일을 잘못하여 뜻한 대로 되지 않거나 그르침 / 패할 敗
▶ 例 그는 사업의 失敗로 인해 전 재산을 날렸다.

답 : 실수, 실패

實

뜻 열매 **음** 실

宀(집, 집 안)에 貫(관 : 끈으로 꿴 많은 동전→재화(財貨)의 뜻)이 합친 글자다. 집안에 재물이 가득하다는 점에서 '열매, 재물, 내용, 결과가 좋다' 등의 뜻으로 쓰인다.

▷ 實力 (   ) : 실제로 갖춘 힘이나 능력

▶ ㉠ 그의 요리 實力은 수준급이다.

▷ 實名 (   ) : 실제 이름

▶ ㉠ 금융 實名 제도

답 : 실력, 실명

兒

뜻 아이 **음** 아

신생아들은 머리뼈가 닫히지 않는다고 한다. 이 글자는 머리 혈이 닫히지 않은 아이의 머리와 젖니까지 함께 표현된 글자다.

▷ 育兒 (   ) : 어린아이를 기름 / 기를 育 ▶ ㉠ 育兒에 전념하다.

▷ 迷兒 (   ) : 길이나 집을 잃고 헤매는 아이 / 미혹할 迷 ▶ ㉠ 迷兒 보호 시설

답 : 육아, 미아

惡

뜻 악할 / 미워할
음 악/ 오

惡은 '악하다'라고 할 때는 '악'이라고 발음하지만 '미워하다'라고 할 때는 '오'라고 발음을 한다. 惡는 亞(버금 아)와 心(마음 심)이 결합한 모습이다. 亞는 동서남북이 꽉 막혀서 지어진 집, 혹은 고대 중국의 무덤 모양을 그린 것으로 전해진다. 惡은 꽉 막힌 亞에 心을 더해 '갇혀 있는 마음'이라는 의미에서 '악하다, 싫다, 미워하다'를 뜻하게 됐다.

▷ 惡夢 (   ) : 불길한 무서운 꿈 / 꿈 夢

▶ ㉠ 지난 시간은 그녀에게 긴 惡夢이었다.

▷ 好惡 (   ) : 좋고 싫음 / 좋아할 好

▶ ㉠ 우리 아버지는 여간해서 好惡의 감정을 쉽게 드러내지 않는 편이다.

답 : 악몽, 호오

野
뜻 들 **음** 야

里(마을 리)와 予(나 여)가 결합한 글자다. 予는 실을 감는 '실패'를 나타내지만 여기에서는 '여→야'로의 발음 역할만 담당한다. 그런데 野의 초기 글자 형태를 보면 土(흙 토)와 林(수풀 림)이 합쳐진 埜(들 야)다. 이는 흙과 나무가 많은 곳을 표현한 것으로 숲이 우거진 '들판'이나 '교외'라는 뜻이다. 시간이 흐르며 里가 교외의 의미를 대신하게 됐고 予는 발음 역할만 맡으면서 지금의 野가 만들어지게 되었다.

▷ 野望 ( ) : 크게 무엇을 이루어보겠다는 희망 / 바랄 望 ▶ ⑩ 청년들이여, 野望을 가져라.
▷ 野生 ( ) : 산이나 들에서 저절로 나서 자람. 또는 그런 생물
▶ ⑩ 野生 벚꽃은 우리나라가 원산지다.

답 : 야망, 야생

藥
뜻 약 **음** 약

艹(풀 초)와 樂(노래 악)이 결합한 모습이다. 樂은 거문고와 같은 현악기를 그린 것으로 '풍류'나 '즐겁다'라는 뜻을 갖고 있다. 몸이 아픈 것은 분명 즐겁지 못한 상태를 뜻한다. 그러므로 樂과 艹가 결합해서 약초(艹)를 먹고 다시 즐거운(樂) 상태로 되돌아간다는 뜻이 된다.

▷ 藥局 ( ) : 약사가 약을 조제하거나 파는 곳 / 판 局
▶ ⑩ 그녀는 배를 타기 전에 藥局에서 멀미약을 사 먹었다.

▷ 藥物 ( ) : 약의 재료가 되는 물질
▶ ⑩ 그 병의 경우 수술보다는 藥物로 치료하는 것이 더 효과적이라고 한다.

답 : 약국, 약물

約

뜻 맺을 **음** 약

糸(가는 실 사)와 勺(구기 작)이 합한 모습이다. 여기서 勺은 국자를 그린 것이지만 이 글자에서는 '작→약'으로 발음 역할만 하고 있다. 約은 실타래를 묶어놓은 모습을 그린 糸를 응용해 '묶다'라는 뜻을 표현한 글자다. 사람 간 약속도 실타래처럼 단단히 지켜져야 한다. 그래서 約은 '묶다'라는 뜻 외에 '약속하다'나 '맺다'라는 뜻도 생겨났다.

▷ 約束 ( ) : 앞으로의 일을 어떻게 할 것인가 미리 정해 둠 / 묶을 束
▶ ⑩ 아빠는 막내에게 장난감을 사주겠다고 約束을 하셨다.

▷ 約定 ( ) : 남과 일을 약속하여 정함 / 정할 定 ▶ ⑩ 約定을 맺다.

답 : 약속, 약정

洋

뜻 큰바다 **음** 양

里水(물 수)와 羊(양 양)이 결합한 모습이다. 羊은 양의 머리를 그린 것으로 洋은 크게 무리를 지어 다니는 양의 특성을 응용해 '매우 큰 바다'라는 뜻으로 만들어졌다.
(대서양, 태평양 등 아득히 넓은 바다를 뜻할 때 쓰는 글자다.)

▷ 東洋 (　　　　) : 유라시아 대륙의 동부 지역. 아시아의 동부 및 남부를 이르는 말
▶ 예 東洋의 사상은 자연과 인간을 하나로 본다.

▷ 西洋 (　　　　) : 유럽과 남북아메리카의 여러 나라를 통틀어 이르는 말
▶ 예 西洋의 문화를 폭넓게 받아들이다.

답 : 동양, 서양

陽

뜻 볕 **음** 양

阜(阝 : 언덕 부)와 昜(볕 양)이 결합한 모습이다. 昜은 햇볕이 제단 위를 비추고 있는 모습을 그린 것으로 '볕'이라는 뜻이 이미 있다. 여기에 阜까지 결합한 陽은 태양이 제단과 그 주변을 밝게 비추는 모습을 표현한 글자다.

▷ 陽地 (　　　) : 볕이 바로 드는 곳 ▶ 예 陽地바른 곳에서 꽃이 잘 자란다.
▷ 夕陽 (　　　) : 저녁 때의 햇빛 ▶ 예 강물에 붉은 夕陽이 내려앉고 있었다.

답 : 양지, 석양

養

뜻 기를 **음** 양

羊(양 양)과 食(밥 식)이 결합한 모습이다. 글자들의 조합으로만 보면 養은 마치 양에게 밥을 먹이는 모습과도 같으니 기른다는 뜻으로 외워두자.

▷ 養成 (　　　) : 가르쳐서 유능한 사람을 길러냄
▶ 예 대학은 인재 養成의 요람이다.

▷ 養育 (　　　) : 길러 자라게 함 / 기를 育
▶ 예 어린이의 성격은 부모의 養育 방식에 많은 영향을 받는다.

답 : 양성, 양육

語

뜻 말씀 **음** 어

言(말씀 언)과 吾(나 오)가 결합한 모습이다. 吾는 '나'라는 뜻을 가진 글자다. 지금은 잘 쓰이지 않지만, 고대 중국에서는 자신을 가리키는 말이기도 했다. 이렇게 '나'를 뜻하는 吾에 言이 결합한 語는 '나의 말'이라는 뜻에서 말씀이라는 의미가 생겼다.

▷ 語學 (　　　　) : 언어에 대해 연구하는 학문.
▶ 예 그는 語學 실력이 뛰어나서 영어 외에도 중국어와 일본어를 어느 정도 구사할 수 있다.

▷ 語錄 (　　　　) : 훌륭한 사람이 한 말을 간추려 모은 기록 / 기록할 錄
▶ 예 이 책은 백범 김구의 語錄을 한데 모아놓은 것으로, 독자들에게 좋은 평가를 받았다.

답 : 어학, 어록

業

뜻 일 **음** 업

業은 고대 중국에서 쓰던 악기 모양을 본뜬 글자로, 악사들이 악기를 들고 다니며 생업을 이어가던 모습에서 '직업'이라는 뜻을 갖게 된 글자다. '위태롭다, 불안하다'라는 뜻이 남아 있기도 한데 당시 악사들은 떠돌아다니며 연주를 팔았기 때문으로 보인다.

▷ 業主 (　　　　) : 영업에 관한 모든 책임과 권한을 가지는 주인 / 주인 主
▶ 예 이 회사는 業主가 임금을 체불하고 해외로 도피했다.

답 : 업주

然

뜻 그럴 **음** 연

개(犬)의 고기(≒ 月(肉))를 불(≒火)에 구워 먹어야 하는 것은 당연하다는 뜻으로 '불타다'라는 뜻도 있다. 개는 가죽을 벗기지 않고 껍질째 불에 그슬려 익혀야 껍질이 새끼맣게 디먼시 벗거진다고 한다. 그래서 개는 불에 굽는 것이 당연하다는 의미로 쓰였다고 한다.

▷ 然後 (　　　　) : 그러한 뒤
▶ 예 그녀를 사랑한다는 것을 깨달은 것은 그녀가 내 곁을 떠난 然後였다.

▷ 偶然 (　　　　) : 아무런 인과관계 없이 뜻하지 않게 일어난 일 / 짝 偶
▶ 예 偶然과 필연

답 : 연후, 우연

熱
뜻 더울 **음** 열

熱은 火(불 화)와 埶(심을 예)가 결합한 모습이다. 埶는 어린 풀과 나무를 땅에 심고 있는 모습을 그린 것으로 '심다'나 '기세'라는 뜻이 있다. 때문에 보통 熱은 '불(火)의 기세(埶)가 매우 거세다' 즉 '매우 덥다'라는 뜻으로 해석하곤 한다.

▷ 熱氣 (   ) : 뜨거운 기운. 흥분한 분위기 / 기운 氣
▶ 囫 시합은 熱氣를 더해 가고 있다.

▷ 熱情 (   ) : 어떤 일에 열렬한 애정을 가지고 열중하는 마음 / 뜻 情
▶ 囫 그는 젊은 날의 熱情을 그림 그리기에 모두 쏟아부었다.

답 : 열기, 열정

葉
뜻 잎 **음** 엽

葉은 艹(풀 초)와 枼(나뭇잎 엽)이 결합한 모습이다. 枼은 나무 위로 새잎이 올라오는 모습을 그려 '나뭇잎'을 나타냈다. 그러나 본래 '나뭇잎'이라는 뜻으로는 世(인간 세)가 먼저 쓰였다. 世는 나뭇가지 위에 붙은 나뭇잎을 그린 글자다. 그러나 이후 世가 '세대'라는 뜻으로 쓰이면서 여기에 木(나무 목)을 더한 枼이 '나뭇잎'이라는 뜻을 대신하게 됐다. 하지만 시간이 더 지나면서 이것만으로는 부족했는지 다시 艹(풀 초)까지 더해지면서 지금은 葉이 '나뭇잎'이라는 뜻으로 쓰이고 있다.

▷ 葉綠素 (   ) : 잎에 있는 녹색 물질 / 푸를 綠, 본디 素
▶ 囫 葉綠素는 광합성 과정에서 빛 에너지를 흡수해 화학 에너지로 바꾼다.

답 : 엽록소

永
뜻 길 **음** 영

永은 큰 물줄기가 작은 하천이 되어 뻗어 나가는 모습을 표현한 것이다. 물줄기가 멀리 뻗어 나간다는 의미에서 '길다'나 '멀다'라는 뜻으로 쓰이고 있다. 얼음 빙(氷)과 언뜻 봐서는 매우 비슷한 모양이지만 전혀 관련이 없는 글자이니 잘 구별해 두자.

▷ 永生 (   ) : 영원한 생명. 영원히 삶
▶ 囫 永生이란 인간들의 부질없는 망상이다.

▷ 永遠 (   ) : 어떤 상태가 끝없이 이어짐 / 멀 遠 ▶ 囫 永遠의 진리

답 : 영생, 영원

永과 모양이 비슷한 한자

水 뜻 물 음 수	시냇물 위로 비가 내리는 모습을 표현한 글자로, 水가 다른 한자를 만드는 부수로 쓰일 때는 대부분 '액체, 헤엄치다, 넘치다'처럼 물과 관련된 의미를 전달하게 된다. 참고로 水가 부수로 쓰일 때는 氵나 氺로 모양이 바뀐다.
氷 뜻 얼음 음 빙	氷의 초기 글자 형태는 무언가가 솟아오른 모습으로 그려진다. 얼음이 깨지면서 부풀어 오른 모습을 표현한 것인데, 평평한 강의 얼음이 깨지면서 위로 솟구치는 것을 나타낸다. 다른 한자를 만드는 부수로 쓰일 때는 冫 모양으로 바뀐다.

211

屋
뜻 집 음 옥

사람(尸)이 이르러(至) 머물 수 있는 곳으로 집(특히 실내)을 뜻하는 글자다.

▷ 屋外 (   ) : 집 또는 건물의 밖 ▶ 예 屋外 광고
▷ 韓屋 (   ) : 우리나라 고유의 형식으로 지은 집 / 나라 이름 韓
▶ 예 이 지역은 우리의 재래식 韓屋 보존 지구다.

답 : 옥외, 한옥

212

溫
뜻 따뜻할 음 온

초기 형태는 수증기가 올라오는 큰 대야에서 몸을 씻고 있는 사람을 뜻하는 글자였다. 후에 글자가 바뀌면서 수증기는 水가 되었고 대야에 들어가 있는 사람은 囚와 皿으로 표현되었다.

▷ 溫度 (   ) : 따뜻함과 차가움의 정도. 그것을 나타내는 수치 / 법도 度 ▶ 예 실내 溫度
▷ 溫泉 (   ) : 지열에 의해 지하수가 평균 기온 이상으로 데워진 샘 / 샘 泉
▶ 예 나는 매년 겨울이면 가족들과 溫泉으로 쉬러 띠닌다.

답 : 온도, 온천

完

뜻 완전할 **음** 완

宀(집 면)과 元(으뜸 원)이 결합한 글자다. 元은 사람의 머리를 강조해 그린 것으로 '으뜸'이나 '처음'이라는 뜻을 갖고 있다. 집을 지을 때는 오래 거주할 수 있도록 튼튼하게 지어야 한다. 그래서 '으뜸'이라는 뜻을 가진 元을 응용해 '집을 으뜸으로 지었다', 즉 집을 잘 지었다는 뜻으로 만들어졌다. 이는 공사가 마무리됐음을 뜻한다. 그래서 完은 '끝내다, 일을 마무리하다'의 뜻도 갖게 되었다.

▷ 完工 (   ) : 공사를 완성함 / 장인 工

▶ ㉖ 이 건물은 연말 完工을 목표로 잡고 있다.

▷ 完備 (   ) : 빠짐없이 완전히 갖춤 / 갖출 備

▶ ㉖ 응급 환자 진료 태세의 完備를 위한 전국 병원장 회의가 열렸다.

답 : 완공, 완비

完과 모양이 비슷한 한자

安 **뜻** 편안할 **음** 안	집(宀)에서 편안히 쉬는 여자의 모습을 떠올려보자.
定 **뜻** 정할 **음** 정	宀(집 면)과 正(바를 정)이 합쳐진 글자로 '집이 올바르다', 즉 집안이 무탈하여 매우 안정적이라는 뜻이다.

要

뜻 요긴할(매우 쓸모있는)
음 요

초기 글자 형태는 허리에 손을 올린 여자 모습이었다. 要의 본래 의미는 그래서 '허리'나 '(허리를) 감싸다'였다. 후에 허리가 신체에서 가장 중요한 부위라는 의미가 확대되면서 '중요하다'나 '요긴하다'라는 뜻으로 바뀌었다.

▷ 要件 (　　　　) : 긴요한 일이나 안건. 필요한 조건 / 물건 件
▶ 예 일이 순조롭게 진행되기 위해서는 두 가지 要件이 선행되어야 한다.

▷ 要求 (　　　　) : 받아야 할 것을 필요에 의해 달라고 청함 / 구할 求
▶ 예 정부는 민주화에 대한 국민들의 要求를 적극 수용하였다.

답 : 요건, 요구

曜

뜻 빛날 **음** 요

日(해, 태양 일)과 翟(꿩 적)으로 이루어진 글자다. 日은 빛과 관련된 뜻을 나타내고, 翟은 날개나 깃털 모양을 통해 빛이 날아다니는 모습을 상징한다. 그래서 曜는 태양처럼 빛나고 반짝이는 모습을 뜻하는 글자다.

▷ 曜日 (　　　　) : 일주일간 각 날을 나타내는 말
▶ 예 오늘이 무슨 曜日이야?

답 : 요일

曜와 모양이 비슷한 한자

習

뜻 익힐 **음** 습

새가 해 위로 날갯짓하는 모양을 뜻하는 글자. 새가 그렇게 높이 날기 위해 얼마나 노력했을지를 생각하며 외우자!

뜻 목욕할 **음** 욕

浴은 水(물 수)와 谷(골짜기 곡)이 결합한 글자다. 谷은 산등성이 아래로 흐르는 물줄기를 그린 것으로 '골짜기'라는 뜻이 있다. 여기에 水를 더한 浴은 계곡물에 '목욕하다'라는 뜻으로 만들어졌다.

▷ 浴室 (   ) : 목욕할 수 있는 방 / 집 室 ▶ 예 지희가 샤워를 끝내고 浴室에서 나왔다.
▷ 浴槽 (   ) : 목욕을 할 수 있도록 물을 담는 통 / 구유(짐승 밥그릇) 槽
▶ 예 그 목욕탕에는 浴槽가 없고 다만 샤워기만 있었다.

답 : 욕실, 욕조

뜻 날랠 **음** 용

勇은 甬(길 용)과 力(힘 력)이 결합한 글자다. 甬은 고리가 달린 '종'이다. 쇠로 만들어진 종은 무게가 상당했을 것이다. 勇은 甬에 力이 결합한 것으로 무거운 쇠 종을 들 수 있는 정도의 힘과 용기, 결단력을 뜻한다. 이후 이 뜻이 '날래다, 용감하다, 강하다'라는 뜻으로 확대돼 쓰이고 있다.

▷ 勇敢 (   ) : 씩씩하고 겁이 없으며 기운참 / 감히 敢
▶ 예 불길 속으로 뛰어드는 勇敢한 소방관의 모습에 많은 시민들이 감동했다.
▷ 勇士 (   ) : 용맹스러운 사람 ▶ 예 勇士여, 고지가 저기 있다.

답 : 용감, 용사

뜻 쓸 **음** 용

用은 나무로 만든 통의 모습을 본뜬 글자다. 나무통은 쓰임이 많으므로 '쓰다'라는 뜻이 나왔다.

▷ 公用 (   ) : 공공의 목적으로 씀
▶ 예 해방과 더불어 한글이 公用 문자가 됨에 따라 한글의 글꼴도 많이 발전하였다.
▷ 用度 (   ) : 돈, 물건 혹은 마음 따위를 쓰는 형편, 그런 정도나 수량 / 법도 度
▶ 예 用度가 다양한 물건

답 : 공용, 용도

運
뜻 옮길 **음** 운

運은 辶(쉬엄쉬엄 갈 착)과 軍(군사 군)이 결합한 모습이다. 軍은 진을 치고 있는 군대를 그린 것으로 '군사'나 '진치다'라는 뜻이 있다. 군대는 상황에 따라 대규모 이동을 해야 한다. 이때 전쟁에 필요한 각종 장비도 옮기게 되는데, 運은 군대가 짐을 꾸려 이동한다는 의미에서 '옮기다'라는 뜻이 나왔다.

▷ 運動 (　　　　) : 사람이 몸을 단련하거나 건강을 위해 몸을 움직이는 일
▶ 예 는 것이야말로 가장 좋은 運動이다.

▷ 運命 (　　　　) : 인간을 포함한 모든 것을 지배하는 힘 / 목숨 命
▶ 예 運命에 순응하며 살다.

답 : 운동, 운명

雲
뜻 구름 **음** 운

雨(비 우)와 云(이를 운)이 결합한 모습이다. 云은 뭉게구름이 피어오른 모습을 그린 것으로 본래 '구름'이라는 뜻으로 쓰였다. 이후 날씨와 관련된 글자임을 뜻하기 위해 雨가 더해지게 되었다. 구름은 하늘 높은 곳에 떠 있으므로 雲은 높음을 뜻하기도 하지만 금세 사라지기도 하기에 속되고 덧없는 것으로 비유되기도 한다. 아울러, 해의 빛을 가린다는 점에서 고전 시가에서는 간신배를 뜻하는 부정적 의미로 쓰이기도 한다.

▷ 雲霧 (　　　　) : 구름과 안개를 아울러 이르는 말 / 안개 霧
▶ 예 雲霧가 자욱하다.

▷ 雲集 (　　　　) : 구름처럼 모인다는 뜻으로 많은 이가 모여듦 / 모일 集
▶ 예 어린이날 행사로 인해 공원에는 가족 단위의 인파가 雲集을 해 있었다.

답 : 운무, 운집

얼마나 기억하고 있는지 테스트해 볼까요?

한자의 뜻과 음을 적으세요. 뜻과 음이 두 개 이상인 경우에는 모두 적으세요.

채점 후 틀린 한자는 다시 익혀봅시다. (정답은 한자 쓰기 노트 40 페이지)

No.	한자	뜻	음
01	選		
02	雪		
03	說		
04	姓		
05	成		
06	性		
07	洗		
08	小		
09	少		
10	所		
11	消		
12	速		

No.	한자	뜻	음
13	束		
14	孫		
15	樹		
16	首		
17	宿		
18	順		
19	術		
20	習		
21	勝		
22	始		
23	示		
24	植		
25	式		
26	識		

No.	한자	뜻	음
27	信		
28	臣		
29	室		
30	失		
31	實		
32	兒		
33	惡		
34	野		
35	藥		
36	約		
37	洋		
38	陽		
39	養		
40	語		

No.	한자	뜻	음
41	業		
42	然		
43	熱		
44	葉		
45	永		
46	屋		
47	溫		
48	完		
49	要		
50	曜		
51	浴		
52	勇		
53	用		
54	運		
55	雲		

Step. 3 최종 테스트

이번 테스트는 한자 순서를 바꿔 제시하는 최종 단계입니다.
익숙한 순서가 아닌 무작위 배열 속에서도 정확히 뜻과 음을 기억해 낼 수 있는지 점검하며, 진짜 실력을 확인합니다. (정답은 한자 쓰기 노트 42 페이지)

No.	한자	뜻	음
01	選		
02	孫		
03	性		
04	首		
05	洗		
06	示		
07	植		
08	式		
09	消		
10	速		
11	宿		
12	樹		

No.	한자	뜻	음
13	成		
14	束		
15	術		
16	雪		
17	姓		
18	熱		
19	小		
20	洋		
21	完		
22	屋		
23	少		
24	勝		
25	失		
26	兒		

No.	한자	뜻	음
27	永		
28	用		
29	溫		
30	信		
31	約		
32	葉		
33	順		
34	惡		
35	勇		
36	所		
37	語		
38	始		
39	說		
40	運		

No.	한자	뜻	음
41	實		
42	習		
43	養		
44	識		
45	然		
46	浴		
47	藥		
48	室		
49	雲		
50	野		
51	曜		
52	陽		
53	臣		
54	業		
55	要		

Step. 1 한자 익히기

각 한자 오른편에 있는 설명을 읽어보세요. 한자가 어떻게 만들어졌는지 원리를 이해해야 쉽게 외울 수 있으니까요. 다음으론 해당 한자가 쓰인 어휘를 확인하고, 예문까지 읽으면서 이 한자는 실생활에서 어떻게 활용되는지 꼭 확인하세요. 마지막으로, 뜻과 음만 봐도 해당 한자를 떠올릴 수 있을 만큼 여러 번 쓰면서 익히세요. 안타깝게도 한자 암기에 지름길은 없답니다. 반복만이 생명!

雄

뜻 수컷 **음** 웅

뜻을 나타내는 새 추(隹)와 음을 나타내는 글자 厷(굉→웅)이 합쳐 이룬 글자다. 굳센 수컷 새(隹)라는 뜻으로 이로부터 '굳세다, 용감하다'는 뜻을 갖게 됐다.

▷ 雄辯 (   ) : 막힘이 없이 당당하게 말함 / 말할 辯
▶ 예 그의 雄辯은 청중을 숙연하게 했다.

▷ 雄壯 (   ) : 규모 따위가 으리으리하게 크고도 굉장함 / 씩씩할 壯
▶ 예 이 건물은 雄壯한 멋이 있다.

답 : 웅변, 웅장

뜻 멀 **음** 원

辶(쉬엄쉬엄 갈 착)과 袁(옷 길 원)이 결합한 모습이다. 袁는 옷깃이 넉넉한 옷을 표현한 것으로 '옷이 크다'라는 뜻이 있다. 遠은 결국 옷깃이 늘어져 있듯 길이 매우 '멀다'라는 뜻을 표현했다.

▷ 遠隔 (   ) : 시간이나 공간적으로 멀리 떨어져 있음 / 떨어질 隔
▶ 예 遠隔으로 조종한다.

▷ 遠近 (   ) : 멀고 가까움 / 가까울 近
▶ 예 노화 현상이 일어나면 수정체의 遠近 조절이 약해지는 바람에 시력 저하가 생긴다.

답 : 원격, 원근

223

元

뜻 으뜸 **음** 원

초기 형태 글자에는 人(사람 인)의 머리 부분에 획이 하나 그어져 있었다. 그러므로 본래는 사람의 머리를 뜻하는 글자였다. 시간이 지나면서 모든 일의 시작이라는 의미에서 '으뜸'이나 '시초, 근본, 우두머리'와 같은 뜻으로 쓰이게 되었다.

▷ 元子 (　　　) : 임금의 맏아들 ▶ 예 중전마마, 元子 아기씨께서 아침 문안 오셨습니다.

▷ 元素 (　　　) : 물건을 만들어 내는 근본이 되는 것 / 본디 素

▶ 예 지방은 탄소, 수소, 산소의 세 元素로 구성되어 있다.

답 : 원자, 원소

224

院

뜻 집 **음** 원

阜(阝 : 언덕 부)와 完(완전할 완)이 결합한 글자다. 院은 완벽하게 지어진 집을 뜻하는 完에 阜를 더한 것으로 담벼락이 있는 잘 지어진 큰 집이라는 뜻이다. 그러니까 院은 잘 지어진 집(完)과 담장(阜)을 함께 표현한 글자다. 지금은 주로 규모가 큰 건물을 뜻할 때 쓰인다.

▷ 院兒 (　　　) : 육아원, 고아원 등에서 양육되는 아동 ▶ 예 院兒를 입양하다

▷ 病院 (　　　) : 병자를 진찰하기 위해 준비한 건물

▶ 예 그녀는 病院에 입원한 지 하루 만에 퇴원했다.

답 : 원아, 병원

225

原

뜻 근원 / 언덕 **음** 원

厂(기슭 엄)과 泉(샘 천)이 결합한 글자다. 泉은 돌 틈 사이에서 물이 솟아 나오는 모습을 한자화한 것이다. 여기에 厂이 결합한 原은 물길이 시작되는 곳을 뜻했다. 그러나 지금의 原은 단순히 물길의 시작점이 아닌 '근본'이나 '사물의 시초'라는 뜻으로 쓴다.

▷ 原價 (　　　) : 상품의 제조, 판매, 배급에 든 본디의 가격 / 값 價

▶ 예 대량 생산을 하면 原價가 절감된다.

▷ 原因 (　　　) : 어떤 사물이나 상태를 변화시키는 근본이 된 일 / 인할 因 ▶ 예 原因을 분석하다.

답 : 원가, 원인

願

뜻 원할 **음** 원

原(근원 원)과 頁(머리 혈)이 합쳐진 글자다. 願은 본래 '큰 머리'나 '머리가 커지다'라는 뜻을 표현하기 위해 만든 글자였다. 여기서 말하는 '머리가 커지다'는 아는 것이 많아진다는 뜻이다. 이후 아는 것이 많아지면 바라는 게 많아진다는 뜻이 확대되면서 '원하다'나 '바라다'라는 뜻도 갖게 되었다. 그래서 어찌 보면 끊임없이 물이 흘러나오는 모습을 그린 原은 단순히 발음 외에도 끊임없이 바란다는 뜻도 함께 전달하는 것으로 보인다.

▷ 祈願 ( ) : 바라는 일이 이뤄지기를 빎 / 바랄 祈
▶ 예 마을 사람들은 안녕에 대한 祈願을 담아 마을 어귀에 돌탑을 쌓아올렸다.

▷ 所願 ( ) : 바라는 바 / ~바, 장소 所 ▶ 예 그녀는 나의 所願을 들어주었다.

답 : 기원, 소원

뜻 자리 **음** 위

位는 서 있는 사람을 그린 立에 人을 결합한 글자로 사람이 서 있는 '위치'라는 뜻으로 만들어졌다. 고대 계급사회에서는 신분이나 직위에 따라 앉는 위치도 달랐다. 그래서 位는 '자리'라는 뜻 외에도 '지위'나 '직위'라는 뜻도 갖게 되었다.

▷ 位階 ( ) : 벼슬의 품계. 지위나 계층 따위의 등급 / 섬돌, 사다리 階
▶ 예 이 두 개념 사이에는 수직적 位階가 있다.

▷ 位置 ( ) : 일정한 곳에 자리를 차지함. 또는 그 자리 / 둘 置
▶ 예 이 가구의 位置를 옮기는 것이 좋겠다.

답 : 위계, 위치

뜻 클 **음** 위

人(사람 인)과 韋(가죽 위)가 결합한 모습이다. 韋는 성(城)을 둘러싸고 경계를 서는 모습을 그린 것이다. 성은 도시를 감싸고 있었기 때문에 둘레가 상당히 넓었다. 이렇게 큰 둘레로 그려진 韋에 人을 결합한 偉는 그 사람의 인물 됨됨이가 성의 둘레만큼 크고 넓으며 훌륭하다는 뜻이다.

▷ 偉大 ( ) : 뛰어나고 훌륭함 ▶ 예 사랑의 힘이 이렇게 偉大한 줄은 미처 몰랐어.
▷ 偉人 ( ) : 뛰어나고 위대한 사람
▶ 예 철호는 어린 시절 책에서 읽은 偉人의 일대기에 깊은 감명을 받았다.

답 : 위대, 위인

由

뜻 ~로 인한 결과로(말미암다) **음** 유

由는 방 안에 불을 밝히던 등잔을 그린 글자다. 심지에 불을 켜면 그 등잔으로 인한 결과로 방이 밝아진다는 데서 온 글자라고 생각하자.

▷ 經由 (　　　　) : 거쳐 지나감 / 지날 經

▶ 예 외국에 갈 때 經由 노선을 선택하면 가격이 좀 더 저렴하다.

▷ 由來 (　　　　) : 사물이나 일이 생겨남 / 올 來

▶ 예 곰바위란 지명은 전설에 由來를 두고 있다.

답 : 경유, 유래

油

뜻 기름 **음** 유

水(물 수)와 由(말미암을 유)가 결합한 모습이다. 여기서 由는 방을 밝히던 '등잔'을 그린 글자로 봐야 한다. 등잔에 불을 밝히기 위해서는 기름이 필요하니 油에 쓰인 水는 그러한 액체를 표현한 것이라 할 수 있다. 油는 단순히 '기름'이라는 뜻 외에도 '광택'이나 '유막'과 같이 기름의 특성과 관련된 뜻도 생겼다.

▷ 油田 (　　　　) : 석유가 나는 곳 ▶ 예 油田 탐사 지역

▷ 石油 (　　　　) : 땅속에서 천연으로 나는. 탄화수소를 주성분으로 하는 가연성 기름

▶ 예 우리나라에서는 石油가 생산되지 않는다.

답 : 유전, 석유

育

뜻 기를 **음** 육

育 (돌)과 月(고기 육)이 합쳐진 글자다. 여기서 育(돌)온 아이를 거꾸로 세운 모양인데, 갓난아이가 막 태어난 상황을 뜻한다. 그래서 막 낳은 아이를 기르는 일을 뜻하는 말이다.

▷ 育成 (　　　　) : 사람, 동물, 식물을 길러 자라게 하는 것 / 이룰 成 ▶ 예 기술자 育成

▷ 育兒 (　　　　) : 어린아이를 기름 / 아이 兒 ▶ 예 育兒 일기

답 : 육성, 육아

銀
뜻 은 **음** 은

金(쇠 금)과 艮(그칠 간)이 결합한 모습이다. 銀에 쓰인 艮은 웅크린 채 시선을 내리고 있는 천민을 그나타내는 글자다. 우리가 알고 있는 '은'은 고가이긴 하지만 금(金)보다는 저렴하다. 그래서 신분이 낮은 사람을 그린 艮은 금 뒤에 바로 붙여서 은이 금보다는 저렴하다는 의미를 전달하고 있다.

▷ 銀行 (   ) : 예금을 받아 그 돈을 자금으로 해 대출 등을 하는 금융 기관

▶ ㉔ 銀行에 저축하다.

▷ 水銀 (   ) : 상온에서 유일하게 액체 상태로 있는 은백색의 금속 원소

▶ ㉔ 水銀으로 된 온도계는 아주 추운 지방에서 사용할 수 없다는 단점이 있다.

답 : 은행, 수은

飮
뜻 마실 **음** 음

食(밥 식)과 欠(하품 흠)이 결합한 모습이다. 欠은 입을 벌린 사람을 나타낸 글자다. 그러니 飮은 식기에 담긴 물 등을 먹는 모습을 표현한 글자다.

▷ 飮食 (   ) : 사람이 먹을 수 있도록 만든 마실 것, 먹을 것

▶ ㉔ 飮食을 먹다.

▷ 飮料 (   ) : 사람이 마실 수 있도록 만든 액체를 통틀어 이르는 말 / 헤아릴 料

▶ ㉔ 여름에는 사람들이 찬 飮料를 즐겨 마신다.

답 : 음식, 음료

意
뜻 뜻 **음** 의

'소리'를 뜻하는 音에 心이 결합한 意는 '마음의 소리'라는 뜻이다. 옛사람들은 생각은 머리가 아닌 마음이 하는 것이라고 믿었다. 意는 이런 인식이 반영된 글자로 '뜻'이나 '의미, 생각, 헤아리다'라는 뜻을 갖게 되었다.

▷ 意見 (   ) : 어떤 대상에 대해 가지는 생각 ▶ ㉔ 意見을 모으다.

▷ 意味 (   ) : 말이나 글의 뜻 / 맛 味 ▶ ㉔ 意味를 파악하다.

답 : 의견, 의미

235

醫

뜻 의원 음 의

殹(앓는 소리 예)와 酉(닭 유, 술 단지 모양)이 더해진 글자다. 예전에는 술로 병이나 상처를 고쳤기 때문에 누군가를 치료한다는 뜻으로 쓰인다.

▷ 醫師 (   ) : 자격을 가지고 병 고치는 것을 직업으로 하는 사람 / 스승 師 ▶ 예 치과 醫師

▷ 名醫 (   ) : 병을 잘 고쳐 이름난 의원이나 의사

▶ 예 김 교수는 세간에 名醫라고 소문이 나 있다.

답 : 의사, 명의

236

以

뜻 어조사(~로써) 음 이

쟁기의 모양을 본떴다는 설이 유력하다. 사람이 연장을 이용하여 밭을 갈 수 있다는 데서 '~로써, ~에 따라'와 같은 뜻이 생겼다.

▷ 以內 (   ) : 일정한 범위의 안 ▶ 예 상위권 3퍼센트 以內에 들어야 내신 1등급을 받을 수 있다.

▷ 以上 (   ) : 위치나 차례로 보아 어느 기준보다 위

▶ 예 그 약은 하루에 두 알 以上 먹으면 몸에 좋지 않다.

답 : 이내, 이상

237

耳

뜻 귀 음 이

오른쪽 귀의 귓바퀴와 귓불을 그린 것이다. 耳는 사람의 귀를 그린 것이기 때문에 귀의 기능인 '듣다'와 관련된 뜻을 전달하게 된다.

▷ 耳鳴 (   ) : 몸 밖에서 소리날 것이 없는데도 잡음이 들리는 병적인 상태 / 울 鳴

▶ 예 아버지께서는 노년에 耳鳴으로 고생하셨다.

▷ 耳目 (   ) : 귀와 눈을 아울러 이르는 말 / 눈 目

▶ 예 오늘 일본과의 축구 경기에 전 국민의 耳目이 집중되고 있다.

답 : 이명, 이목

因

뜻 인할 **음** 인

사방을 둘러싼 囗(에워쌀 위) 안에 사람이 팔 벌리고 (大) 있는 글자다. 에워싼 영토를 넓히려고 하는 데에는 반드시 큰 원인이나 이유가 있다는 뜻으로 기억하면 되겠다.

▷ 因緣 (   ) : 어떤 사물에 관계되는 연줄 / 묶을, 인연 緣

▶ ㉤ 因緣이 있으면 또 만날 날이 있겠지, 잘 지내.

▷ 因果 (   ) : 원인과 결과를 아울러 이르는 말 / 열매 果 ▶ ㉤ 因果의 법칙

답 : 인연, 인과

任

뜻 맡길 **음** 임

人(사람 인)과 壬(천간 임)이 결합한 모습이다. 壬은 모양자 역할로 쓰였다. 마치 사람이 등에 壬 모양 짐을 짊어지고 있는 듯한 모습이다. 任은 이처럼 등에 무언가를 짊어진 모습에서 '맡기다'나 '맡다'라는 뜻을 표현하려 한 글자다.

▷ 任期 (   ) : 임무를 맡아보는 일정한 기한 / 기약할 期

▶ ㉤ 김 사장은 任期가 끝나면 고향으로 내려가 남은 인생을 보내고자 한다.

▷ 任務 (   ) : 맡은 일. 또는 맡겨진 일 / 일, 힘쓸 務

▶ ㉤ 맡은 바 任務를 충실히 하다 보면 좋은 결과가 있을 것이다.

답 : 임기, 임무

者

뜻 놈, 사람 **음** 자

耂(로)와 白(백)이 합쳐진 글자다. 나이 드신 어른(≒老)이 아랫사람에게 낮추어 말한다(≒白 말씀 왈)는 뜻을 더해 어르신이 말하는 그 대상을 가리켜 '사람, 놈'을 뜻하는 글자가 됐다. 이 외에 사탕수수 즙을 받아먹는 사람들의 모습을 그린 글자라는 설도 있다.

▷ 記者 (   ) : 신문, 방송에 실을 기사를 취재해 쓰거나 편집하는 사람 / 기록할 記

▶ ㉤ 그 기사를 쓴 記者가 사건을 왜곡했다.

▷ 富者 (   ) : 재물이 많아 살림이 넉넉한 사람 / 부유할 富

▶ ㉤ 그는 사업에 성공하여 富者가 되었다.

답 : 기자, 부자

241

昨

뜻 어제 **음** 작

日(해 일)과 乍(잠깐 사)가 결합한 모습이다. 乍는 옷깃을 바느질하는 모습을 그린 것으로 '잠깐'이라는 뜻이 있다. '잠깐'이라는 뜻을 가진 乍에 日을 합쳐 '잠깐 전에 지나간 날', 즉 '어제'나 '지난날'이라는 의미다.

▷ 昨今 (　　　　) : 어제와 오늘. 요즈음. 요사이 ▶ **예** 昨今의 한국 경제가 안팎으로 어려움을 겪고 있다.

▷ 昨年 (　　　　) : 지난해 ▶ **예** 우리 사정은 昨年과 많이 다르다.

답 : 작금, 작년

242

作

뜻 지을 **음** 작

人(사람 인)과 乍(잠깐 사)가 결합한 모습이다. 乍는 옷깃에 바느질하는 모습을 그린 것으로 '짓다'나 '만들다'라는 뜻으로 쓰였는데, 옷깃에 바느질하는 것은 다른 어떤 부분보다도 작업하기가 쉬웠는지 乍는 후에 '잠깐'이라는 뜻이 생기게 됐다.

▷ 作業 (　　　　) : 일을 함. 또는 그 일

▶ **예** 우리는 그 문서를 영어로 번역하는 作業에 착수하였다.

▷ 作用 (　　　　) : 어떤 현상을 일으키거나 영향을 미침

▶ **예** 이 물질은 어떤 作用을 하나요?

답 : 작업, 작용

243

場

뜻 마당 **음** 장

土(흙 토)와 昜(볕 양)이 결합한 모습이다. 햇볕이 제단을 내리쬐는 모습을 그린 昜에 土가 결합해 場은 넓은 마당에 햇볕이 내리쬐고 있는 모습을 표현한 글자다.

▷ 場所 (　　　　) : 어떤 일이 이뤄지거나 일어나는 곳 / ~바, 장소 所

▶ **예** 정부 관계자들은 회담 場所를 서울로 정하였다.

▷ 場面 (　　　　) : 어떤 장소에서 겉으로 드러난 면이나 벌어진 광경 / 얼굴 面

▶ **예** 기자는 이 안타까운 場面을 눈물을 흘리며 필름에 담았다.

답 : 장소, 장면

才

뜻 재주 **음** 재

싹이 올라오는 모습을 본뜬 글자로 '재능이 있다'라는 뜻이다. 어떤 분야에 탁월한 능력을 갖춘 아이들을 보고 '싹수가 보인다'라고 말하곤 한다. 그러니 才는 힘 있게 올라오는 새싹을 사람의 재능이나 재주에 빗대어 만든 글자인데, 간혹 '있다'라는 뜻으로도 쓰이다가 지금은 완전히 재능이라는 뜻으로만 쓴다.

▷ 才能 (   ) : 어떤 일을 하는 데 필요한 재주와 능력 / 잘할 能
▶ 예 예술가의 才能은 특출한 것이다.

▷ 人才 (   ) : 재주가 아주 뛰어난 사람
▶ 예 人才를 발굴하다.

답 : 재능, 인재

在

뜻 있을 **음** 재

土(흙 토)와 才(재주 재)가 결합한 모습이다. 才(재주 재)는 새싹이 새로 돋아나는 모습을 그린 것이다. 그래서 이전에는 才가 '존재하다'라는 뜻으로도 쓰였다. 후에 才가 '재주'와 관련된 뜻으로 더 자주 쓰이면서, '있다'는 뜻을 확실하게 나타낼 글자가 필요해졌고 才 아래에 흙 土를 더해 흙에 새싹이 '존재하다, 있다'라는 뜻을 대신하게 되었다.

▷ 不在 (   ) : 그곳에 있지 아니함 ▶ 예 임의 不在로 인한 슬픔을 노래하는 시들이 많다.
▷ 所在 (   ) : 어떤 곳에 있음. 또는 있는 곳 / ~바, 곳 所 ▶ 예 所在를 파악하다.

답 : 부재, 소재

財

뜻 재물 **음** 재

貝(조개 패, 돈을 뜻함)와 才(재주 재)가 결합한 모습이다. 才는 땅 위로 올라오는 새싹을 그린 것으로 '재능'이나 '재주'라는 뜻을 갖고 있다. 財는 '재물'을 뜻하기 위해 貝가 의미 요소로 쓰였다. 그런데 고대에는 財나 才 모두 '재능'이라는 뜻으로 사용됐다. 후에 才는 타고난 재능을 뜻하게 되었고 財는 자라는 과정에서 노력으로 얻은 '재물'이라는 뜻으로 나뉘었다.

▷ 財閥 (   ) : 대자본가의 일가나 일족으로 된 투자 기구 / 집안의 지체 閥
▶ 예 정부는 財閥에게 소유가 집중된 경제 구조를 완화할 방침을 세웠다.

답 : 재벌

뜻 재목 **음** 재

木(나무 목)과 才(재주 재)가 결합한 모습이다. 才는 땅 위로 올라오는 새싹을 그린 것으로 '재능'이나 '재주'라는 뜻이 있다. 여기에 木이 더해진 材는 상태나 재질이 좋은 나무라는 뜻이다. 材는 사람에 비유할 때는 '재능'이나 '재주, 수완'과 같이 그 사람의 좋은 자질과 관련된 뜻을 갖는다.

▷ 材料 (　　　) : 물건을 만드는 데 드는 원료 / 헤아릴 料 ▶ ⑩ 이 석등의 材料는 화강석이다.

▷ 材質 (　　　) : 재목의 질 / 바탕 質 ▶ ⑩ 크기와 材質에 따라 값이 다릅니다.

답 : 재료, 재질

뜻 두 / 다시 **음** 재

再는 물고기의 입과 꼬리 부분에 획이 각각 하나씩 그어진 모습을 나타낸 글자다. 이는 수면 위와 아래를 표현한 것이다. 물고기는 산소가 부족해지면 물 위로 입을 내밀어 숨을 쉬곤 한다. 再는 그런 모습을 표현한 것으로 물고기가 반복적으로 왔다 갔다 한다는 의미에서 '다시'라는 뜻을 갖게 되었다.

▷ 再開 (　　　) : 어떤 활동이나 회의 등을 한동안 중단했다 다시 시작함 / 열 開
▶ ⑩ 남북 회담의 再開를 위한 물밑 교섭이 한창이다.

▷ 再考 (　　　) : 어떤 일이나 문제 따위에 대해 다시 생각함 / 생각할 考
▶ ⑩ 이 결정은 再考해 보시기 부탁드리겠습니다.

▷ 再修 (　　　) : 한 번 배웠던 과정을 다시 배움 / 닦을 修
▶ ⑩ 하준은 대학에 진학했고 성호는 再修를 했다.

답 : 재개, 재고, 재수

뜻 재앙 **음** 재

火(불 화)와 巛(내 천)이 결합한 모습이다. 천재지변으로 인해 발생하는 재앙은 우리에게 큰 피해를 준다. 그중에서도 '화재'와 '홍수'는 우리에게는 가장 큰 재앙이었다. 災에는 이러한 인식이 반영돼 있다.

▷ 災難 (　　　) : 뜻밖에 일어난 재앙과 고난 / 어지러울 難 ▶ ⑩ 災難을 막다.
▷ 災殃 (　　　) : 뜻하지 아니하게 생긴 불행한 일 / 재앙 殃
▶ ⑩ 원전(原電) 사고는 엄청난 災殃을 초래한다.

답 : 재난, 재앙

朝

뜻 아침 **음** 조

艹(풀 초)와 日(해 일), 月(달 월)이 합친 글자다. 풀 사이로 떠오르는 해와 아직 채 가시지 않은 달이 함께 그려진 모습인데, 태양과 달이 함께 있다는 점에서 매우 이른 아침을 뜻한다.

▷ 朝餐 (   ) : 손님을 초대하여 함께하는 아침 식사 / 먹을 餐

▶ 예 신임 대통령은 야당 지도자들을 초청하여 朝餐을 함께 하며 간담회를 가졌다.

▷ 王朝 (   ) : 같은 왕가에 속하는 통치자의 계열. 그 왕가가 다스리는 시대

▶ 예 세습 王朝

답 : 조찬, 왕조

村

뜻 마을 **음** 촌

木(나무 목)과 寸(마디 촌)이 결합한 모습이다. 寸은 손가락의 마디를 뜻하지만, 씨족 집단으로 구성된 농촌 사회를 뜻하는 글자기도 하다.

▷ 江村 (   ) : 강가에 있는 마을

▶ 예 江村의 풍경

▷ 山村 (   ) : 산 속에 있는 마을. 산간의 마을

▶ 예 나는 강원도의 외딴 山村에서 태어났다.

▷ 村長 (   ) : 한 마을의 일을 맡아보는 촌의 우두머리

▶ 예 그 마을에 도착하니 여자 村長이 우리를 반갑게 맞아주었다.

답 : 강촌, 산촌, 촌장

爭

뜻 다툴 **음** 쟁

爪(손톱 조)와 又(또 우), 亅(갈고리 궐)이 결합한 글자다. 爪에는 '손톱'이라는 뜻이 있지만, 여기에서는 단순한 '손' 동작으로 썼다. 소의 뿔을 놓고 서로 잡아당기는 모습을 묘사한 글자로 생각하면 된다.

▷ 爭點 (   ) : 서로 다투는 중요한 점
▶ 예 안락사(安樂死)는 종교계와 의학계 사이의 爭點 사항으로 대두되었다.

▷ 爭取 (   ) : 힘들게 싸워서 바라는 바를 얻음 / 가질 取
▶ 예 민족 자주(스스로 주인이 됨)권 爭取를 위해 노력하다.

답 : 쟁점, 쟁취

 貯

뜻 쌓을 **음** 저

貝(조개 패, 재물이나 돈을 뜻함)와 宁(쌓을 저)가 결합한 모습이다. 宁는 본래 금고의 일종을 그린 것으로 '쌓다'라는 뜻도 가지고 있다. 따라서 금고에 돈이나 재물을 넣어놨다는 뜻을 표현한 글자로 보면 된다.

▷ 貯金 (   ) : 돈을 모아둠 ▶ 예 동생은 용돈을 받으면 꼬박꼬박 저금통에 貯金을 한다.
▷ 貯水 (   ) : 물을 인공적으로 모음
▶ 예 식물의 줄기에는 貯水 조직이 있어서 수분을 저장한다.

답 : 저금, 저수

 赤

뜻 붉을 **음** 적

大(큰 대)와 火(불 화)가 결합한 모습이다. 지금의 赤에서는 大와 火를 알아보기 어렵지만 초기 글자 형태에서는 불 위에 사람이 그려진 모양이었다. 여기서 붉다는 뜻이 나왔다. 한편 사람이 불을 쬐고 있는 모양이라는 설도 있다.

▷ 赤色 (   ) : 붉은빛 ▶ 예 赤色 지붕
▷ 赤字 (   ) : 지출이 수입보다 많아서 생기는 결손액
▶ 예 이번 달에는 수입보다 지출이 너무 많아서 赤字가 나버렸다.

답 : 적색, 적자

的

뜻 과녁 **음** 적

뜻만을 나타내는 흰 백(白)과, 뜻과 음을 동시에 나타내는 글자 勺(작→적)이 더해져 이룬 글자다. 勺(표주박, 명확하다→밝다→희다)과 해처럼 둥글고 밝게(≒白) 보인다는 뜻이 합쳐서 명백히 보이는 목표, 즉 과녁을 뜻하게 됐다.

▷ 的中 (   ) : 목표에 어김없이 들어맞음

▶ 예 예측의 的中과 지적 호기심의 충족이야말로 모든 과학자들의 궁극적인 희망이자 보람이다.

▷ 目的 (   ) : 일을 이루려고 하는 목표나 나아가는 방향

▶ 예 的을 정하고 열심히 노력하면 못 이룰 일이 없다.

> 답 : 적중, 목적

電

뜻 번개 **음** 전

電은 雨(비 우)와 申(펼 신)이 결합한 글자다. 여기서 申은 번개가 내려치는 모습을 표현한 글자다. 그러니 電은 비구름 사이로 벼락이 떨어지는 모습을 표현한 글자다. '번개'나 '전기'라는 기본 뜻이 있지만, 번개가 치는 속도는 매우 빠르므로 '빠르다, 번쩍이다'라는 뜻이 생겨났다.

▷ 原電 (   ) : 원자력 발전 / 근원 原

▶ 예 原電의 건립에는 안전성에 대한 지역 주민의 이해가 필요하다.

▷ 電話 (   ) : 전기를 이용하여 서로 이야기를 주고받음 / 말씀 話 ▶ 예 그는 한참 만에 電話를 받았다.

> 답 : 원전, 전화

全

뜻 온전할 **음** 전

入(들 입)과 玉(옥 옥)이 결합한 글자다. 옥을 매입한다는 뜻으로 만들어졌다. 값비싼 옥을 사들일 때는 제품의 상태를 확인해야 할 것이다. 그래서 全에서 말하는 '온전하다'는 '흠이 없다'라는 뜻으로 주로 쓴다. 거기서 '완전하다'라는 뜻을 갖게 되었다.

▷ 全體 (   ) : 온몸. 전신. 전부 / 몸 體

▶ 예 그곳은 공장 全體가 일사불란(하나의 실처럼 어지럽지 않다)하게 움직이고 있었다.

▷ 安全 (   ) : 편안하여 탈이나 위험성이 없음 / 편안할 安

▶ 예 국가의 安全이 위협을 받고 있다.

> 답 : 전체, 안전

258

戰

뜻 싸울 **음** 전

戰은 單(홑 단)과 戈(창 과)가 결합한 글자다. 單은 새총 모양으로 생긴 고대의 사냥 도구를 그린 글자다. 여기에 창(戈)이 더한 戰은 고대에 사용하던 대표적인 무기들을 나열해 서로 다툰다는 뜻을 표현한 글자다.

▷ 戰略 (　　　　　) : 전쟁을 전반적으로 이끌어가는 방법이나 책략 / 헤아릴 略

▶ 예 戰略적으로 접근해야 그 일을 마무리할 수 있어.

▷ 作戰 (　　　　　) : 목적을 이루기 위해 필요한 조치를 생각해서 구함 / 지을 作

▶ 예 감독님이 세우신 作戰이니, 저희는 군말하지 않고 따르겠습니다.

답 : 전략, 작전

259

뜻 법 **음** 전

冊(책 책)과 廾(받들 공)이 결합한 글자다. 冊은 대나무를 엮어 만든 '책'을 뜻한다. 여기에 廾을 더해 책을 받들고 있는 모습을 나타냈다. 책을 양손으로 받들고 있다는 점에서 아주 귀한 책이라는 점을 알 수 있다. 그래서 典은 '서적' 외에도 몹시 귀한 '법전, 법, 의식'으로까지 뜻이 확대됐다.

▷ 典當 (　　　　　) : 물품을 맡기고 얼마간 돈을 빌려 쓰는 일. 갚지 못하면 그 물건을 넘기게 되는데, 그런 일을 하는 가게를 '전당포'라고 부른다.

▶ 예 나는 결혼반지까지 典當을 잡히고 돈을 꾸어야만 했다.

▷ 典型 (　　　　　) : 같은 부류의 특징을 가장 잘 나타내고 있는 본보기 / 모양 型

▶ 예 우리 팀장은 부조리한 현대 사회에서 보기 드문 양심의 典型이다.

답 : 전당, 전형

260

展

뜻 펼 **음** 전

본래는 구운 도자기를 늘어놓은 모습을 가리키는 㞡이 '펼치다'나 '살피다'라는 뜻으로 쓰였다. 시간이 흐르며 이 글자에 衣(옷 의)와 尸(주검 시, 사람이라는 뜻도 있음)가 더해지면서 '(사람의) 옷을 펼치다'라는 뜻을 표현한 글자가 됐다.

▷ 展示 (   ) : 여러 가지 물건을 한곳에 벌여놓고 보임 / 보일 示
▶ ⑩ 이번 展示는 사람들의 호응이 좋아서 한 달 더 연장하기로 하였다.

▷ 進展 (   ) : 일이 진행되어 발전함 / 나아갈 進
▶ ⑩ 토지 보상 문제는 답답할 정도로 進展이 없습니다.

답 : 전시, 진전

 261

傳

뜻 전할 **음** 전

人(사람 인)과 專(오로지 전)이 결합한 모습이다. 專은 실패에 감긴 실을 돌리는 도구를 그린 글자다. 그래서 專에 人이 결합한 傳은 마치 어떤 물건을 전해 주는 사람의 모습이라 할 수 있다. 傳은 물건, 이야기, 소식 등을 전해 준다는 뜻을 지닌 글자다.

▷ 傳記 (   ) : 한 사람의 일생 동안의 행적을 적은 기록 / 기록할 記
▶ ⑩ 나는 어렸을 때 위인들의 傳記를 읽으며 꿈을 키워왔다.

▷ 傳導 (   ) : 전하여 인도함 / 이끌 導
▶ ⑩ 교회에서는 보다 많은 사람들에게 기독교를 傳導하기 위해 여러 행사를 연다.

답 : 전기, 전도

 262

節

뜻 마디 **음** 절

竹(대나무 죽)과 卽(곧 즉)이 결합한 글자다. 대나무의 마디라는 뜻에서 나온 글자인데 卽(즉→절)로 음이 바뀌었다.

▷ 節減 (   ) : 아껴서 줄임 / 덜(뺄) 減 ▶ ⑩ 생산 자동화는 원가의 節減과 생산성 향상에 기여할 것이다.
▷ 節約 (   ) : 함부로 쓰지 않고 꼭 필요한 데만 써서 아낌 / 맺을 約
▶ ⑩ 그는 節約을 생활 신조로 삼고 있다.

답 : 절감, 절약

切

뜻 끊을/ 온통
음 절/ 체

七(일곱 칠)과 刀(칼 도)가 결합한 글자다. 七은 숫자 7이라는 뜻을 가지고는 있지만, 고대에는 '자르다'라는 뜻으로 쓰였다. 여기에 칼 도(刀)가 더해지면서 '자르다'라는 뜻이 생겼다.

▷ 一切 (일절 / 일체) : 아주, 도무지, 전혀 ~ 않다.

▶ ㉐ 이 건물 안에서는 흡연이 一切(일절) 금지돼 있다.(뒤에 부정적인 뜻이 붙어서 전혀~않다 의미로 쓰임)

▶ ㉐ 一切(일체) 관계를 끊다.(모든 관계를 끊는다는 뜻으로, 여기서는 '모든'의 의미로 쓰여 '일체'라고 읽는다.)

店

뜻 가게 **음** 점

广(집 엄)과 占(차지할 점)이 결합한 모습이다. 占은 본디 점을 쳐서 묻는다는 뜻으로 '점치다, 차지하다'라는 뜻의 글자다. 이렇듯 '차지하다'라는 뜻의 占에 广이 결합한 店은 시장 한쪽 부분을 차지하고 장사하는 집이라는 뜻으로 만들어졌다.

▷ 店員 (   ) : 상점에 고용되어 물건을 팔거나 하여 돈을 받는 사람 / 일꾼 員

▶ ㉐ 店員을 고용하다.

답 : 점원

##

뜻 정할 **음** 정

宀(집 면)과 正(바를 정)이 결합한 글자다. 正은 성을 향해 진격하는 모습을 그린 글자로, '바르다'라는 뜻을 갖고 있다. 이렇게 '바르다'라는 뜻을 가진 正에 宀을 결합한 定은 '집이 올바르다', 즉 '(집이) 편안하다'라는 뜻의 글자다. 집안에 사고가 없어서 내우 안정적이라는 뜻이다.

▷ 定立 (   ) : 정하여 세움

▶ ㉐ 일의 추진 방향 定立

▷ 國定 (   ) : 나라에서 정함

▶ ㉐ 현재 교과서를 國定에서 검인정으로 바꾸는 단계에 있습니다.

답 : 정립, 국정

停

뜻 머무를 **음** 정

人(사람 인)과 亭(정자 정)이 결합한 글자다. 亭은 간단하게 지어진 '정자'나 '여인숙'이라는 뜻이 있다. 이런 곳들은 여행객들이 잠시 쉬거나 숙박했던 공간이다. 이렇듯 잠시 머물다 가는 장소를 뜻하는 亭에 人이 더해진 停은 '사람이 잠시 머물다'라는 뜻의 글자다.

▷ 停止 (   ) : 움직이고 있던 것이 멎거나 그침 / 그칠 止

▶ ㉠ 에스컬레이터가 완전히 停止한 뒤 움직이세요.

▷ 停滯 (   ) : 사물이 발전하거나 나아가지 못하고 한자리에 머물러 그침 / 막힐 滯

▶ ㉠ 경제 발전의 停滯로 인해 불황이 지속되고 있다.

답 : 정지, 정체

情

뜻 뜻 **음** 정

心(마음 심)과 靑(푸를 청)이 결합한 글자다. 靑은 우물 주위로 푸른 초목이 자라는 모양을 나타내는 글자로 '맑다'나 '푸르다'라는 뜻이다. '사랑, 인정'은 사람의 가장 순수한 마음이다. 그래서 情은 순수하고 맑음을 뜻하는 靑에 心을 결합해 '순수한 마음'을 나타내는 글자다.

▷ 情緒 (   ) : 사람의 마음에 일어나는 여러 가지 감정 / 실마리, 비롯될 緒 ▶ ㉠ 情緒 불안

▷ 情勢 (   ) : 일이 되어가는 형편 / 기세 勢 ▶ ㉠ 情勢가 달라지다.

답 : 정서, 정세

弟

뜻 아우 **음** 제

弟는 나무토막에 줄을 감은 모습을 그린 글자다. 弟는 본래 줄을 "순서대로" 나무토막에 묶는다고 해서 '차례'나 '순서'를 뜻했다. 이후 형제 간 순서 중 더 아래를 뜻하는 의미에서 '아우'를 뜻하는 글자로 쓰이고 있다. 대신 위에 대나무 죽(竹)을 붙여 차례를 뜻하는 글자 第를 따로 만들어 쓰고 있다.

▷ 子弟 (   ) : 남을 높여 그의 아들을 이르는 말

▶ ㉠ 훌륭한 子弟를 두셨습니다.

▷ 弟子 (   ) : 스승으로부터 가르침을 받는 사람

▶ ㉠ 그들은 스승과 弟子 사이다.

답 : 자제, 제자

第

뜻 차례 **음** 제

竹(대나무 죽)과 (아우 제)가 결합한 글자다. 弟는 나무에 줄을 차례로 감아놓은 모습을 그린 글자다. 그래서 이전에는 弟를 '차례'나 '순서'라는 뜻으로 썼다. 그러나 후에 '아우'라는 뜻으로 弟를 쓰게 되면서 弟에 竹을 더한 第가 차례라는 뜻을 대신하게 됐다.

▷ 及第 (   ) : 과거에 합격함. 시험에 합격함 / 미칠, 이를 及

▶ 예 조선 시대 과거 시험에서 及第의 영광을 얻을 수 있는 사람은 소수에 불과했다.

▷ 第一 (   ) : 여럿 가운데서 첫째가는 것

▶ 예 민수는 우리 반에서 第一 키가 크다.

답 : 급제, 제일

題

뜻 제목 **음** 제

是(옳을 시)와 頁(머리 혈)이 결합한 글자다. 是는 '옳다'라는 의미다. '옳다, 바르다'라는 뜻을 가진 是에 頁이 결합한 題는 '바른 얼굴'이라는 뜻이다. 여기서 '바른 얼굴'은 얼굴 정면에 있는 '이마'다. 하지만 지금의 題는 주로 '제목'이나 '머리말'처럼 글의 시작 부분이라는 뜻으로 쓰인다. 이마가 얼굴의 시작 부분이듯 글의 시작 부분도 '제목'이나 '머리말'이기 때문이다.

▷ 題目 (   ) : 작품이나 강연, 보고를 대표하거나 내용을 보이려 붙이는 이름

▶ 예 '봄'이라는 題目으로 글을 써보아라.

▷ 問題 (   ) : 해답을 요구하는 물음 / 물을 問

▶ 예 問題가 대체로 쉽게 출제됐다.

답 : 제목, 문제

뜻 조상 **음** 조

示(보일 시)와 且(또 차)가 결합한 모습이다. 여기서 且는 비석을 그린 것이다. 이 글자는 선대를 뜻하므로 '할아버지'나 '조상'이라는 뜻으로 쓰이나, '근본'이나 '시초'와 같이 한 집안의 근원을 의미하기도 한다.

▷ 祖上 (   ) : 한 집안이나 민족의 옛 어른들 ▶ 예 祖上을 섬기다

▷ 祖國 (   ) : 조상부터 대대로 살던 나라 ▶ 예 나의 祖國, 대한민국

답 : 조상, 조국

足

뜻 발 **음** 족

足은 止(발 지)와 口(입 구)가 결합한 글자다. 足에 쓰인 口는 성(城)을 표현한 것이라 여기 止가 더해진 足은 성을 향해 (발로) 걸어가는 모습을 그린 글자다.

▷ 滿足 (   ) : 마음에 모자람이 없이 흐뭇함 / 찰 滿

▶ 예 그녀는 현실에 滿足을 느끼며 살고 있다.

▷ 手足 (   ) : 손과 발. 손발처럼 부리는 사람 / 손 手

▶ 예 그녀는 신경통으로 手足을 움직일 때마다 통증을 느낀다.

답 : 만족, 수족

族

뜻 겨레 **음** 족

㫃(나부낄 언)과 矢(화살 시)가 결합한 모습이다. 㫃은 깃발이 나부끼는 모습을 그린 글자다. 여기 矢가 결합한 族은 하나의 공동체를 표현한 글자다. 고대에는 민족이나 종족 간 전쟁이 잦았다. 그래서 깃발은 하나의 공동체인 '겨레'를 상징하는 것이며 작게는 피로 맺어진 친족을 의미했다.

▷ 家族 (   ) : 주로 부부를 중심으로 한 친족관계 사람들의 집단 구성원

▶ 예 고아로 자란 나에게 家族이라고는 너 하나뿐이야.

▷ 民族 (   ) : 일정한 지역에서 오랫동안 공동생활을 하며 언어와 문화상 공통성에 기초하여 역사적으로 형성된 사회 집단

▶ 예 民族 해방

답 : 가족, 민족

卒

뜻 마칠 **음** 졸

衣(옷 의)와 爻(효 효)가 결합한 모습이다. 고대에는 노비가 입던 옷(衣)에 X자 문양을 넣어 신분을 구분했는데, 지금의 卒은 그 모습이 변형된 것이다. 이 옷은 후에 계급이 가장 낮은 병졸들이 입게 되면서 '병졸'이라는 뜻을 갖게 되었다. 병졸은 보통 전쟁에서 가장 많이 삶을 마치거나 죽었으므로, '마치다'나 '죽다'와 같이 생을 마감한다는 뜻으로 쓰이고 있다.

▷ 卒業 (   ) : 일정한 규정이 있는 학업을 마침 / 일 業

▶ ⑩ 그녀는 대학 卒業 후 곧바로 유학을 떠났다.

▷ 卒兵 (   ) : 지위가 낮은 병사 / 병사 兵

▶ ⑩ 생각 같아서는 卒兵으로라도 전선에 달려가고 싶었다.

답 : 졸업, 졸병

終

뜻 마칠 **음** 종

뜻을 나타내는 실 사(糸)와 음을 나타내는 글자 冬(동→종)이 합해진 글자다. 바느질을 다 하고 나서 실(糸)을 매듭짓는다는 뜻이 더해져 '마치다'를 뜻한다. 한편 冬(겨울 동)은 네 계절의 끝이므로 실(糸)을 덧붙여 감긴 실의 끝이라는 의미가 생겼다고도 본다.

▷ 終結 (   ) : 일을 끝냄 / 맺을 結

▶ ⑩ 김 이사는 회의를 서둘러 終結을 지었다.

▷ 終了 (   ) : 일을 마침 / 마칠 了

▶ ⑩ 시험 終了를 알리는 종소리가 났다.

답 : 종결, 종료

얼마나 기억하고 있는지 테스트해 볼까요?

한자의 뜻과 음을 적으세요. 뜻과 음이 두 개 이상인 경우에는 모두 적으세요.

채점 후 틀린 한자는 다시 익혀봅시다. (정답은 한자 쓰기 노트 44 페이지)

No.	한자	뜻	음
01	雄		
02	遠		
03	元		
04	院		
05	原		
06	願		
07	位		
08	偉		
09	由		
10	油		
11	育		
12	銀		

No.	한자	뜻	음
13	飮		
14	意		
15	醫		
16	以		
17	耳		
18	因		
19	任		
20	者		
21	昨		
22	作		
23	場		
24	才		
25	在		
26	財		

No.	한자	뜻	음
27	材		
28	再		
29	災		
30	朝		
31	村		
32	爭		
33	貯		
34	赤		
35	的		
36	電		
37	全		
38	戰		
39	典		
40	展		

No.	한자	뜻	음
41	傳		
42	節		
43	切		
44	店		
45	定		
46	停		
47	情		
48	弟		
49	第		
50	題		
51	祖		
52	足		
53	族		
54	卒		
55	終		

이번 테스트는 한자 순서를 바꿔 제시하는 최종 단계입니다.
익숙한 순서가 아닌 무작위 배열 속에서도 정확히 뜻과 음을 기억해 낼 수 있는지 점검하며, 진짜 실력을 확인합니다. (정답은 한자 쓰기 노트 46 페이지)

No.	한자	뜻	음
01	全		
02	育		
03	原		
04	典		
05	爭		
06	貯		
07	在		
08	由		
09	醫		
10	因		
11	銀		
12	者		

No.	한자	뜻	음
13	飮		
14	雄		
15	弟		
16	昨		
17	任		
18	作		
19	戰		
20	遠		
21	意		
22	族		
23	場		
24	停		
25	赤		
26	以		

No.	한자	뜻	음
27	節		
28	才		
29	耳		
30	元		
31	展		
32	定		
33	情		
34	第		
35	油		
36	村		
37	題		
38	財		
39	祖		
40	材		

No.	한자	뜻	음
41	願		
42	災		
43	電		
44	足		
45	院		
46	切		
47	店		
48	朝		
49	位		
50	卒		
51	終		
52	傳		
53	再		
54	偉		
55	的		

각 한자 오른편에 있는 설명을 읽어보세요. 한자가 어떻게 만들어졌는지 원리를 이해해야 쉽게 외울 수 있으니까요. 다음으론 해당 한자가 쓰인 어휘를 확인하고, 예문까지 읽으면서 이 한자는 실생활에서 어떻게 활용되는지 꼭 확인하세요. 마지막으로, 뜻과 음만 봐도 해당 한자를 떠올릴 수 있을 만큼 여러 번 쓰면서 익히세요. 안타깝게도 한자 암기에 지름길은 없답니다. 반복만이 생명!

뜻 씨 **음** 종

禾(벼 화)와 重(무거울 중)이 결합한 모습이다. 重은 등에 무거운 봇짐을 지고 있는 사람을 그린 글자다. 이렇듯 무거운 짐을 멘 사람을 그린 重에 禾가 더해진 種은 볍씨를 등에 짊어지고 있다는 뜻을 표현한 것이다.

▷ 種類 (   ) : 사물의 부문을 나누는 갈래 / 무리 類

▶ 예 이 제과점에는 다양한 種類의 쿠키가 있다.

답 : 종류

罪

뜻 허물 **음** 죄

罪에는 '아니다'나 '나쁘다'라는 뜻을 가진 非(아닐 비)에 罒(그물 망)을 결합한 것으로 '잘못(非)을 저지른 사람을 잡는다(罒 그물 망)'는 뜻으로 만든 글자다.

▷ 罪惡 (   ) : 죄가 될 만한 나쁜 짓 / 악할 惡

▶ 예 욕심은 罪惡을 낳는다는 말이 있다.

▷ 罪人 (   ) : 죄를 지은 사람

▶ 예 사람들은 그를 나라를 팔아먹은 罪人이라고 손가락질했다.

답 : 죄악, 죄인

278

主

뜻 주인 **음** 주

主는 본래 촛대를 그린 글자다. 긴 촛대 위에 불타는 심지가 그려진 모양이다. 한 집안을 밝혀야 할 사람은 가장이어야 한다는 의미가 主에 반영된 것으로 보인다. 임금 왕(王)과는 큰 연관이 없다.

▷ 主張 (　　　　) : 자기 의견을 굳게 내세움 / 베풀 張

▶ ⑩ 主張을 굽히다.

▷ 主題 (　　　　) : 주된 제목. 대화나 연구 따위에서 중심이 되는 문제 / 제목 題

▶ ⑩ 그는 사랑을 主題로 시를 썼다.

답 : 주장, 주제

279

住

뜻 살 **음** 주

人(사람 인)과 主(주인 주)가 결합한 모습이다. 主는 '주인'이라는 뜻을 갖고는 있지만, 방 안을 밝히던 촛대를 그린 글자다. 빈집에는 방 안을 밝힐 불이 켜지지 않는다. 그러니 住는 집에 사람이 살고 있으니 불이 켜져 있다는 뜻이다.

▷ 住所 (　　　　) : 사는 곳 / ~바, 곳 所

▶ ⑩ 당시 회사의 住所는 종로구 효자동으로 되어 있었다.

▷ 住宅 (　　　　) : ① 살림살이를 하게 지은 집

　　　　　　　　　② 사람이 살 수 있게 지은 집 / 집 宅

▶ ⑩ 住宅 밀집 지역

답 : 주소, 주택

注
뜻 부을 **음** 주

水(물 수)와 主(주인 주)가 결합한 모습이다. 主에는 '주인'이라는 뜻이 있지만, 여기에서는 발음 역할만 하고 있다. 사전상으로는 注를 '물댈 주'라고 하는데, 여기서 말하는 '물을 대다'라는 것은 무언가를 '채워 넣다'나 '주입하다'라는 뜻이다.

▷ 注目 (   ) : ① 관심을 가지고 주의 깊게 살핌. 또는 그 시선 / 눈 目
                ② 조심하고 경계하는 눈으로 살핌. 또는 그 시선
▶ 예 그는 이번 사건의 용의자로 注目을 받아왔다.

▷ 注意 (   ) : 마음에 새겨두고 조심함 / 뜻 意 ▶ 예 注意 사항

답 : 주목, 주의

晝
뜻 낮 **음** 주

日(해 일)과 一(한 일), 聿(붓 율)이 결합한 모습이다. 聿은 손에 붓을 쥐고 있는 모습을 그린 글자다. 聿에 日이 결합한 晝는 글공부하기 좋은 시간대라는 의미에서 '대낮'이나 '정오'를 뜻한다.

▷ 晝間 (   ) : 동이 터서 해가 지기 전까지의 동안. 낮 / 사이 間
▶ 예 은행이나 우체국은 대개 晝間에만 업무를 한다.

▷ 晝夜 (   ) : ① 낮과 밤 ② 밤낮 / 밤 夜 ▶ 예 晝夜 교대로 일하다.

답 : 주간, 주야

重
뜻 무거울 **음** 중

東(동녘 동)과 人(사람 인)이 결합했다. 여기서 東은 본래 끈으로 사방을 동여맨 보따리를 그린 글자다. 重은 人 아래로 東이 그려져 있는데, 이는 등에 짐을 지고 있다는 뜻을 표현한 것이다. 그래서 重은 무거운 짐을 지고 있다는 의미에서 '무겁다'라는 뜻을 갖게 되었다.

▷ 尊重 (   ) : 높이고 중히 여김 / 높일 尊 ▶ 예 이 이야기는 생명 尊重을 교훈으로 하고 있다.
▷ 重力 (   ) : 지구 위의 물체가 지구로부터 받는 힘 ▶ 예 우주에는 重力이 없다.
▷ 重要 (   ) : 매우 귀중하고 소중함 / 요구할, 요긴할 要
▶ 예 가을 운동회는 우리 학교의 重要 행사다.

답 : 존중, 중력, 중요

紙
뜻 종이 **음** 지

糸(가는 실 사)와 氏(성씨 씨)가 결합했다. 氏는 나무뿌리가 땅속으로 뻗어 있는 모습을 그린 것이지만 여기서는 '씨→지'로의 발음 역할만 하고 있다. 종이가 발명되기 전에는 대나무를 갈라 그 안에 글을 썼다. 이를 죽간(竹簡)이라고 한다. 이외에도 좀 더 부드러운 재질인 천이나 비단에 글이나 그림을 그리기도 했는데, 이런 천을 두고 고대에는 '紙'라고 했다. 종이가 만들어지기 전에는 천 조각이 '종이'라는 개념으로 쓰였으니 糸가 의미 요소가 될 수 있었던 셈이다.

▷ 休紙 (   ) : 못쓰게 된 종이. 코를 풀거나 하는 데 쓰는 종이 / 쉴 休

▶ 예 과자나 빵을 먹고 나서 休紙는 쓰레기통에 버려야 한다.

▷ 便紙 (   ) : 소식을 서로 알리거나 용건을 적어 보내는 글 / 소식, 편안할 便

▶ 예 便紙를 부치다.

답 : 휴지, 편지

뜻 땅 **음** 지

물을 담는 주전자를 뜻하는 也(어조사 야)에 흙 土를 결합한 것으로 흙과 물이 있는 '땅'을 표현하고 있다. 한편 地는 잡초가 무성한 곳에서는 뱀을 흔히 볼 수 있다는 의미에서 '대지(土)와 뱀(也)'을 함께 그린 것으로 보기도 한다.

▷ 地球 (   ) : ① 인류가 살고 있는 천체 ② 태양에서 셋째로 가까운 행성 / 공 球

▶ 예 우리는 하나밖에 없는 地球를 아끼고 보존해야 한다.

▷ 地位 (   ) : 개인이 차지하는 사회적 위치 / 자리 位

▶ 예 최고의 地位에 오르다.

답 : 지구, 지위

知

뜻 알 **음** 지

矢(화살 시)와 口(입 구)가 결합한 모습으로 아는 것이 많아 화살이 날아가는 속도만큼 말을 빠르게 한다는 뜻이다.

▷ 知能 (   ) : ① 두뇌의 작용 ② 지혜와 재능을 통틀어 이르는 말 / 능할 能

▶ **예** 요즘은 아이들의 知能 발달을 위한 조기 교육이 많은 관심을 받고 있다.

▷ 知德 (   ) : 지식과 도덕을 아울러 이르는 말 / 큰, 덕 德 ▶ **예** 그 사람은 知德을 겸비했다.

답 : 지능, 지덕

止

뜻 그칠 **음** 지

멈춘 사람 발의 모양을 본떴다. 발을 멈추고 그 자리에 있다는 뜻과 발을 움직여 나아간다는 뜻, 두 가지로 썼지만 나중에는 주로 '머문다'는 의미로 쓰고 있다.

▷ 止血 (   ) : 피가 못 나오게 함. 또는 피가 그침 / 피 血

▶ **예** 피를 많이 흘리는 환자에게 가장 필요한 응급조치는 止血이다.

답 : 지혈

直

뜻 곧을 **음** 직

十(십)과 目(목), ㄴ(은)이 합쳐진 단어다. 十(십)과 目(목)을 더해 열 개(여러 개)의 눈(≒目 →많은 사람)으로 숨어 있는(≒ㄴ) 것을 바르게 볼 수 있다는 뜻으로 '바르다, 곧다'를 의미한다.

▷ 直接 (   ) : 중간에 매개나 거리·간격 없이 바로 접함 / 만날 接 ▶ **예** 그는 사고 현장을 直接 방문했다.

▷ 直後 (   ) : 어떤 일이 있고 난 바로 다음

▶ **예** 오빠는 대학 졸업 直後에 바로 미국으로 유학을 떠났다.

답 : 직접, 직후

直과 모양이 비슷한 한자

植
뜻 심을 음 식

나무(木)를 곧게(直) 심은 것으로 생각하고 외우자!

置
뜻 둘 음 치

网(그물 망(罒))과 直(곧을 직)이 합해진 글자다. 直은 발음 역할(직→치)만 한다. 置는 원래 작은 죄를 저지른 사람은 풀어준다는 의미였다. 여기서 그대로 '두다'의 의미가 생겼다.

288

質
뜻 바탕 음 질

貝(조개 패)와 所(두 날 도끼 은)을 합한 글자다. 質은 본래 '저당물'을 뜻한다. 저당물은 돈을 빌리려고 임시로 맡기는 물건이다. 그러니 質은 저당물을 맡기고 돈을 빌리는 모습을 표현한 글자다. 돈을 빌려주는 사람은 담보로 맡는 저당물의 가치를 확인해야 했다. 따라서 質은 후에 '본질'이나 '품질'을 뜻하게 되었다.

▷ 質感 (　　　) : 재질의 차이에서 받는 느낌 / 느낄 感 ▶ 예 부드러운 質感
▷ 性質 (　　　) : 사람이 지닌 마음의 본바탕. 사물이나 현상이 본디부터 가지고 있는 고유한 특성 / 성질 性
▶ 예 性質이 급한 편이다. / 그 사건의 性質로 보아 전문가가 필요해요.

답 : 질감, 성질

289

集
뜻 모을 음 집

木(나무 목)에 隹(새 추)가 결합한 모습이다. 集은 나무 위에 새가 모여 앉아 있는 모습을 표현한 글자다.

▷ 集中 (　　　) : ① 한곳을 중심으로 하여 모임. 또는 그렇게 모음 ② 한 가지 일에 모든 힘을 쏟아부음
▶ 예 이번 행사를 통해서 우리 업체에 대한 여론의 관심과 集中을 확인할 수 있었다.

▷ 集合 (　　　) : 사람들을 한곳으로 모으거나 모임 ▶ 예 선생님께서 운동장으로 전원 集合을 하라고 하셨다.

답 : 집중, 집합

290

着

뜻 붙을 **음** 착

着은 著(뚜렷할 저, 붙을 착)에서 갈라져 나온 글자다. 著가 '뚜렷하다'는 뜻일 때에는 [저]로 읽고, '입다, 붙다'는 뜻일 때에는 [착]으로 읽었는데, 후자(붙을 착)의 용법이 '着'으로 달리 쓰이게 됐다.

▷ 着工 (   ) : 공사를 시작함 / 장인 工

▶ ㉠ 본관 건물이 着工 1년 만에 준공되었다.

▷ 着想 (   ) : ① 일의 실마리가 될 만한 생각

② 예술품을 창작할 때 그 내용을 머릿속에서 구성하는 일 / 생각할 想

▶ ㉠ 이 작품은 작가가 공상적 着想에 의해 꾸며낸 것이다.

답 : 착공, 착상

291

뜻 창문 **음** 창

뜻을 나타내는 구멍 혈(穴)과 음을 나타내는 글자 悤(총)이 합쳐져 만들어진 글자다.

▷ 窓口 (   ) : 창을 내거나 뚫어놓은 곳

▶ ㉠ 둘 사이는 튼튼한 철책으로 가로막혀 있었으므로 유일한 통로는 窓口뿐이었다.

답 : 창구

292

뜻 부를 **음** 창

口(입 구)와 昌(번성할 창)이 결합한 모습이다. 昌은 태양 아래서 아름다움을 노래하는 모습을 그린 것으로 이전에는 '노래하다'라는 뜻으로 쓰였다. 그러나 후에 昌이 태양의 강렬함을 빗대 '번성하다'라는 뜻을 갖자 여기에 口를 더한 唱이 '말을 꺼내다'나 '(노래를) 부르다'라는 뜻을 대신해서 가지게 되었다.

▷ 唱劇 (   ) : 전통적인 판소리나 그 형식을 빌려 만든 가극 / 연극 劇

▶ ㉠ 우리들은 국립 극장에서 唱劇으로 된 <심청전>을 관람하였다.

▷ 唱法 (   ) : 노래를 부르는 방법 / 법 法 ▶ ㉠ 그 노래를 부르는 唱法은 매우 특이하다.

답 : 창극, 창법

責

뜻 꾸짖을 **음** 책

責은 가시를 뜻하는 朿에 貝(조개 패, 돈이라는 뜻)를 결합해 '가시가 돋친 돈'이라는 뜻을 표현했다. 남에게 빌린 돈을 갚지 못하면 재촉당하기 일쑤다. 그래서 責은 빌려준 돈을 갚지 못하면 책망을 당한다는 의미에서 '꾸짖다'나 '나무라다'를 뜻하게 되었다.

▷ 責望 (   ) : 잘못을 꾸짖거나 나무라며 못마땅하게 여김 / 바랄 望

▶ 예 내가 무슨 큰 잘못을 저질렀다고 너까지 責望이니?

▷ 責任 (   ) : 맡아서 해야 할 임무나 의무 / 맡을 任

▶ 예 제가 모든 責任을 지고 이 자리에서 물러나도록 하겠습니다.

답 : 책망, 책임

鐵

뜻 쇠 **음** 철

뜻을 나타내는 쇠 金과 음을 나타내는 글자 㦿(질→철)이 합한 글자다. 㦿(질→철)은 '크다'라는 뜻으로, 큰 것을 만들 수 있는 금속을 의미하며 청동기에 견줘볼 때 더 크고 훌륭하며 한층 날카로운 것, 즉 철을 뜻하게 되었다.

▷ 鐵壁 (   ) : ① 쇠로 된 단단한 벽 ② 매우 튼튼함을 비유적으로 이르는 말 / 울타리 壁

▶ 예 그 팀은 모든 공을 잘 막아내는 골키퍼 덕에 鐵壁 수비로 유명하다.

▷ 鐵人 (   ) : 몸이나 힘이 무쇠처럼 강한 사람

▶ 예 현진이는 보트 타기, 사이클, 마라톤 등을 통해 鐵人을 선발하는 대회에서 당당하게 1등을 했다.

답 : 철벽, 철인

靑

뜻 푸를 **음** 청

生(날 생)과 井(우물 정)이 결합한 모습이다. 生은 푸른 싹이 자라는 모습을 그린 것으로 '싱싱하다'나 '나다'라는 뜻이 있다. 靑은 여기에 물이 나는 井이 결합한 것으로 우물과 초목처럼 맑고 푸름을 뜻한다. 푸르른 싹에서 '젊다'는 뜻도 파생됐으니 참고하자.

▷ 靑山 (　　　　) : 나무가 무성하여 푸른 산
▶ ⑩ 나는 자연과 늘 함께하는 靑山에서 살고 싶다.

▷ 靑春 (　　　　) : 10대 후반에서 20대에 걸친 인생의 젊은 나이 / 봄 春
▶ ⑩ 노인은 자신의 지나간 靑春을 돌이켜보며 회한에 잠겼다.

답 : 청산, 청춘

 淸

뜻 맑을 **음** 청

水(물 수)와 靑(푸를 청)이 결합한 모습이다. 靑은 우물가에 핀 푸른 초목을 그린 것으로 '푸르다'라는 뜻이 있다. 淸은 이렇게 '푸르다'라는 뜻을 가진 靑에 水를 결합해 물이 푸를 정도로 맑다는 뜻을 표현하고 있다.

▷ 淸明 (　　　　) : ① 날씨가 맑고 밝음 ② 형상이 깨끗하고 선명함
▶ ⑩ 오늘은 하늘이 무척 淸明하다.

▷ 淸風 (　　　　) : 부드럽고 맑은 바람
▶ ⑩ 산수가 좋은 곳에 앉아 있었더니 淸風이 백운(白雲 : 흰 구름)을 몰아 귓가를 지나가더라.

답 : 청명, 청풍

  體

뜻 몸 **음** 체

骨(뼈 골)과 豊(풍성할 풍)이 결합한 모습이다. 豊은 그릇에 곡식을 가득 담아놓은 모습을 그린 것으로 '풍성하다'라는 뜻이다. 體는 '풍성하다'라는 뜻을 가진 豊에 骨을 결합해 뼈를 포함한 모든 것이 갖추어진 '신체'를 뜻하고 있다.

▷ 物體 (　　　　) : ① 구체적인 형태를 가지고 있는 것 ② 물건의 형체 ▶ ⑩ 의자 위에 낯선 物體가 놓여 있다.
▷ 自體 (　　　　) : ① 제 몸 ② 그 자신 ③ 사물의 본새 ▶ ⑩ 문제는 제도 自體보다 그 실제 운영에 있다.

답 : 물체, 자체

<table>
<tr><td>298</td><td>初
뜻 처음 음 초</td><td>衤(옷 의)와 刀(칼 도)가 결합한 모습이다. 여기서 衤는 衣(옷 의)를 뜻하는 글자다. 때문에 初는 옷과 칼을 함께 그린 것으로 해석해야 한다. 옷을 만들기 위해서는 먼저 천이나 가죽에 칼질을 시작해야 한다는 의미에서 '처음'이나 '시작'이라는 뜻을 갖게 되었다.</td></tr>
</table>

▷ 初選 (   ) : 처음으로 선출됨 / 고를 選

▶ 예 김 대변인은 初選, 재선을 불문하고 40대가 정치를 주도해야 한다고 주장했다.

▷ 初心 (   ) : ① 처음에 먹은 마음 ② 어떤 일을 처음 배우는 사람

▶ 예 불도를 닦는 데 있어서 初心을 늘 유지하는 것처럼 중요한 일이 없습니다.

답 : 초선, 초심

<table>
<tr><td>299</td><td>最
뜻 가장 음 최</td><td>曰(덮칠 왈)과 取(취하다, 가지다 취)가 합쳐진 글자다. '덮쳐서 취하다 →모두 취하다→ 모든 것 중에서 가장 뛰어난 것'이라는 뜻으로 바뀌어서 '가장'이라는 뜻을 나타낸다.</td></tr>
</table>

▷ 最古 (   ) : 가장 오래됨 / 옛 古 ▶ 예 파피루스는 세계 最古의 수학책으로 알려져 있다.

▷ 最上 (   ) : 높이, 수준, 등급, 정도 따위의 맨 위 ▶ 예 김 선수의 오늘 컨디션은 最上이다.

▷ 最善 (   ) : ① 가장 좋음 ② 가장 적합함 ③ 전력 ▶ 예 最善의 결과

답 : 최고, 최상, 최선

<table>
<tr><td>300</td><td>祝
뜻 빌 음 축</td><td>示(보일 시)와 兄(맏 형)이 결합한 모습이다. 祝은 제단 앞에서 글을 읽는 사람을 표현한 것이다. 지금도 제사를 지낼 때는 앞서 글을 읽어 신에게 제사가 시작됨을 알린다. 그래서 祝은 신에게 기원한다는 의미에서 '빌다'나 '기원하다'라는 뜻을 갖게 되었다.</td></tr>
</table>

▷ 祝歌 (   ) : 축하의 뜻을 담은 노래 / 노래 부를 歌

▶ 예 나는 누나 결혼식 때 祝歌를 불렀다.

▷ 祝福 (   ) : 행복을 빎. 또는 그 행복 / 복 福

▶ 예 두 남녀는 부모님과 하객들의 祝福을 받으며 결혼식을 올렸다.

답 : 축가, 축복

充

뜻 채울 **음** 충

볼록한 사람의 배를 강조(왼쪽으로 튀어나옴)해 '가득 차다'라는 뜻을 표현한 글자다.

▷ 充當 (　　　) : 모자라는 것을 채워 메움 / 마땅할 當 ▶ 예 사업 자금의 充當이 시급하다.

▷ 充滿 (　　　) : 한껏 차서 가득함 / 찰 滿

▶ 예 나는 행복과 기쁨의 充滿을 간절히 바라고 바랐다.

답 : 충당, 충만

致

뜻 이를 **음** 치

至(이를 지)와 攵(칠 복)이 결합한 모습이다. 그러나 본래는 攵이 아니라 夊(천천히 걸을 쇠)가 쓰였었다. 그래서 致는 '이르다'라는 뜻의 至에 夊를 결합해 발걸음이 어느 지점에 도달했음을 뜻한다.

▷ 致命 (　　　) : 죽을 지경에 이름 / 목숨 命

▶ 예 그는 致命적인 실수를 저질러 더는 그 업계에 발을 들이지 못했다.

▷ 一致 (　　　) : 어긋남이 없이 한결같게 서로 맞음, 한결같음

▶ 예 이것을 우연의 一致로만 볼 수는 없다.

답 : 치명, 일치

則

뜻 법칙 / 곧 **음** 칙 / 즉

則의 초기 글자 형태를 보면 왼쪽은 貝가 아닌 鼎(솥 정)이 그려져 있었다. 鼎은 신에게 제사를 지낼 때 사용하던 신성한 솥을 뜻하는 글자다. 여기에 刀를 결합하면 칼로 솥에 문자를 새겨 넣는다는 뜻이 된다. 솥에는 대부분은 신과 소통하기 위한 글귀들을 적었다. 신이 전하는 말이니 그것이 곧 '법칙'인 셈이다.

▷ 校則 (　　　) : 학생이 지켜야 할 학교의 규칙 / 학교 校

▶ 예 校則을 따르다.

▷ 規則 (　　　) : 여럿이 다 같이 지키기로 작정한 법칙. 또는 제정된 질서 / 법 規

▶ 예 예외 없는 規則은 없다.

답 : 교칙, 규칙

親

뜻 친할 **음** 친

뜻을 나타내는 볼 견(見)과 음을 나타내는 글자 亲(친, 많은 나무가 포개어 놓여 있다는 의미)을 합쳐 만든 글자다. 나무처럼 많은 자식들을 부모가 보살핀다(見)는 뜻이 더해져서 '친하다'라는 의미가 생겼다.

▷ 親愛 (   ) : 친밀히 사랑함. 또는 그 사랑 / 사랑할 愛

▶ **예** 그녀에 대한 親愛의 정이 깊어갈수록 나의 심리적 부담은 늘어갔다.

▷ 親和 (   ) : 사이좋게 잘 어울림 / 화합할 和

▶ **예** 자연은 정복의 대상이 아니라 親和의 대상이다.

답 : 친애, 친화

他

뜻 다를 **음** 타

他는 人(사람 인)과 也(어조사 야)가 결합한 모습이다. 여기서 也(어조사 야)는 본래 佗(다를 타)로 먼저 쓰였던 글자다. 여기서 佗에 쓰인 它(다를 타)는 뱀의 모양을 본뜬 것으로 '별다른 일(사고)'이나 '뱀'이라는 뜻인데, 사람 인을 붙여서 뱀과 구분되게 '다른 사람, 다른 일'의 뜻으로 정확하게 쓰게 됐다.

▷ 他國 (   ) : 자기 나라가 아닌 남의 나라

▶ **예** 여행자에게 他國의 거리는 아무리 화려하여도 허전하고 외로운 법이다.

▷ 他意 (   ) : 다른 생각. 또는 다른 마음 / 뜻 意

▶ **예** 자의 반 他意 반으로 공부를 열심히 했다.

▷ 他人 (   ) : ① 다른 사람. 남 ② 자기 이외의 사람

▶ **예** 인간은 他人과의 결합을 원한다.

답 : 타국, 타의, 타인

打

뜻 칠 **음** 타

手(손 수)와 丁(못 정)이 결합한 모습이다. 丁은 나무에 못질할 때 사용하는 '못'을 그린 것이다. 그러니 打는 마치 손으로 못을 내리치는 듯한 모습을 그린 것과 같다.

▷ 打席 (   ) : 야구에서, 타자가 공을 치도록 정해 놓은 구역
▶ ⑩ 1번 타자가 打席에 들어섰다.

▷ 打者 (   ) : 야구에서 배트로 공을 치는 공격진의 선수
▶ ⑩ 오늘의 첫 打者인 김 선수가 타석으로 들어섰다.

답 : 타석, 타자

卓

뜻 높을 **음** 탁

卓은 그물 위에 새가 그려진 형태를 나타낸 글자다. 새가 높은 곳에 있어서 그물로 잡지 못하는 상황이라고 보면 된다. 이는 새가 하늘 높이 있다는 의미에서 '높다' 나 '멀다, 높이 세우다'라는 뜻을 갖게 되었다.

▷ 卓球 (   ) : 나무로 된 대의 중앙에 네트를 치고 공을 라켓으로 쳐 넘겨 승부를 겨루는 실내 경기 / 공 球
▶ ⑩ 우리는 점심을 먹은 후 함께 卓球를 쳤다.

▷ 卓越 (   ) : 월등하게 뛰어남 / 뛰어넘을 越
▶ ⑩ 그녀는 글을 쓸 때 소재를 잡아내는 능력이 정말 卓越했다.

답 : 탁구, 탁월

太

뜻 클 **음** 태

大(큰 대)에 '더욱 심하다'라는 뜻을 나타내려고 점을 찍은 글자로 지사문자다.

▷ 太陽 (   ) : 태양계 중심을 이루는 발광체, 지구에서 가장 가까운 항성 / 볕 陽
▶ ⑩ 太陽이 뜨다.

답 : 태양

宅

뜻 집 **음** 택 / 댁

宀(집 면)과 乇(부탁하다 탁)이 결합한 모양이다. 乇은 땅속에 뿌리를 내린 풀과 나무를 뜻하기도 한다. 결국 집안에 나무와 풀이 뿌리를 내린 모습이라는 뜻인데 이는 내가 살아갈 터전에 자리를 잡았다는 뜻을 나타낸 것이다. 거기서 집이라는 뜻이 나왔다.

▷ 宅地 (   ) : 집터. 집을 지을 땅

▶ ㉑ 건축 불가능한 宅地

▷ 自宅 (   ) : 자기의 집 ▶ ㉑ 自宅 근무

답 : 택지, 자택

通

뜻 통할 **음** 통

辶(쉬엄쉬엄 갈 착)과 甬(길 용)이 결합한 모습이다. 甬은 고리가 있는 종을 나타낸 글자다. 通은 본래 '곧게 뻗은 길'을 뜻하려고 만든 글자로 속이 텅 빈 종(甬)처럼 길이 뻥 뚫려 있다는 의미를 전한다. 길이 뚫려 있으니 이동하기 쉽다. 그래서 通에는 '통하다'나 '오가다'라는 뜻과 함께 길을 가는 데 거침없다는 뜻도 있다.

▷ 通信 (   ) : ① 소식을 전함 / 믿을 信

▶ ㉑ 넌 컴퓨터 通信 예절부터 배워야겠구나.

▷ 交通 (   ) : 자동차·기차·배·비행기 따위를 이용하여 사람이 오고 가거나, 짐을 실어 나르는 일

▶ ㉑ 이 지역은 차가 많이 몰려 交通이 혼잡스럽다.

답 : 통신, 교통

特

뜻 특별할 **음** 특

特에 쓰인 寺(절 사)는 불교가 중국에 들어오기 전까지 '관청'이라는 뜻으로 쓰였다. 고대에는 나랏일을 하던 관청에서 제사를 주관했다. 그러므로 特은 관청에서 제사에 사용하던 특별한 수소(牛)라는 의미에서 '특별하다'라는 뜻을 갖게 됐다.

▷ 特別 (   ) : 보통과 구별되게 다름 / 나눌 別

▶ ㉑ 그 가수는 데뷔 20주년을 맞아 特別 공연을 열 예정이다.

▷ 特色 (   ) : 보통의 것과 다른 점 / 빛 色 ▶ ㉑ 特色 있는 작품

답 : 특별, 특색

敗
뜻 패할, 질 **음** 패

뜻을 나타내는 攵(=攴→회초리로 치다)과 음을 나타내는 글자 貝(패)가 합쳐져서 '싸움에서 지게 돼 패하다'라는 뜻으로 쓰인다.

▷ 敗亡 (　　　) : 싸움에 져서 망함 / 죽을, 망할 亡 ▶ 예 무모한 전쟁은 敗亡의 지름길이다.

▷ 敗戰 (　　　) : 싸움에 짐 / 싸울 戰 ▶ 예 이번 敗戰은 국민들에게 큰 고통을 안겨주었다.

답 : 패망, 패전

平
뜻 평평할 **음** 평

平은 악기 소리의 울림이 고르게 퍼져나간다는 뜻을 나타낸 글자다. 소리가 고르게 퍼져나간다는 의미에서 고르거나 평평하다는 뜻을 가지게 되었고 후에 '안정되다, 화목하다'라는 뜻도 파생됐다.

▷ 平和 (　　　) : ① 평온하고 화목함 ② 갈등이 없이 평온함 / 화합할 和
▶ 예 오랜 전쟁에 지친 국민들은 平和를 갈구하고 있다.

▷ 平等 (　　　) : 권리, 의무, 자격 등이 차별 없이 고르고 한결같음 / 같을, 무리 等
▶ 예 자유와 平等은 인류가 영원히 추구해 나가야 할 이상이다.

답 : 평화, 평등

表
뜻 겉 **음** 표

衣(옷 의)와 毛(털 모)가 결합한 모습이다. 지금의 表에서는 毛를 찾아보기 어렵지만 이전에는 衣 가운데에 毛가 그려져 있었다고 한다. 이는 털로 만든 겉옷을 표현한 글자다. 여기서 가장 바깥에 입는 옷이라는 뜻이 확대되면서 후에 '바깥'이나 '겉면, 용모, 나타내다'처럼 다양한 뜻으로도 쓰이게 되었다.

▷ 表面 (　　　) : 사물의 가장 바깥쪽. 또는 가장 윗부분 / 얼굴 面
▶ 예 피부의 表面이 부어올랐다.

▷ 表現 (　　　) : 생각이나 느낌 따위를 언어나 몸짓으로 드러내 나타냄 / 나타날 現
▶ 예 그는 지나치게 공격적인 表現을 썼다.

▷ 表裏不同 (　　　) : 겉과 속이 같지 않다는 뜻 / 속, 사물의 안쪽 裏

답 : 표면, 표현, 표리부동

品

뜻 물건 **음** 품

品은 여러 개 그릇이 함께 놓여 있는 모습을 표현한 것이다. 品은 본래 그릇이 가지런히 '잘 놓여 있다'를 뜻하기 위해 만든 글자였는데, 여기서 온갖 물건이라는 뜻이 파생됐다.

▷ 品名 (   ) : 물품의 이름. 품종의 이름 / 이름 名
▶ **예** 저 쌀은 品名을 알 수 없네.

▷ 品性 (   ) : 품격과 성질을 아울러 이르는 말 / 성질 性
▶ **예** 어머니는 아이들의 品性 형성에 절대적인 영향을 끼친다.

답 : 품명, 품성

風

뜻 바람 **음** 풍

봉황은 고대 중국의 전설에 등장하는 상상의 새로 갑골문에 쓰인 風은 상상의 새를 그린 글자였다. 그러나 風은 시간이 지나면서 바람이라는 뜻으로 함께 쓰이기 시작했다. 바람이 생기는 원리를 이해하지 못했던 고대인들은 봉황의 날갯짓으로 바람이 만들어진다고 생각했기 때문이다.

▷ 風力 (   ) : ① 바람의 세기 ② 동력으로서의 바람의 힘
▶ **예** 바람이 많이 부는 이곳에서는 주로 風力을 이용해 전기를 일으킨다.

▷ 風習 (   ) : 풍속과 습관을 아울러 이르는 말 / 익힐 習
▶ **예** 혼인에 관한 風習은 각 나라마다 다르다.

답 : 풍력, 풍습

必
뜻 반드시 **음** 필

必은 心(마음 심)이 부수로 지정되어 있지만 '심장'이나 '마음'과는 아무 관계가 없다. 必은 물을 퍼 담는 바가지를 그린 것이기 때문이다. 갑골문에 나온 必를 보면 바가지 주위로 물이 튄 듯한 모습이 그려져 있었다. 그래서 必은 본디 바가지나 두레박을 뜻했다. 하지만 후에 '반드시'나 '틀림없이'라는 뜻으로 쓰이게 되면서 지금은 여기에 木(나무 목)을 더한 秘(자루 비)가 바가지, 두레박의 뜻을 대신하고 있다. 한편 이 글자를 형성문자로 보는 견해도 있다. 八(여덟 팔, 나누다)과 弋(주살 익, 줄 달린 화살이라는 뜻)이 합쳐진 글자로, 땅을 나눌 때(八) 말뚝(弋)을 세워 경계를 분명히 하여 나눈다는 데서 '반드시'의 뜻으로 쓰였다는 견해.

▷ 必讀 (   ) : 반드시 읽어야 함. 꼭 한 번은 읽을 가치가 있음 / 읽을 讀
▶ 예 서울대 必讀 도서 안에 드는 책이다.

▷ 必要 (   ) : 반드시 요구되는 바가 있음 / 요긴할 要 ▶ 예 이제 와서 그렇게 서두를 必要가 있니?

답 : 필독, 필요

寒
뜻 찰 **음** 한

宀과 艹, 人, 冫으로 이뤄진 글자다. 얼음 위에 사람의 발을 크게 그린 모습인데 이는 집 안이 매우 춥다는 뜻을 표현한 것이다. 이불도 없이 풀(艹)을 깔고 있으니 추위를 견디기 어려울 수밖에 없다. 그래서 '차다'나 '춥다'라는 뜻으로 쓰인다.

▷ 寒冷 (   ) : 날씨 따위가 춥고 참 / 찰 冷 ▶ 예 북쪽에 있는 툰드라 지대는 寒冷 기후다.
▷ 寒心 (   ) : 정도에 너무 지나치거나 모자라서 가엾고 딱함
▶ 예 그렇게 게으르게 살다니, 정말 寒心하기 짝이 없다.

답 : 한랭, 한심

合
뜻 합할 **음** 합

뚜껑과 그릇이 함께 결합하는 모습으로 그려져 '합하다'라는 뜻을 표현한 글자다.

▷ 合格 (   ) : 시험, 검사, 심사 따위에서 일정한 조건을 갖추어 어떠한 자격이나 지위 따위를 얻음 / 격식 格
▶ 예 合格의 그날을 위해 우리들은 모두 열심히 공부하고 있다.

답 : 합격

害 **뜻** 해할 **음** 해

宀(집 면)과 丰(예쁠 봉), 口(입 구)가 결합한 모습이다. 丰은 풀이 무성하게 올라오는 모습을 그린 것이지만 여기서는 흉기를 그린 모양자로 응용됐다. 害는 결국 집안에 어지러운 말다툼이 일어나고 있음을 뜻한다. 그래서 害는 누군가를 해치거나 난장판이 벌어지고 있다는 뜻으로 쓰인다.

▷ 害毒 (   ) : 좋고 바른 것을 망치거나 언짢게 하여 손해를 끼침. 또는 그 손해 / 독 毒

▶ 예 그는 욕심이 많고 이기적이라서 세상에 害毒만 끼칠 사람이다.

※ 해독(解毒) : 풀 해(解)와 독 독(毒), 독 기운을 없앤다는 말인데 위 단어와는 동음이의어 관계이니 잘 구별하여 알아두자.

▷ 害惡 (   ) : 해로움과 악함을 아울러 이르는 말 / 악할 惡

▶ 예 과소비와 사치는 국가와 사회에 커다란 害惡을 끼친다.

답 : 해독, 해악

向 **뜻** 향할 **음** 향

본래 '창문'을 표현한 글자다. 창문은 보통 북쪽에 자리한다. 보통 집이 남향으로 정착된 뒤부터 대문이 남쪽이고 창문은 북쪽을 향하게끔 지었기 때문이다. 그래서 向의 본래 의미는 '북쪽을 향해 있는 창문'이었다. 후에 '북쪽'이라는 의미는 사라지고 단순히 방향만 뜻하여 '향하다'라는 의미가 굳어졌다.

▷ 志向 (   ) : 뜻이 쏠리는 방향 / 뜻 志

▶ 예 김 교수의 학문적 志向과 그에 따른 태도는 많은 제자들에게 본보기가 되었다.

▷ 向上 (   ) : 실력, 수준, 기술 따위가 나아짐. 또는 나아지게 함 / 윗 上

▶ 예 생활 수준의 向上으로 소비자의 욕구가 다양해지고 있다.

▷ 向後 (   ) : ① 이다음 ② 뒤이어 오는 때나 자리 / 뒤 後

▶ 예 向後 국제 정세

답 : 지향, 향상, 향후

許

뜻 허락할 **음** 허

言(말씀 언)과 午(오→허로 바뀜)로 이루어진 글자다. 午(오→허)는 절굿공이로 찧어 섞는다는 뜻을 나타내는데, 그래서 許는 남과 서로 이야기하여 사귄다는 뜻에서 '남이 말하는 것을 듣다'로 뜻이 바뀌었다가 '허락한다'는 뜻까지 이어진다.

▷ 許可 (   ) : 행동이나 일을 하도록 허용함 / 옳을 可

▶ ⑩ 이 학교 운동장은 학교 측의 許可 없이는 들어갈 수 없다.

답 : 허가

現

뜻 나타날 **음** 현

現은 玉(구슬 옥)과 見(볼 견)이 결합한 모습이다. 現은 큰 눈을 그린 見에 玉을 결합해 아름다운 옥빛이 드러나는 것을 보고 있는 모습을 그린 글자인데, 여기서 '나타나다'라는 의미가 생겼다.

▷ 現在 (   ) : ① 지금의 시간

② 기준으로 삼은 그 시점 / 있을 在

▶ ⑩ 現在까지의 경과를 보고하시오.

▷ 現場 (   ) : ① 사물이 현재 있는 곳

② 일이 생긴 그 자리

③ 일을 실제 진행하거나 작업하는 그곳 / 마당 場

▶ ⑩ 많은 사람들이 사고 現場에 모여 구조 작업을 도왔다.

답 : 현재, 현장

形

뜻 모양 **음** 형

形(평평할 견)과 彡(무늬, 빛깔, 머리, 꾸미다 삼)이 결합한 모습이다. '평평하다'라는 뜻을 가진 幵에 彡을 더한 形은 둘은 비슷한 '모양'을 하고 있다는 뜻으로 만들어졌다.

▷ 形成 ( ) : 어떤 형상을 이룸 / 이룰 成
▶ 예 그는 투표율을 높이자는 사회적 공감대의 形成을 위해 공익 광고에 출연했다.

▷ 形式 ( ) : ① 사물이 외부로 나타나 보이는 모양
② 일을 할 때의 일정한 절차나 양식 또는 한 무리의 사물을 특징짓는 데에
공통적으로 갖춘 모양 / 법 式 ▶ 예 形式을 갖추다.

답 : 형성, 형식

 號

뜻 이름 / 부르짖을
음 호

'부르다'라는 뜻을 가진 号에 虎가 결합한 號는 '호랑이가 부르짖는다'는 뜻이다. 호랑이가 부르짖으니 소리가 매우 크다. 그래서 號는 매우 큰 소리로 외친다는 뜻으로 쓰인다. 그러다 보니 號는 '명령을 내리다'나 '이름을 부르다'처럼 큰 소리로 외친다는 뜻으로 쓰인다.

▷ 口號 ( ) : 집회나 시위에서 요구나 주장을 간결한 형식으로 표현한 문구
▶ 예 시위대는 口號를 외치며 거리로 달려나왔다.

답 : 구호

  話

뜻 말씀 **음** 화

뜻을 나타내는 말씀 언(言)과 舌(혀 설→입에서 혀를 내민 모양)로 이루어진 글자다. 재미있게 말한다(≒言)는 뜻에서 '이야기하다, 말하다'를 뜻한다.

▷ 對話 ( ) : 마주 대하여 서로 의견을 주고받으며 이야기하는 것 / 마주할 對
▶ 예 문제를 對話로 해결하다.

▷ 通話 ( ) : 전화로 말을 주고받음 / 통할 通
▶ 예 건물의 모든 전화선이 끊겨서 通話가 되지 않았다.

답 : 대화, 통화

說
뜻 말씀 **음** 설

'兌'(바꿀 태)는 입을 벌려 웃는 모습으로 기쁘다는 뜻을 가진다.
기뻐하여 크게 입을 벌려 말한다는 뜻이다.

設
뜻 베풀다, 진열하다
음 설

言(언)과 殳(몽둥이, 도구 수)가 합쳐진 글자. 작업(≒殳)을 열심히 하도록 말(≒言)로 지시하고 타이른다는 데서, (말을) 베푼다는 뜻이 생겼다. 원래는 술잔 앞에서 무기를 들고 있는 모습을 나타낸 글자로, 전쟁이나 사냥에 나가 얻은 물건을 늘어놓고 잔치를 벌인다는 뜻을 가지고 있었는데 앞에 말씀 언(言)이 오면서 말을 베푼다는 의미까지 생겼다.

論
뜻 말할 **음** 론

侖(조리 륜)은 죽간을 둥글게 말아둔 모습으로 말을 서로 주고받는다는 의미다.

談
뜻 이야기, 말할
음 담

炎은 불꽃 염으로 열정적으로 말한다는 뜻이 내포되어 있다.

327

和
뜻 화합할 **음** 화

禾(벼 화)와 口(입 구)가 결합한 모습이다. 禾가 '벼'를 그린 것이므로 和는 먹고살 만하니 '화목하다'와 같은 식으로 해석하곤 한다. 피리 소리가 고르게 퍼져나가는 모습을 그린 글자로 보고, '조화롭다'라는 의미가 생겼다는 의견도 있다.

▷ 和答 (   ) : 시나 노래에 응하여 대답함 / 답할 答

 예 다음 시는 방금 소개한 시에 대한 和答이라고 볼 수 있다.

▷ 和合 (   ) : 화목하게 어울림 / 합할 合

▶ **예** 그 집은 형제간에 和合이 잘된다.

답 : 화답, 화합

328

化
뜻 될 **음** 화

化는 본래 윤회(輪廻: 해탈을 얻을 때까지 그 영혼이 육체와 함께, 끊임없이 삶과 죽음을 반복)를 표현한 것으로 人은 '산 사람'을, 匕는 '죽은 사람'을 뜻한다. 化에 '죽다'나 '태어나다'의 뜻이 있는 것도 바로 이 때문이다. 이러한 의미에서 化는 '바뀌다'라는 뜻을 갖게 되었다.

▷ 化合 (   ) : 둘 또는 둘 이상의 물질이 결합하여 본디의 성질을 잃어버리고 새로 특유한 성질을 가진 물질이 되는 일 / 합할 合

▶ ⑩ 건강을 위해서는 되도록 化合 물질이 적게 들어간 음식을 먹어야 한다.

> 답 : 화합

 329

患
뜻 근심 **음** 환

串(꿸 관)과 心(마음 심)이 결합한 모습이다. 串은 사물을 꿰고 있는 모습을 나타낸 글자다. 이렇게 물건을 관통하는 모습을 그린 串에 心이 합해진 患은 꼬챙이가 심장까지 관통하는 모습을 표현한 글자다. 병이 들거나 근심 걱정이 생기면 몸과 마음이 아프게 되니 이렇게 심장을 꿰뚫는 듯한 모습으로 그려진 患은 결국 '근심'이나 '질병'을 뜻한다.

▷ 患亂 (   ) : 근심과 재앙을 통틀어 이르는 말 / 어지러울 亂

▶ ⑩ 그해에는 갖가지 患亂으로 민심이 흉흉하였다.

▷ 患部 (   ) : 병이나 상처가 난 곳 / 거느릴 部

▶ ⑩ 患部에 심한 통증이 있다.

▷ 患者 (   ) : 병을 앓는 사람 / 사람 者

▶ ⑩ 患者를 돌보다.

> 답 : 환란, 환부, 환자

患과 모양이 비슷한 한자

蟲
뜻 벌레 **음** 충

애벌레를 본떠 그린 글자로 근심 환(患)과는 전혀 상관 없는 글자이니 구별해 암기하자.

活

뜻 살 **음** 활

뜻을 나타내는 삼수변(氵 (=水), 물)과 음을 나타내는 글자 舌(설→활)로 이루어졌다. 活은 물이 바위에 부딪히며 물결이 합쳐서 소리를 내며 힘차게 흘러가는 모습을 뜻하는 글자다.

▷ 活力 (   ) : 살아 움직이는 힘

▶ 예 活力에 찬 삶을 살다.

▷ 生活 (   ) : 사람이나 동물이 일정한 환경에서 활동하며 살아감

▶ 예 그녀는 분수에 넘치는 사치스러운 生活을 하고 있다.

답 : 활력, 생활

會

뜻 모일 **음** 회

會는 쌀을 찌는 도구에 뚜껑이 결합하는 모습을 나타낸 글자다. 사물이 합쳐지는 모습을 나타낸 會는 이후 사람 간 만남이라는 뜻도 생겨서 지금은 '만나다', '시기'라는 뜻으로도 쓴다.

▷ 會社 (   ) : 상행위 또는 그 밖의 영리 행위를 목적으로 하는 사단 법인 / 모일 社

▶ 예 그는 얼마 전 아버지가 경영하던 會社를 물려받았다.

▷ 會長 (   ) : ① 모임을 대표하고 모임의 일을 총괄하는 사람 ② 회사에서 사장 위의 직책

▶ 예 김 이사가 우리 회사의 차기 會長으로 결정되었다.

답 : 회사, 회장

效

뜻 본받을 **음** 효

음을 나타내는 交(교→효)와 타이르고 가르친다는 의미의 복(攵(=攴)→치다, 일하다)에서 좋은 것을 배우도록 한다는 뜻으로 이어져 '본을 받다'라는 의미가 됐다.

▷ 效果 (   ) : 어떤 목적을 지닌 행위에 의해 드러나는 보람이나 좋은 결과 / 과일 果
▶ 예 이것은 감기 예방에 效果가 좋은 과일이다.

▷ 效能 (   ) : 효험을 나타내는 능력 / 능할 能
▶ 예 그 약장수는 약의 效能을 과장되게 늘어놓았다.

답 : 효과, 효능

訓

뜻 가르칠 **음** 훈

뜻을 나타내는 말씀 언(言)과 음을 나타내는 글자 川(천→훈)으로 이루어졌다. 바른 말(≒言)로 가르친다는 뜻에서 '가르치다'를 뜻한다. '순서 있게 가르치다, 알아듣게 이야기하다'라는 뜻도 가지고 있다.

▷ 訓手 (   ) : 바둑이나 장기 둘 때 구경하던 사람이 끼어들어 수를 가르쳐줌 / 손 手
▶ 예 다 이긴 판이었는데 옆에서 박 씨가 訓手를 두는 바람에 막판에 지고 말았다.

▷ 訓長 (   ) : ① 글방의 선생 ② 학교에서 학생을 가르치는 사람을 예스럽게 이르는 말
▶ 예 우리 마을의 訓長 되는 이는 매우 박식하여 마을 사람들의 존경을 받았다.

답 : 훈수, 훈장

얼마나 기억하고 있는지 테스트해 볼까요?

한자의 뜻과 음을 적으세요. 뜻과 음이 두 개 이상인 경우에는 모두 적으세요.

채점 후 틀린 한자는 다시 익혀봅시다. (정답은 한자 쓰기 노트 48 페이지)

No.	한자	뜻	음
01	種		
02	罪		
03	主		
04	住		
05	注		
06	晝		
07	重		
08	紙		
09	地		
10	知		
11	止		
12	直		

No.	한자	뜻	음
13	質		
14	集		
15	着		
16	窓		
17	唱		
18	責		
19	鐵		
20	靑		
21	淸		
22	體		
23	初		
24	最		
25	祝		
26	充		

No.	한자	뜻	음
27	致		
28	則		
29	親		
30	他		
31	打		
32	卓		
33	太		
34	宅		
35	通		
36	特		
37	敗		
38	平		
39	表		
40	品		
41	風		
42	必		

No.	한자	뜻	음
43	寒		
44	合		
45	害		
46	向		
47	許		
48	現		
49	形		
50	號		
51	話		
52	和		
53	化		
54	患		
55	活		
56	會		
57	效		
58	訓		

이번 테스트는 한자 순서를 바꿔 제시하는 최종 단계입니다.
익숙한 순서가 아닌 무작위 배열 속에서도 정확히 뜻과 음을 기억해 낼 수 있는지 점검하며, 진짜 실력을 확인합니다. (정답은 한자 쓰기 노트 50 페이지)

No.	한자	뜻	음
01	種		
02	知		
03	責		
04	集		
05	住		
06	質		
07	致		
08	晝		
09	着		
10	直		
11	唱		
12	罪		

No.	한자	뜻	음
13	重		
14	止		
15	宅		
16	通		
17	祝		
18	敗		
19	主		
20	鐵		
21	他		
22	注		
23	淸		
24	太		
25	親		
26	特		

No.	한자	뜻	음
27	卓		
28	平		
29	體		
30	患		
31	窓		
32	則		
33	最		
34	打		
35	紙		
36	初		
37	靑		
38	表		
39	地		
40	充		
41	品		
42	化		

No.	한자	뜻	음
43	活		
44	和		
45	合		
46	害		
47	會		
48	形		
49	號		
50	效		
51	訓		
52	風		
53	必		
54	寒		
55	向		
56	許		
57	現		
58	話		

숫자와 관련된 말

No.	한자	뜻	음	예시
1	數			數量(　　　) : 수효와 분량 / 헤아릴 量
2	倍			倍加(　　　) : 갑절 또는 몇 배로 늘어남. 또는 그렇게 늘림
3	番			當番(　　　) : 어떤 일을 책임지고 돌보는 차례가 됨 (당할 當)
4	一			一家(　　　) : 한 집안, 한 가족
5	二			二重(　　　) : 두 겹, 중복 (거듭 重)
6	三			三國(　　　) : 세 나라. 우리나라에서는 신라, 백제, 고구려를 말함
7	四			四寸(　　　) : 아버지의 친형제자매의 아들이나 딸과의 촌수
8	五			五味(　　　) : 다섯 가지 맛. 단맛 짠맛 신맛 쓴맛 매운맛 (맛 味)
9	六			六十(　　　) : 60 六角(　　　) : 여섯 개 직선에 싸인 평면 (뿔 角)
10	九			九十(　　　) : 아흔 (90) 九天(　　　) : 하늘의 가장 높은 곳. 또는 하늘 위

❖ 정답은 한자 쓰기 노트 52페이지에 있습니다.

11	七			七月( ) : 한 해의 열두 달 가운데 일곱째 달
12	八			八十( ) : 여든, 나이 여든 살
13	十			十分( ) : 아주 충분히 (나눌 分)
14	百			百藥( ) : 모든 약 (약 藥) ※ '일만 만'은 어떻게 썼는지 기억나나요? 萬
15	千			千里( ) : ① 십 리의 백 갑절 ② 썩 먼 거리 ③ 멀리 떨어져 있는 거리.
16	億			億劫( ) : 무한하게 오랜 시간 (위협할 劫)

시간과 관련된 말

No.	한자	뜻	음	예시
17	春			春分( ) : 24절기의 넷째. 경칩과 청명 사이로 양력 3월 21일경
18	夏			淸夏( ) : 맑고 산뜻한 여름(맑을 淸) 夏服( ) : 여름 옷(옷 服)
19	秋			秋收( ) : 가을에 익은 곡식을 거두어 들임(거둘 收)
20	冬			冬眠( ) : 겨울잠(잠잘 眠)
21	年			每年( ) : 매해, 하나하나의 모든 해(매양 每)

No.	한자	뜻	음	예시
22	歲			歲月(　　　) : 한없이 흘러가는 시간
23	時			時論(　　　) : 한 시대의 여론, 그때그때 일어나는 시사에 대한 평론이나 의논 (말할 論)
24	午			午前(　　　) : 자정으로부터 낮 열두 시까지의 동안
25	夕			秋夕(　　　) : 우리나라 명절의 하나. 음력 팔월 (가을 秋)
26	夜			夜間(　　　) : 해가 진 뒤부터 동이 트기 전까지의 동안 (사이 間)
27	週			週刊(　　　) : 한 주일마다의 발간. 또는 그 간행물 (책 펴낼 刊)

사람 혹은 신체와 관련된 말

No.	한자	뜻	음	예시
28	父			父子(　　　) : 아버지와 아들
29	母			祖母(　　　) : 할머니 (할아버지, 조상 祖)
30	男			男子(　　　) : 남성으로 태어난 사람
31	女			女子(　　　) : 여성으로 태어난 사람
32	身			身分(　　　) : 개인의 사회적 위치나 계급

33	手			手段(　　　) : 어떤 목적을 이루기 위한 방법 또는 그 도구 (구분, 갈림 段)
34	目			目錄(　　　) : 어떤 물품의 이름이나 책 제목을 일정 순서로 적은 것 (기록할 錄)
35	口			口腔(　　　) : 입 안의 빈 곳. 곧 소화관의 맨 앞 끝 부분으로 입에서 목구멍에 이르는 부분 (속 빌 腔)
36	力			努力(　　　) : 힘을 씀. 힘을 다함 (일할 努)
37	李			李伯(　　　) : 두보와 더불어 고대 중국 시인 중 가장 유명한 사람 (맏이 伯)
38	朴			素朴(　　　) : 꾸밈이나 거짓이 없고 수수함 (흴, 본디 素)
39	生			學生(　　　) : 배우는 사람. 학교에 다니면서 공부 하는 사람
40	死			死守(　　　) : 죽을 힘을 다해 지킴 (지킬 守)
41	仕			出仕(　　　) : 벼슬을 하여 관직에 나아감
42	友			友愛(　　　) : 형제 간 또는 친구 간의 사랑이나 정분
43	人			人生(　　　) : 사람이 세상을 살아가는 일

No.	한자	뜻	음	예시
44	自			自滿(　　　) : 자신이나 자신과 관련있는 것을 자랑하며 뽐냄 (찰 滿)
45	子			童子(　　　) : 남자 아이 (아이 童)
46	兄			仁兄(　　　) : 벗에 대한 높임말, 편지글에서 친구사이에 상대편을 높여 이르는 2인칭 대명사 (어질 仁)
47	孝			孝道(　　　) : 부모를 잘 섬기는 도리, 또는 부모를 정성껏 잘 섬기는 일

방향과 관련된 말

No.	한자	뜻	음	예시
48	方			方法(　　　) : 일이나 연구 등을 해 나가는 길이나 수단
49	東			東洋(　　　) : 유라시아 대륙의 동부 지역, 한국 중국 일본 등 (큰 바다 洋)
50	西			西海(　　　) : 서쪽에 있는 바다
51	南			南極(　　　) : 지축의 남쪽 끝 (다할 極) 南海(　　　) : 남쪽 바다
52	北			北極(　　　) : 지축의 북쪽 끝 (다할 極)
53	上			上京(　　　) : 시골에서 서울로 올라옴 (서울 京)

54	下			臣下(　　　) : 임금을 섬기어 벼슬을 하는 자리에 있는 사람 (신하 臣)
55	出			出發(　　　) : 목적지를 향하여 나아감. 또는 어떤 일을 시작함 (필 發)
56	入			入社(　　　) : 회사에 취직하여 들어감 (모일 社)
57	內			內亂(　　　) : 나라 안에서 정권을 차지하려고 벌이는 난리 (어지러울 亂)
58	外			海外(　　　) : 어떤 행위를 오랫동안 되풀이하는 과정에서 저절로 익힌 행동 방식
59	前			事前(　　　) : 어떤 일을 시작하거나 실행하기 전
60	後			以後(　　　) : ① 이제부터 뒤 ② 기준이 되는 때를 포함하여 그보다 뒤 (~로써 以)
61	右			右側(　　　) : 오른쪽 (곁 側)
62	左			左右(　　　) : 왼쪽과 오른쪽을 아울러 이르는 말
63	高			高低(　　　) : 높낮이. 높고 낮음 (낮을 低)
64	中			中心(　　　) : 한가운데, 복판, 중요하고 기본이 되는 부분
65	行			行動(　　　) : 몸을 움직여 동작을 하거나 어떤 일을 함
66	來			未來(　　　) : 아직 오지 않은 때

크기와 관련된 말

No.	한자	뜻	음	예시
67	多			多樣( ) : 여러 가지 모양이나 양식 (모양 樣)
68	大			大學( ) : 고등 교육을 베푸는 교육 기관
69	無			無能( ) : 어떤 일을 해결하는 능력이 없음 (능할 能)
70	有			有名( ) : 이름이 세상에 널리 알려져 있음
71	長			長點( ) : 좋거나 잘하거나 긍정적인 점 (점 點)
72	弱			弱者( ) : 힘이나 세력이 약한 사람이나 생물

자연과 관련된 말

No.	한자	뜻	음	예시
73	天			天然( ) : ① 사람의 힘을 가하지 않은 상태 ② 사람의 힘으로는 어떻게도 할 수 없는 상태 (그러할 然)
74	水			山水( ) : 산과 물. 곧 자연의 산천을 일컫는 말
75	江			江山( ) : 강과 산. 자연 전체를 대신하여 비유하는 말

76	川			開川( ) : 개골창 물이 흘러나가도록 골이 지게 길게 판 내 (열 開) 大川( ) : 큰 내. 또는 이름난 내
77	河			河口( ) : 강물이 큰 강이나 호수 또는 바다로 흘러 들어가는 어귀
78	湖			湖水( ) : 큰 못. 육지가 우묵하게 패어 물이 괴어 있는 곳
79	海			海軍( ) : 바다에서 전투를 맡아 하는 군대
80	土			土器( ) : 진흙으로 만들어 잿물을 올리지 않고 구운 그릇 (그릇 器) 土地( ) : 땅, 흙, 논밭, 집터, 터
81	草			藥草( ) : 약이 되는 풀 (약 藥) 草家( ) : 볏짚·밀짚·갈대 등으로 지붕을 인 집
82	火			火山( ) : 땅속에 있는 가스, 마그마 따위가 지각의 터진 틈을 통하여 지표로 나와 쌓여서 이루어진 산으로 사화산, 휴화산, 활화산으로 나뉨
83	花			花草( ) : 꽃이 피는 풀과 나무. 또는, 화분에 심어서 두고 보는 모든 식물들 開花( ) : ① 꽃이 핌. ② 사람의 지혜가 열리고 사상·풍속이 발달함 (열 開)
84	木			木工( ) : 나무를 다루어서 물건을 만들어 내는 일 草木( ) : 풀과 나무

85	林			密林( ) : 큰 나무들이 빽빽하게 들어선 깊은 숲 (빽빽할 密)
86	山			山中( ) : 산의 가운데, 또는 높은 산이 있거나 산이 많은 곳
87	石			礎石( ) : 기둥 밑에 기초로 받쳐놓은 돌 (주춧돌 礎)
88	金			金鑛( ) : 금을 캐내는 광산 (쇳돌 鑛)
89	日			日記( ) : 날마다 규칙적으로 하루의 일을 되돌아보며 그날 있었던 일이나 자기의 생각, 느낌 따위를 솔직하게 적는 글
90	月			滿月( ) : 둥근 달 (찰 滿) 月光( ) : 달빛. 달에서 비쳐 오는 빛
91	光			光大( ) : 크게 번성함 光明( ) : 밝고 환함. 또는 밝은 미래나 희망을 상징하는 밝고 환한 빛
92	色			色素( ) : 물체가 지닌 색의 본질 (본디 素)
93	角			角度( ) : 모퉁이의 크기 (법도 度)
94	牛			牛馬( ) : 소와 말 牛肉( ) : 쇠고기 (고기 肉)
95	馬			馬車( ) : 말이 끄는 수레
96	果			果樹園( ) : 과실나무를 심은 밭. 과실나무를 재배하여 과실을 거두는 것을 목적으로 하는 영업 (나무 樹, 동산 園)

97	氣			氣分( ) : 마음에 생기는 유쾌, 불쾌, 우울 따위의 주관적인 감정 상태
98	雨			雨雪( ) : 눈과 비를 아울러 이르는 말 (눈 雪)
99	氷			氷板( ) : 얼음이 깔린 길바닥 (널빤지 板)
100	汽			汽壓( ) : 증기기관에서 생긴 증기의 압력 (누를 壓)
101	鮮			生鮮( ) : 말리거나 절이지 않은, 물에서 잡아 낸 그대로의 물고기
102	魚			魚貝( ) : 물고기와 조개 (조개 貝)
103	漁			漁村( ) : 어민들이 모여 사는 바닷가 마을 (마을 村)
104	園			田園( ) : 논과 밭, 도시에서 떨어진 시골이나 교외. (밭 田)
105	音			短音( ) : 짧게 나는 소리 (짧을 短) 音聲( ) : 사람의 목소리나 말소리 (소리 聲)
106	庭			庭園( ) : 집 안에 있는 뜰이나 꽃밭 (언덕 園)
107	黃			黃金( ) : ① 누런빛의 금이라는 뜻으로, 금을 다른 금속과 구별하여 이르는 말 ② 돈이나 재물을 비유적으로 이르는 말
108	炭			炭鑛( ) : 석탄을 캐내는 광산 (쇳돌 鑛)

지식, 문명과 관련된 말

No.	한자	뜻	음	예시
109	文			文字( ) : 인간의 의사소통을 위한 시각적인 기호. 체계 (글자 字)
110	筆			筆順( ) : 글씨, 특히 한자를 쓸 때에 붓을 놀리는 순서 (따를 順)
111	學			學問( ) : 어떤 분야를 체계적으로 배워서 익힘. 또는 그런 지식 (물을 問)
112	字			字音( ) : 글자의 음 (소리 音) 漢字( ) : 중국어를 표기하는 문자 (한수 漢)
113	言			言行( ) : 말과 행동을 아울러 이르는 말 (다닐 行)
114	教			教養( ) : 가르쳐 기름. 학문, 지식을 바탕으로 이뤄지는 품위 (기를 養)
115	章			文章( ) : 생각과 감정을 말과 글로 표현할 때 완결된 내용을 나타내는 최소단위
116	畵			畵面( ) : 그림을 그린 면. 그림이나 영상이 나타나는 면 (얼굴 面)
117	朗			朗誦( ) : 크게 소리 내어 글을 읽거나 외는 것 (외울 誦)

No.	한자	뜻	음	예시
118	壇			壇上( ): 교단이나 강단의 위 단상 敎壇( ): 교실에서 교사가 강의할 때 올라서는 단. 교육계를 비유적으로 이르는 말
119	韓			韓流( ): 우리나라의 대중문화 요소가 외국에서 유행하는 현상 (흐를 流)
120	漢			漢江( ): 우리나라 중부를 흐르는 강. 태백산맥에서 시작하여 황해로 흘러듦

감정과 관련된 말

No.	한자	뜻	음	예시
121	心			心身( ): 마음과 몸을 아울러 이르는 말 (몸 身)
122	美			美德( ): 아름답고 갸륵한 덕행 (덕, 큰 德)
123	安			安定( ): 일이나 마음이 평안하게 정해짐 (정할 定)
124	愛			愛國( ): 자기 나라를 사랑함 愛情( ): 사랑하는 마음 (뜻 情)
125	幸			幸福( ): ① 복된 좋은 운수. ② 생활에서 충분한 만족과 기쁨을 느끼어 흐뭇함. 또는 그러한 상태

No.	한자	뜻	음	예시
126	福			幸福( ) : 복된 좋은 운수, 생활의 충분한 만족과 기쁨을 느끼어 흐뭇한 상태
127	神			神話( ) : 고대인의 생각이나 삶이 반영된 신성한 이야기. 혹은 획기적인 업적을 비유적으로 이르는 말 (이야기 話)
128	京			京畿( ) : 서울을 중심으로 한 가까운 주위의 땅 (경기 畿)
129	市			市場( ) : 도회지에서 날마다 서는 물건을 사고파는 곳 (마당 場)
130	邑			邑內( ) : 읍의 구역 안 邑民( ) : 읍내에 사는 사람
131	郡			郡守( ) : 군의 행정을 맡아보는 으뜸 직위에 있는 사람 (지킬 守)
132	洞			洞長( ) : 한 동네의 우두머리
133	都			都心( ) : 도시의 중심부. 都邑( ) : 한 나라의 중앙 정부가 있는 곳. 서울 (고을 邑)
134	寸			三寸( ) : 한 자의 10분의 3, 즉 세 치, 또는 아버지의 친형제 八寸( ) : 여덟 치, 또는 삼종 형제되는 촌수

No.	한자	뜻	음	예시
135	州			州郡(　　　) : 주와 군을 아울러 이르는 말 州俗(　　　) : 한 지방의 풍속 (풍속 俗)

나라, 국방과 관련된 말

No.	한자	뜻	음	예시
136	國			國家(　　　) : 일정한 영토와 거기에 사는 사람들로 구성되고, 주권에 의한 하나의 통치 조직을 가지고 있는 사회 집단
137	軍			國軍(　　　) : 나라의 군대 軍隊(　　　) : 일정한 조직과 편제를 가진 군인의 집단 (무리 隊)
138	王			王權(　　　) : 임금의 지닌 권력이나 권리 (권세 權)
139	民			民心(　　　) : 백성의 마음 民弊(　　　) : 사람들에게 끼치는 폐해 (해질 弊)
140	領			領土(　　　) : 국가의 통치권이 미치는 구역 要領(　　　) : 적당히 해 넘기는 잔꾀 (요긴할 要)
141	例			次例(　　　) : 순서 있게 구분하여 벌여 나가는 관계. 또는 그 구분에 따라 각각에게 돌아오는 기회 (이을 次)
142	英			英語(　　　) : 미국, 영국, 캐나다 등을 비롯하여 세계 여러 나라에서 사용히는 국제어 구실을 하는 언어 (말씀 語)

일상생활과 관련된 명사

No.	한자	뜻	음	예시
143	衣			衣服(　　　) : 몸을 가리거나 보호하기 위해 천으로 만들어 입는 물건 (옷 服) 衣食住(　　　) : 옷과 음식과 집을 통틀어 이르는 말 (먹을 食, 살 住)
144	食			食口(　　　) : 한 집안에서 같이 살면서 끼니를 함께 먹는 사람
145	事			事後(　　　) : 일이 끝난 뒤나 일을 끝낸 뒤
146	世			世上(　　　) : 사람이 살고 있는 모든 사회를 통틀어 이르는 말
147	車			車馬費(　　　) : 교통수단을 타고 다니는 데 드는 비용을 비유적으로 이르는 말 (수레 車, 말 馬, 쓸 費)
148	門			窓門(　　　) : 공기나 빛이 들어올 수 있도록 벽에 만든 작은 문 (창문 窓) 大門(　　　) : 큰 문. 주로 한 집의 주가 되는 출입문을 말함
149	工			工事(　　　) : 공장이나 토목 등 건축에 관한 일
150	件			條件(　　　) : 어떤 일을 이루게 하거나 이루지 못하게 하려고 갖춰야 할 상태나 요소 (~가지 條)

No.	한자	뜻	음	예시
151	橋			橋脚( ) : 다리의 몸체를 받치는 기둥 (다리 脚)
152	具			道具( ) : 일을 할 때 쓰는 연장. 어떤 목적을 이루기 위한 수단이나 방법

자주 쓰는 형용사, 동사

No.	한자	뜻	음	예시
153	不			不足( ) : 필요한 양이나 한계에 미치지 못하고 모자람 (발 足)
154	正			正直( ) : 거짓이나 꾸밈 없이 성품이 바르고 곧음 (곧을 直)
155	同			同伴( ) : 데리고 함께 다님. (짝 伴) 同業( ) : 같은 종류의 직업이나 영업
156	新規			新規( ) : 새로운 규칙이나 규정 (법 規)
157	健			健康( ) : 정신적으로나 육체적으로 아무 탈이 없고 튼튼함 (편안할 康)
158	料			無料( ) : 요금이 없음 料金( ) : 남의 힘을 빌리거나 사물을 사용, 소비, 관람한 대가로 치르는 돈
159	團			團結( ) : 많은 사람이 한데 뭉침
160	査			査案( ) : 사건의 사실을 조사하여 적은 문서

No.	한자	뜻	음	예시
161	調			調査(　　　) : 사물의 내용을 명확히 알기 위해 자세히 살펴봄
162	省			歸省(　　　) : 부모를 뵙기 위하여 객지에서 고향으로 돌아가거나 돌아옴

그 밖의 글자들 모음

No.	한자	뜻	음	예시
163	案			案件(　　　) : 토의하거나 조사해야 할 사실 (물건 件) 案內(　　　) : 어떤 내용을 소개하여 알려 줌
164	操			操心(　　　) : 잘못이나 실수가 없도록 말이나 행동에 마음을 씀 操身(　　　) : 몸가짐을 조심함
165	參			參加(　　　) : 모임이나 단체 또는 일에 관계하여 들어감
166	板			板石(　　　) : 널돌. 널판같이 뜬 돌. 달걀 한 板(판)처럼 단위를 세는 명사로 쓰이기도 함
167	便			簡便(　　　) : 간단하고 편리함 (대쪽 簡, 편할 便) 便利(　　　) : 편하고 이로우며 이용하기 쉬움 (편할 便, 날카로울, 이로울 利)

묘수국어
중학생을 위한 필수 한자 암기

발행일 2026년 1월 30일

지은이 김민정
디자인 우주상자

펴낸곳 노르웨이숲에듀
출판등록 제 2024-000016호
등록일자 2024년 1월 23일
주소 04051 서울 마포구 신촌로 2길 19, 302호
이메일 norway12345@naver.com
ISBN 979-11-986546-3-2 53710

묘수
국어

한자 쓰기 노트
& 정답

묘수 국어

한자 쓰기 노트 & 정답

可	可				家	家		
훈 옳을 음 가	一丁丌可可				훈 집 음 가	丶宀宀宁宁宇宇家家		

歌	歌				加	加		
훈 노래 부를 음 가	一一一一可可哥哥哥歌歌歌				훈 더할 음 가	丁力力加加		

價	價				各	各		
훈 값 음 가	亻亻价价價價價價價價價				훈 각각 음 각	丿夂夂各各各		

間	間				感	感		
훈 사이 음 간	丨丨丨丬門門門間間間間				훈 느낄 음 감	一厂厂厂厉咸咸咸咸感感感		

强	强				開	開		
훈 굳셀 음 강	弓弓弓弓弓弓弓强强强				훈 열(open) 음 개	丨丨丨丬門門門門門開		

改	改				客	客		
훈 고칠 음 개	丁丁己己改改改				훈 손님 음 객	丶宀宀宀宇客客客		

去	去				擧	擧		
훈 갈 음 거	一十土去去				훈 들 음 거	丶丷⺯⺯⺯⺯鼡鼡鼡鼡鼡鼡鼡鼡擧		

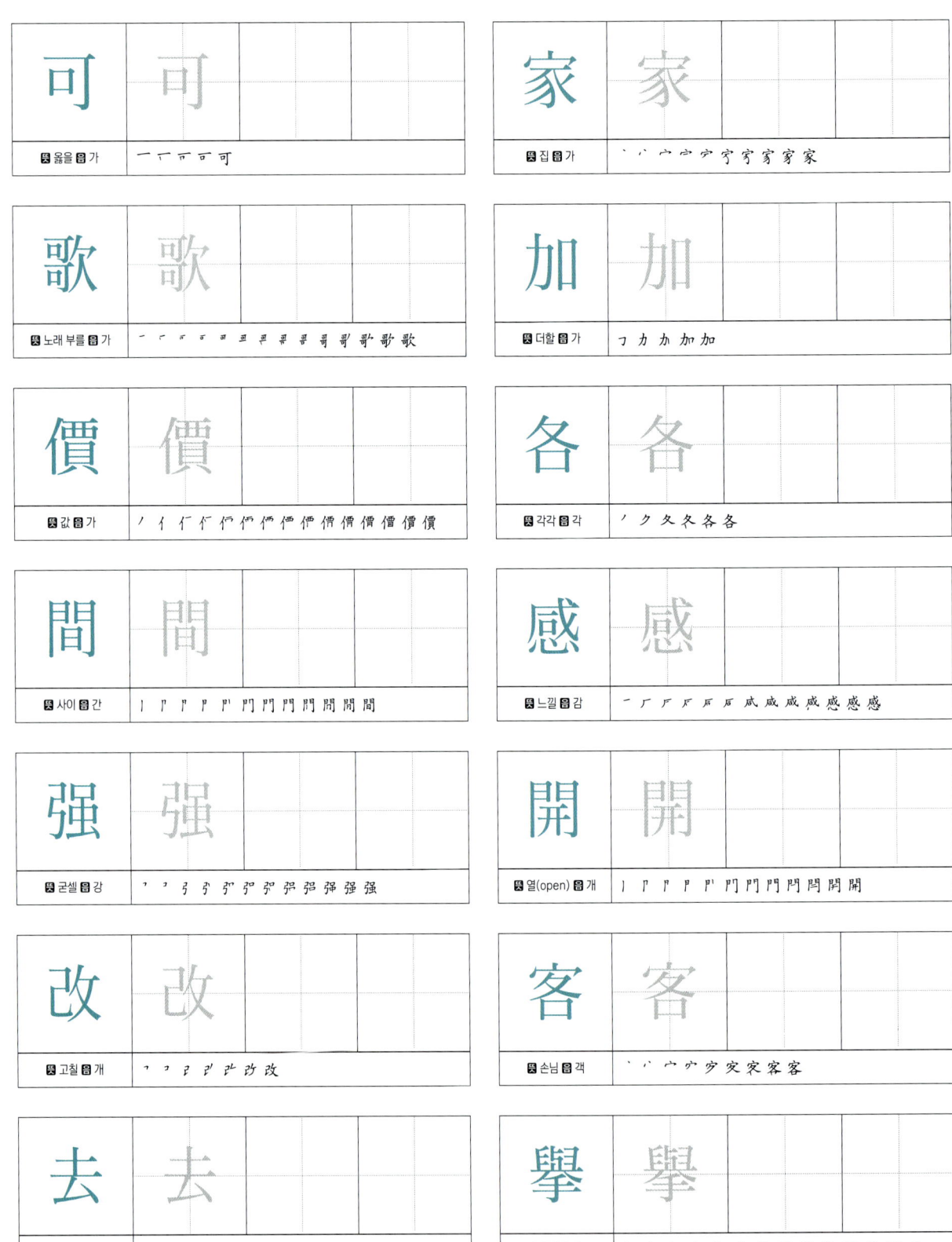

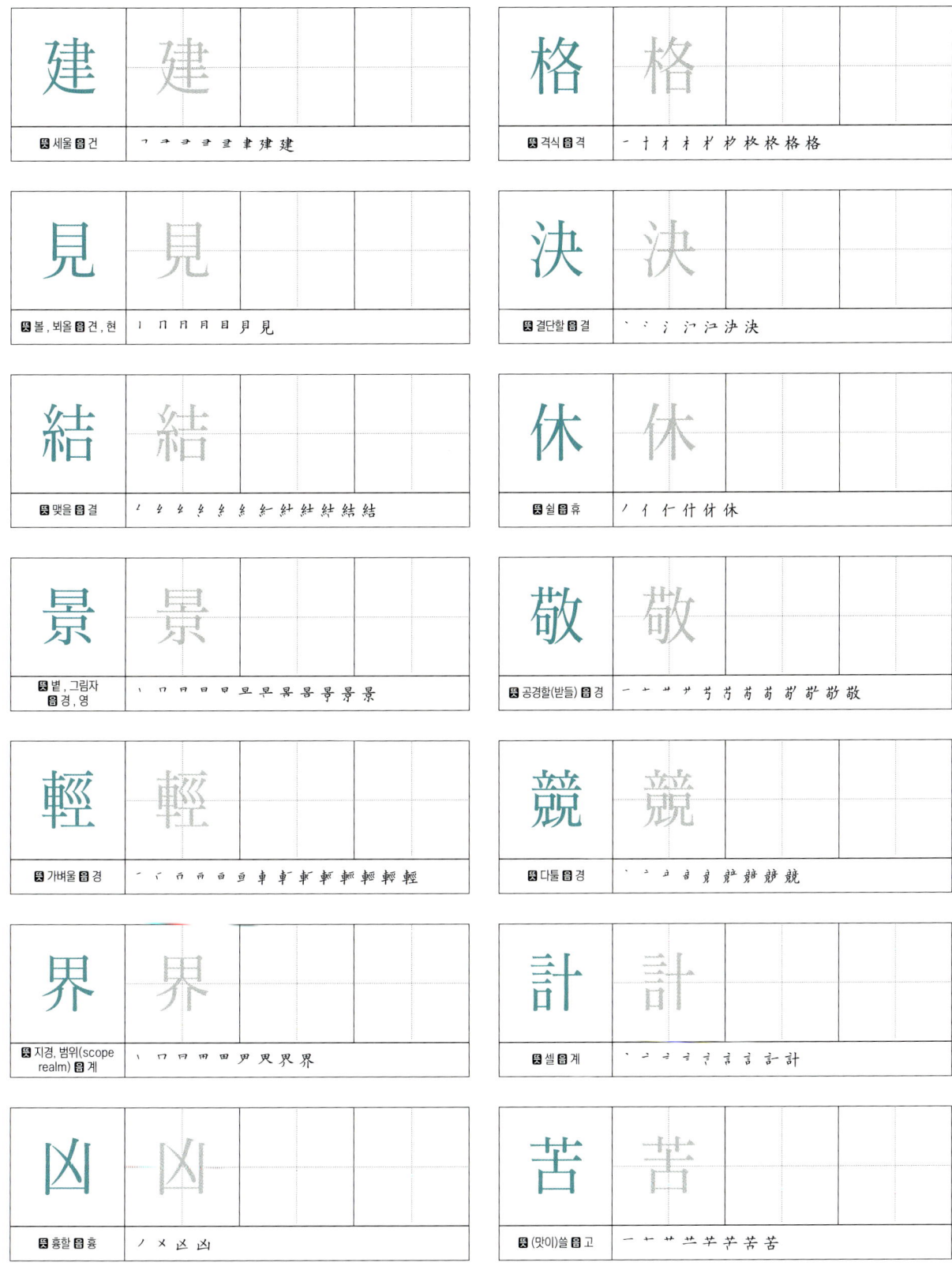

建	建				格	格			
뜻 세울 음 건	ㄱ ㄱ ㅋ ㅋ ㅋ 聿 建 建				뜻 격식 음 격	一 十 才 木 木 朴 杪 枚 格 格			

見	見				決	決			
뜻 볼, 뵈올 음 견, 현	丨 冂 冂 目 目 見				뜻 결단할 음 결	丶 氵 氵 沪 江 決 決			

結	結				休	休			
뜻 맺을 음 결	丿 幺 幺 幺 糸 糸 紅 紅 結 結 結				뜻 쉴 음 휴	丿 亻 亻 什 休 休			

景	景				敬	敬			
뜻 볕, 그림자 음 경, 영	丶 冂 冂 日 日 早 吊 昙 景 景 景				뜻 공경할(받들) 음 경	一 十 卄 艹 芍 芍 苟 苟 苟 敬 敬 敬			

輕	輕				競	競			
뜻 가벼울 음 경	丶 ㄷ 亩 亩 向 車 車 軒 輕 輕 輕 輕				뜻 다툴 음 경	丶 ㅗ 므 音 竟 竞 競 競			

界	界				計	計			
뜻 지경, 범위(scope realm) 음 계	丶 冂 冂 田 田 思 思 界 界				뜻 셀 음 계	丶 ㄴ 土 彐 言 言 言 計 計			

凶	凶				苦	苦			
뜻 흉할 음 흉	丿 乂 区 凶				뜻 (맛이)쓸 음 고	一 十 卄 苎 苦 苦 苦 苦			

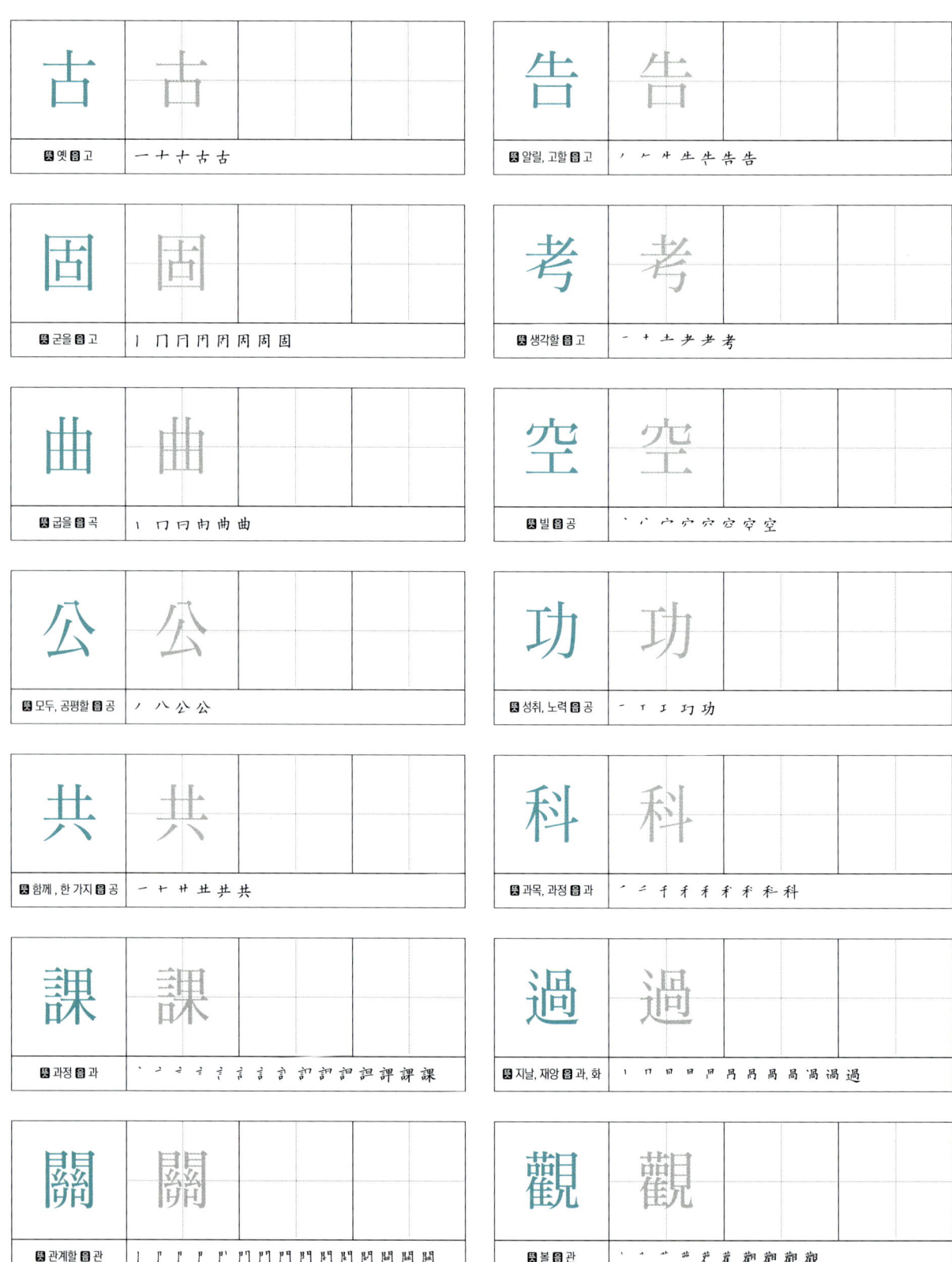

古	古			
훈 옛 음 고	一 十 古 古 古			

告	告			
훈 알릴, 고할 음 고	ノ ヒ 生 生 告 告 告			

固	固			
훈 굳을 음 고	｜ 冂 月 門 同 固 固 固			

考	考			
훈 생각할 음 고	一 十 土 耂 耂 考			

曲	曲			
훈 굽을 음 곡	｜ 冂 日 由 曲 曲			

空	空			
훈 빌 음 공	` ⺍ 宀 穴 穴 空 空 空			

公	公			
훈 모두, 공평할 음 공	ノ 八 公 公			

功	功			
훈 성취, 노력 음 공	一 T 工 功 功			

共	共			
훈 함께, 한 가지 음 공	一 十 廿 艹 共 共			

科	科			
훈 과목, 과정 음 과	一 二 千 禾 禾 禾 科 科			

課	課			
훈 과정 음 과	` ㇒ 言 言 言 言 言 詡 評 課 課 課			

過	過			
훈 지날, 재앙 음 과, 화	｜ 冂 口 日 甲 咼 咼 咼 渦 渦 過			

關	關			
훈 관계할 음 관	｜ ｜ ｜ ｜ 門 門 門 門 門 門 關 關 關 關			

觀	觀			
훈 볼 음 관	` ` 十 艹 芦 雚 雚 觀 觀 觀 觀			

廣	廣		
뜻 넓을 음 광	` 亠 广 广 庀 庐 庐 庐 庐 庐 廣 廣 廣 廣 廣		

校	校		
뜻 학교 음 교	一 十 才 木 木 杧 杧 杧 杧 校		

黑	黑		
뜻 검을 음 흑	丨 冂 冂 冂 冂 甲 甲 里 里 黑 黑 黑		

交	交		
뜻 사귈 음 교	` 亠 六 六 交 交		

球	球		
뜻 공 음 구	一 二 干 王 王 玎 玎 球 球 球 球		

區	區		
뜻 구분할 음 구	一 丅 丆 丆 戸 戸 戸 戸 品 品 區		

救	救		
뜻 건질, 구할 음 구	一 十 寸 才 求 求 求 求 求 救 救		

舊	舊		
뜻 옛 음 구	丶 亠 艹 艹 萑 萑 舊 舊		

局	局		
뜻 판 음 국	乛 コ 尸 月 局 局 局		

貴	貴		
뜻 귀할 음 귀	丶 口 口 中 中 中 冑 冑 冑 貴 貴 貴		

規	規		
뜻 법 음 규	一 二 扌 夫 扌 扣 扣 扣 扣 規 規		

根	根		
뜻 뿌리 음 근	一 十 才 木 朩 朾 朾 根 根 根		

近	近		
뜻 가까울 음 근	´ 丆 斤 斤 䜣 䜣 近		

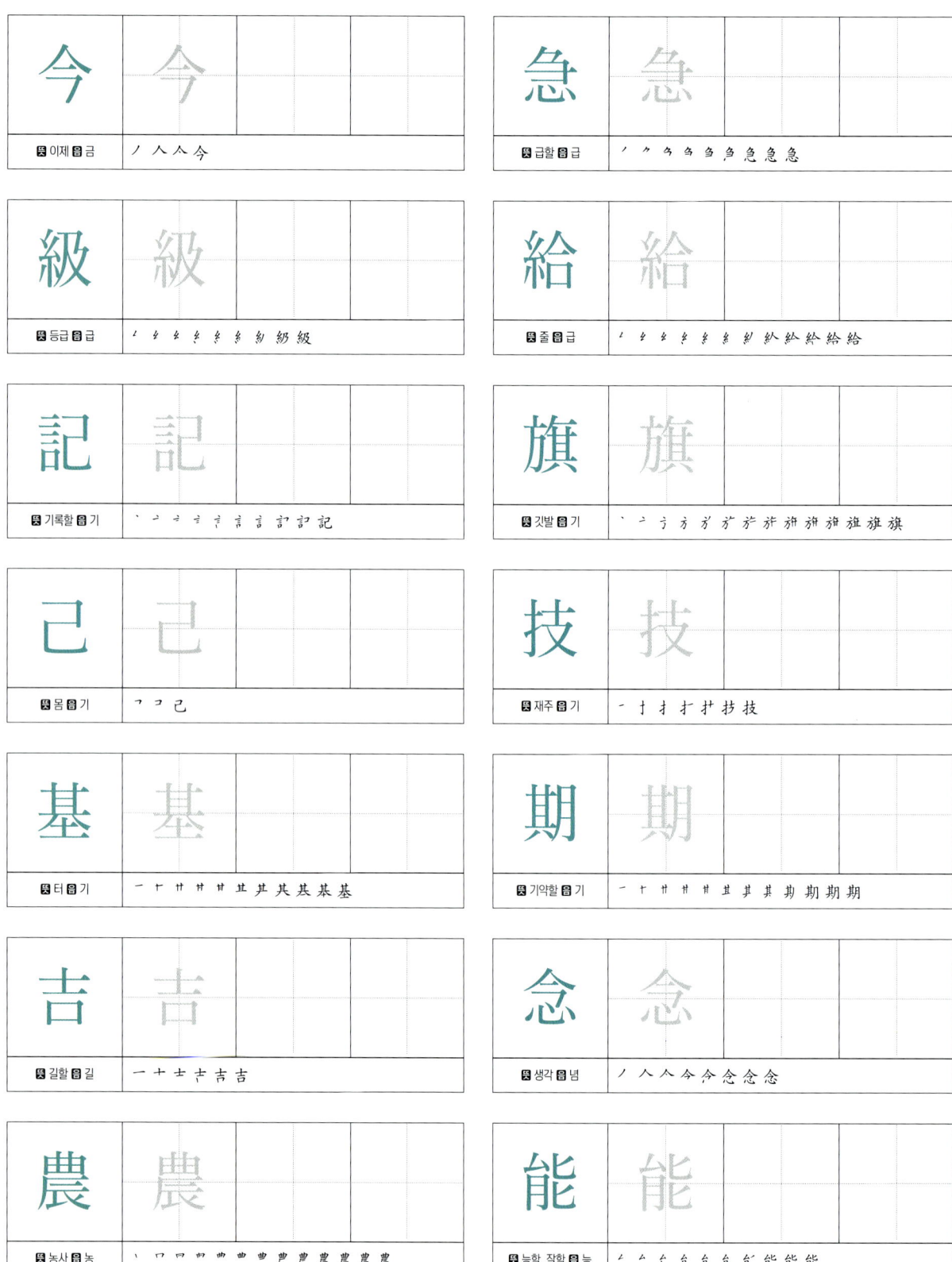

今	今			
훈 이제 음 금	ノ人人今			

急	急			
훈 급할 음 급	ノクタタタ急急急			

級	級			
훈 등급 음 급	� 幺幺幺 約 級級			

給	給			
훈 줄 음 급	幺幺幺幺 約 給給給給			

記	記			
훈 기록할 음 기	言言言 記記			

旗	旗			
훈 깃발 음 기	方方旗旗旗旗			

己	己			
훈 몸 음 기	フコ己			

技	技			
훈 재주 음 기	一十才才扩技技			

基	基			
훈 터 음 기	一十廿廿甘甘其其其基基			

期	期			
훈 기약할 음 기	一十廿廿甘甘其期期期期			

吉	吉			
훈 길할 음 길	一十士吉吉吉			

念	念			
훈 생각 음 념	ノ人人今今念念念			

農	農			
훈 농사 음 농	丶口曲曲曲曲農農農農			

能	能			
훈 능할, 잘할 음 능	ム台台台能能能			

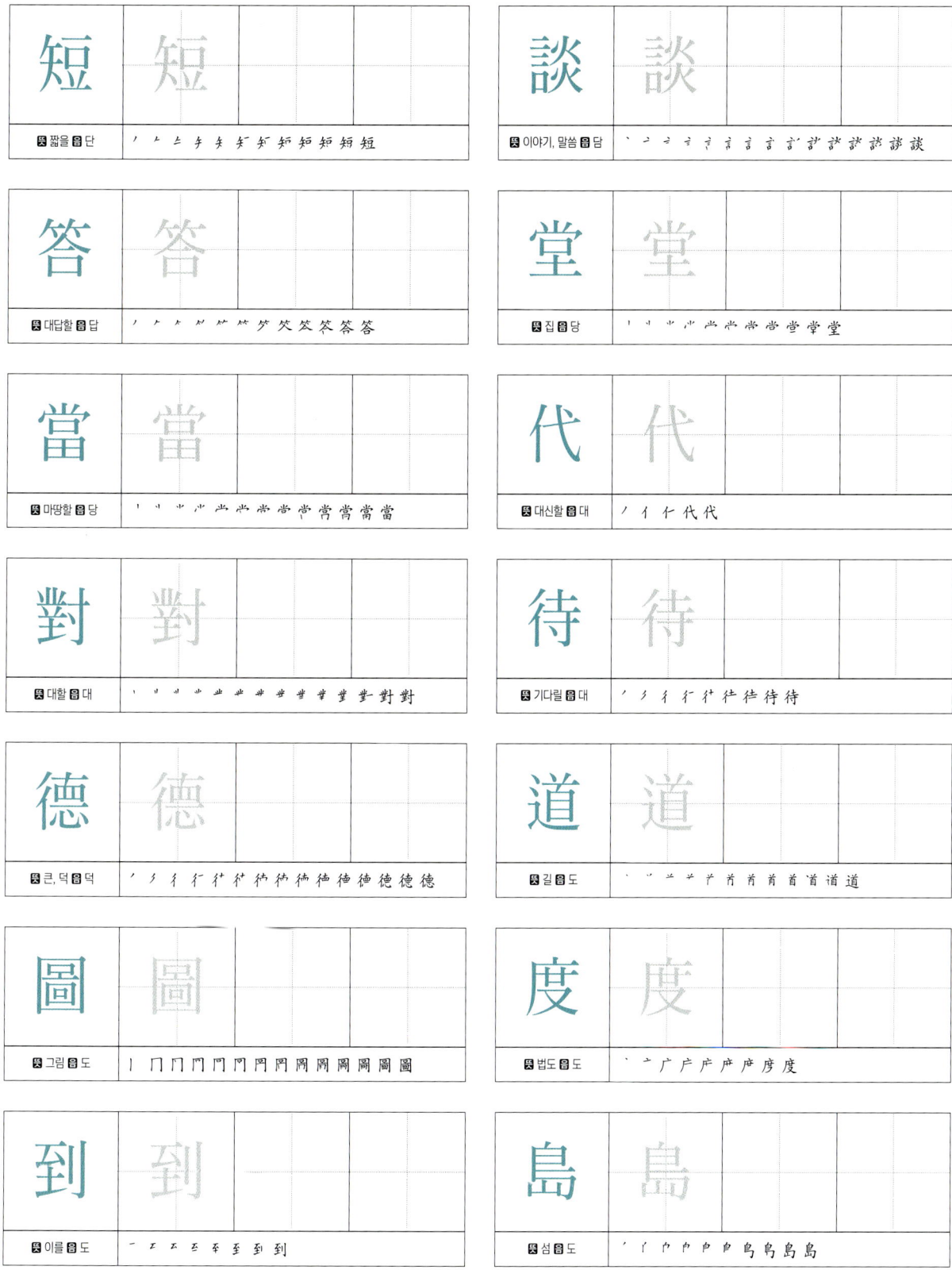

短 短
訓 짧을 音 단　丿 ㇑ ㇗ 钅 矢 知 知 知 短 短 短

談 談
訓 이야기, 말씀 音 담　丶 一 ㇆ ㇆ ㇆ 言 言 言 訂 談 談 談 談 談

答 答
訓 대답할 音 답　丿 ㇒ ㇒ ㇒ 竹 竺 夂 夳 灻 答 答

堂 堂
訓 집 音 당　丨 丨 ㇒ ㇒ ㅛ 尚 尚 常 堂 堂 堂

當 當
訓 마땅할 音 당　丨 丨 ㇒ ㇒ ㅛ 尚 尚 常 堂 當 當 當

代 代
訓 대신할 音 대　丿 ㇒ 亻 代 代

對 對
訓 대할 音 대　丶 丨 丨 业 业 业 业 丵 丵 丵 丵 業 對 對

待 待
訓 기다릴 音 대　丶 ㇒ 亻 彳 彳 待 待 待 待

德 德
訓 큰, 덕 音 덕　丶 ㇒ 亻 彳 彳 德 德 德 德 德 德 德 德

道 道
訓 길 音 도　丶 丷 丷 丷 产 首 首 首 首 道 道 道

圖 圖
訓 그림 音 도　丨 ㄇ ㄇ ㄇ 円 冎 冎 冎 圖 圖 圖 圖 圖 圖

度 度
訓 법도 音 도　丶 一 广 户 产 声 度 度 度

到 到
訓 이를 音 도　一 工 工 至 至 至 到 到

島 島
訓 섬 音 도　丿 亻 ㇆ 卢 卢 卢 鸟 島 島 島

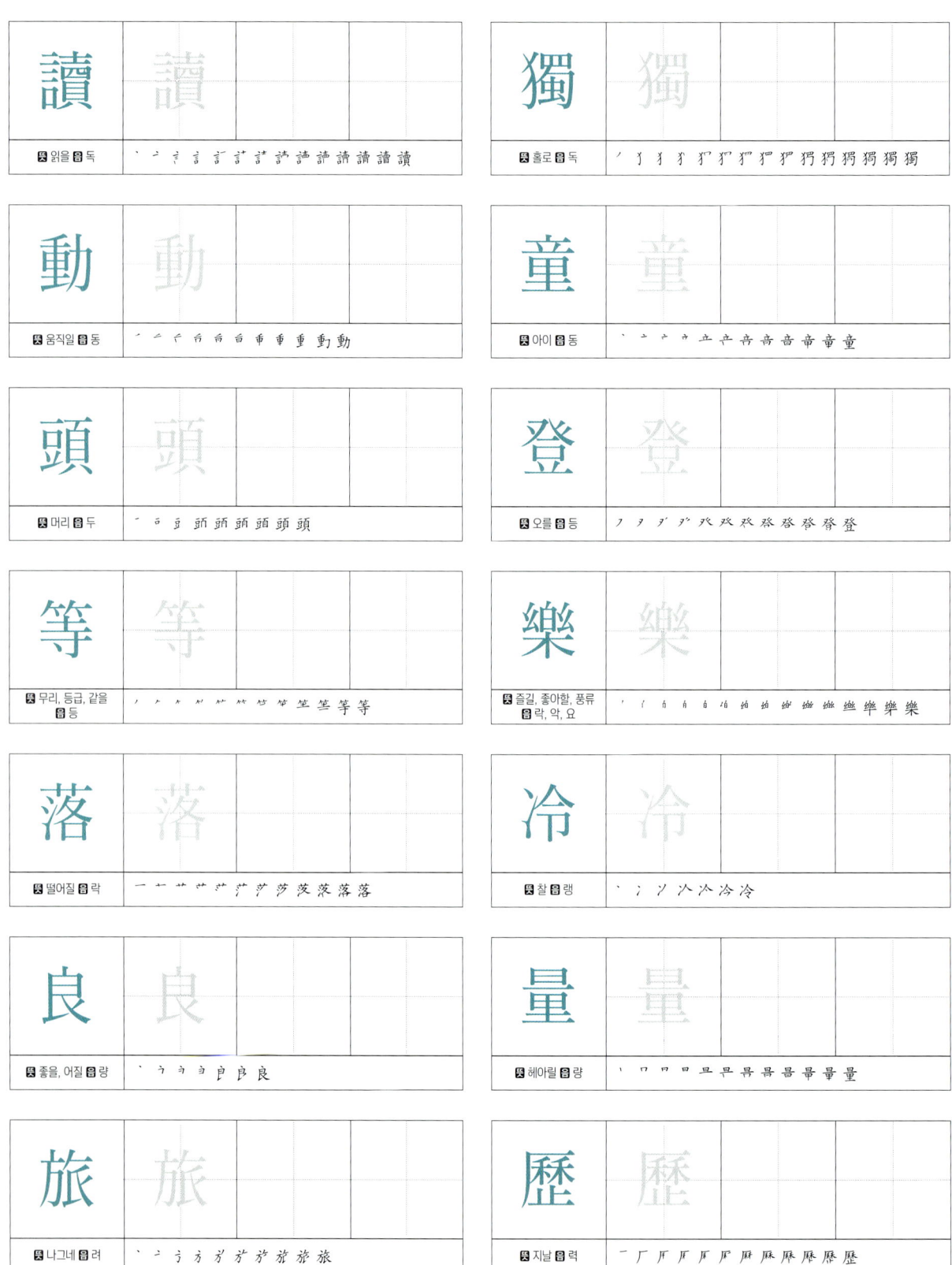

讀	讀			
訓 읽을 音 독	` ﹑ ﹢ 讠 言 訁 訁 訮 訶 諿 諿 讀 讀 讀 讀			

獨	獨			
訓 홀로 音 독	﹋ ﹑ 犭 犭 犭 犭 犭 獨 獨 獨 獨 獨 獨			

動	動			
訓 움직일 音 동	` ﹏ ﹢ 斤 斤 盲 重 重 重 動 動			

童	童			
訓 아이 音 동	` ﹏ ﹢ ﹢ 立 产 产 童 帝 童 童			

頭	頭			
訓 머리 音 두	﹑ 戸 豆 頭 頭 頭 頭 頭 頭			

登	登			
訓 오를 音 등	﹋ ﹋ 癶 癶 癶 癶 癶 登 登 登 登 登			

等	等			
訓 무리, 등급, 같을 音 등	﹍ ﹍ ﹍ ﹍ 竹 竹 竺 笁 笁 笁 等 等			

樂	樂			
訓 즐길, 좋아할, 풍류 音 락, 악, 요	﹑ ﹑ 白 白 白 扣 扣 蚰 蚰 蛐 蛐 樂 樂 樂			

落	落			
訓 떨어질 音 락	﹣ ﹢ 艹 艹 艹 艾 艾 茨 茨 落 落 落			

冷	冷			
訓 찰 音 랭	﹑ ﹑ ﹀ ﹀ 冷 冷 冷			

良	良			
訓 좋을, 어질 音 량	﹑ ﹀ 彐 彐 皀 良 良			

量	量			
訓 헤아릴 音 량	﹑ 口 口 旦 旦 昌 昌 昌 昌 量 量 量			

旅	旅			
訓 나그네 音 려	﹑ ﹏ ﹢ 方 方 扩 扩 旅 旅 旅			

歷	歷			
訓 지날 音 력	﹣ 厂 厤 厤 厤 厤 厤 厤 厤 歷 歷 歷			

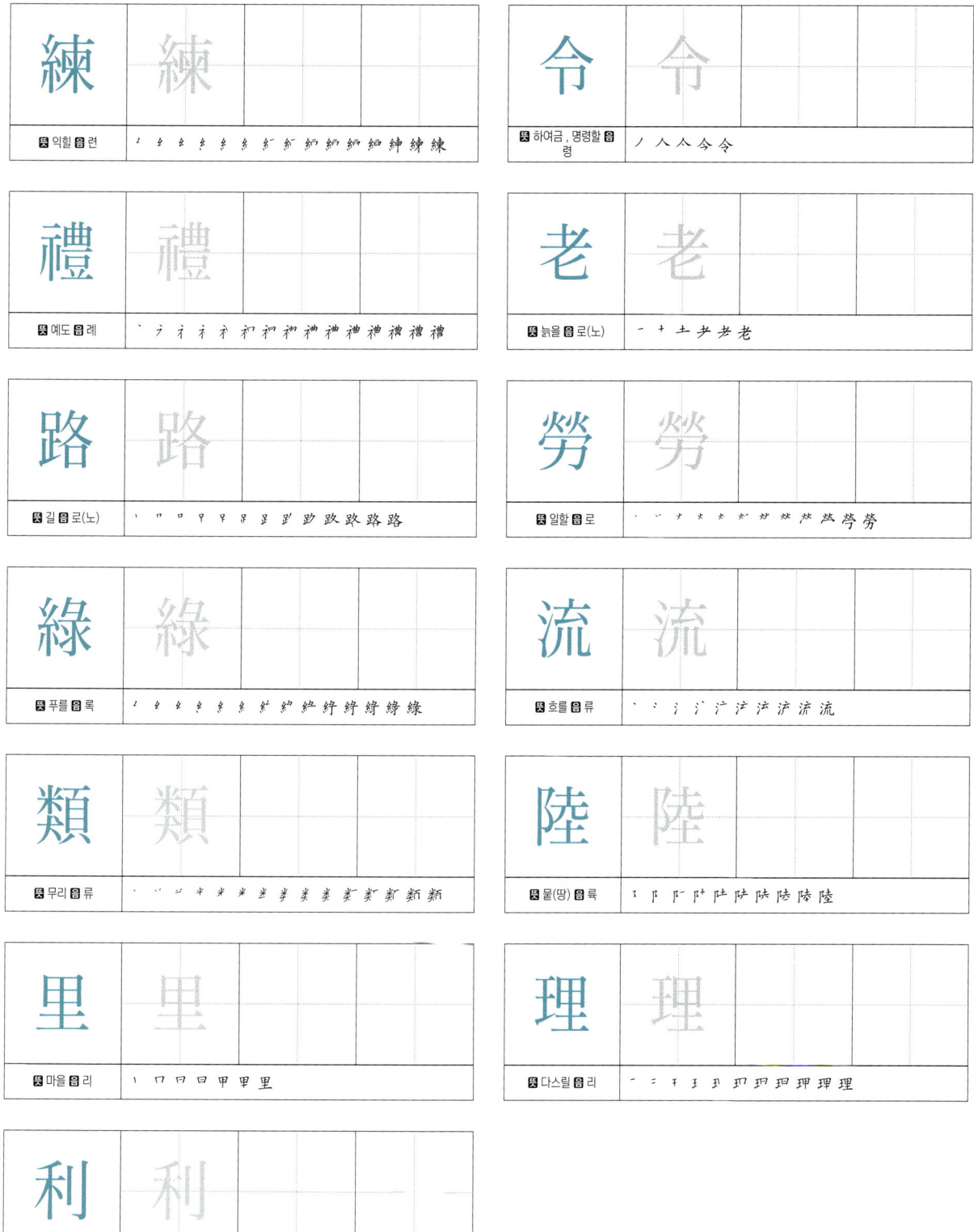

練	練			
훈 익힐 음 련	' 4 4 纟 糸 糸 紀 紒 紳 紳 紳 練 練			

令	令			
훈 하여금, 명령할 음 령	ノ 人 ᄉ 今 令			

禮	禮			
훈 예도 음 례	` ラ 示 礻 礻 和 和 神 神 禮 禮 禮 禮			

老	老			
훈 늙을 음 로(노)	一 十 土 尹 耂 老			

路	路			
훈 길 음 로(노)	' 口 口 吊 写 足 趵 趵 玖 路 路			

勞	勞			
훈 일할 음 로	` ` ` ` 炒 炒 燃 燃 勞 勞			

綠	綠			
훈 푸를 음 록	' 4 4 纟 糸 糸 糸 紵 紵 綺 綠 綠			

流	流			
훈 흐를 음 류	` 冫 氵 沪 浐 浐 浐 流 流			

類	類			
훈 무리 음 류	` ` ` 半 米 米 米 粁 類 類 類 類			

陸	陸			
훈 뭍(땅) 음 륙	' 阝 阝 阡 阡 陟 陸 陸 陸			

里	里			
훈 마을 음 리	' 口 口 日 甲 里 里			

理	理			
훈 다스릴 음 리	' 二 F 王 珇 玾 珄 理 理 理			

利	利			
훈 이로울 음 리	' 二 千 禾 禾 利 利			

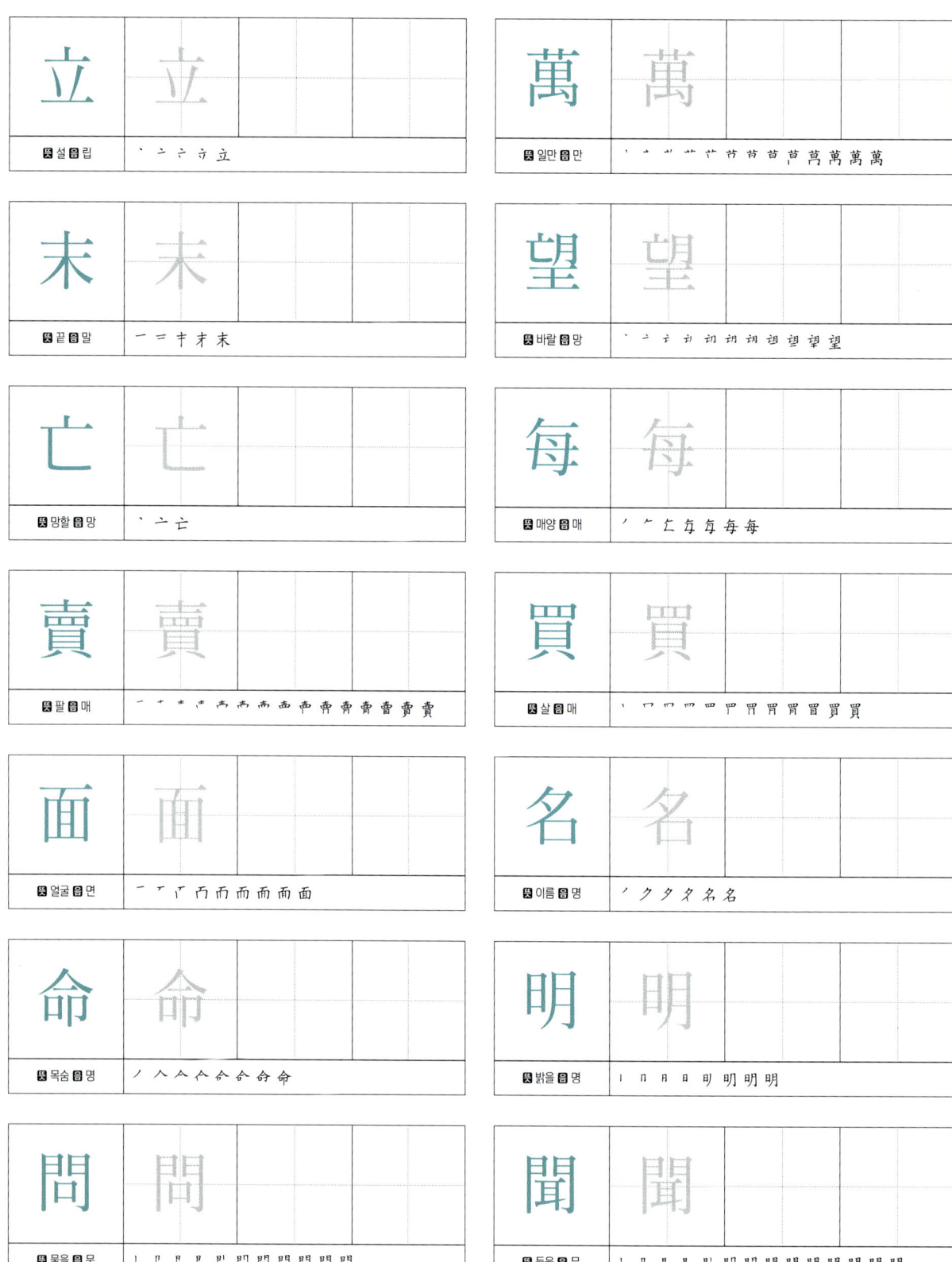

立 立
뜻 설 음 립 `丶 二 ナ 立`

萬 萬
뜻 일만 음 만 `丶 ャ ゥ 节 苎 苎 苢 萬 萬 萬 萬`

末 末
뜻 끝 음 말 `一 二 キ 才 末`

望 望
뜻 바랄 음 망 `丶 ᅩ ᅩ 亡 刧 汩 邜 望 望 望`

亡 亡
뜻 망할 음 망 `丶 ᅩ 亡`

每 每
뜻 매양 음 매 `ノ ᅩ 亡 与 每 每 每`

賣 賣
뜻 팔 음 매 `一 十 丰 韦 南 声 壶 声 曺 声 壺 賣 賣`

買 買
뜻 살 음 매 `丶 ᅩ 罒 罒 四 門 買 買 買 買 買 買`

面 面
뜻 얼굴 음 면 `一 ᄀ ᅮ 丙 而 而 而 面`

名 名
뜻 이름 음 명 `ノ ク タ タ 名 名`

命 命
뜻 목숨 음 명 `ノ 入 人 合 合 命 命 命`

明 明
뜻 밝을 음 명 `l ॥ ㅐ ㅐ 町 明 明 明`

問 問
뜻 물을 음 문 `l l l 門 門 門 門 問 問 問`

聞 聞
뜻 들을 음 문 `l l l 門 門 門 門 門 問 問 聞 聞 聞`

物　物　　　　　　　　米　米
訓만물 音물　　′ ⌐ ㅑ 牜 牜 物 物 物　　訓쌀 音미　　′ ˝ ⌐ 半 米 米

反　反　　　　　　　　半　半
訓돌이킬 音반　　′ 厂 反 反　　訓절반 音반　　′ ˝ ᆞ ᅳ 半

班　班　　　　　　　　發　發
訓나눌 音반　　′ ⌐ ⇈ ∓ ∓ 玗 玕 珏 班 班　　訓필 音발　　᛫ ᛮ ᛯ ᛰ ᚺ ᚺ ᚻ ᚼ ᚽ ᚾ ᚿ 發

白　白　　　　　　　　放　放
訓흰 音백　　′ ′ 白 白 白　　訓놓을 音방　　′ ᆞ ᅳ 方 放 放 放

別　別　　　　　　　　法　法
訓나눌 音별　　′ ⌐ ⌐ ᄆ 另 別 別　　訓법 音법　　′ ˝ ⻊ ⻌ 汁 法 法 法

變　變　　　　　　　　病　病
訓변할 音변　　′ ᛫ ᛗ ᛢ ᛣ 絲 絲 絲 絲 變 變　　訓병 音병　　′ ⌐ 广 广 广 疒 疒 病 病 病

兵　兵　　　　　　　　服　服
訓병사 音병　　′ ′ ⌐ ⌐ ⌐ 丘 丘 兵　　訓옷 音복　　⌐ ⌐ ⌐ ⌐ ⌐ 服 服 服

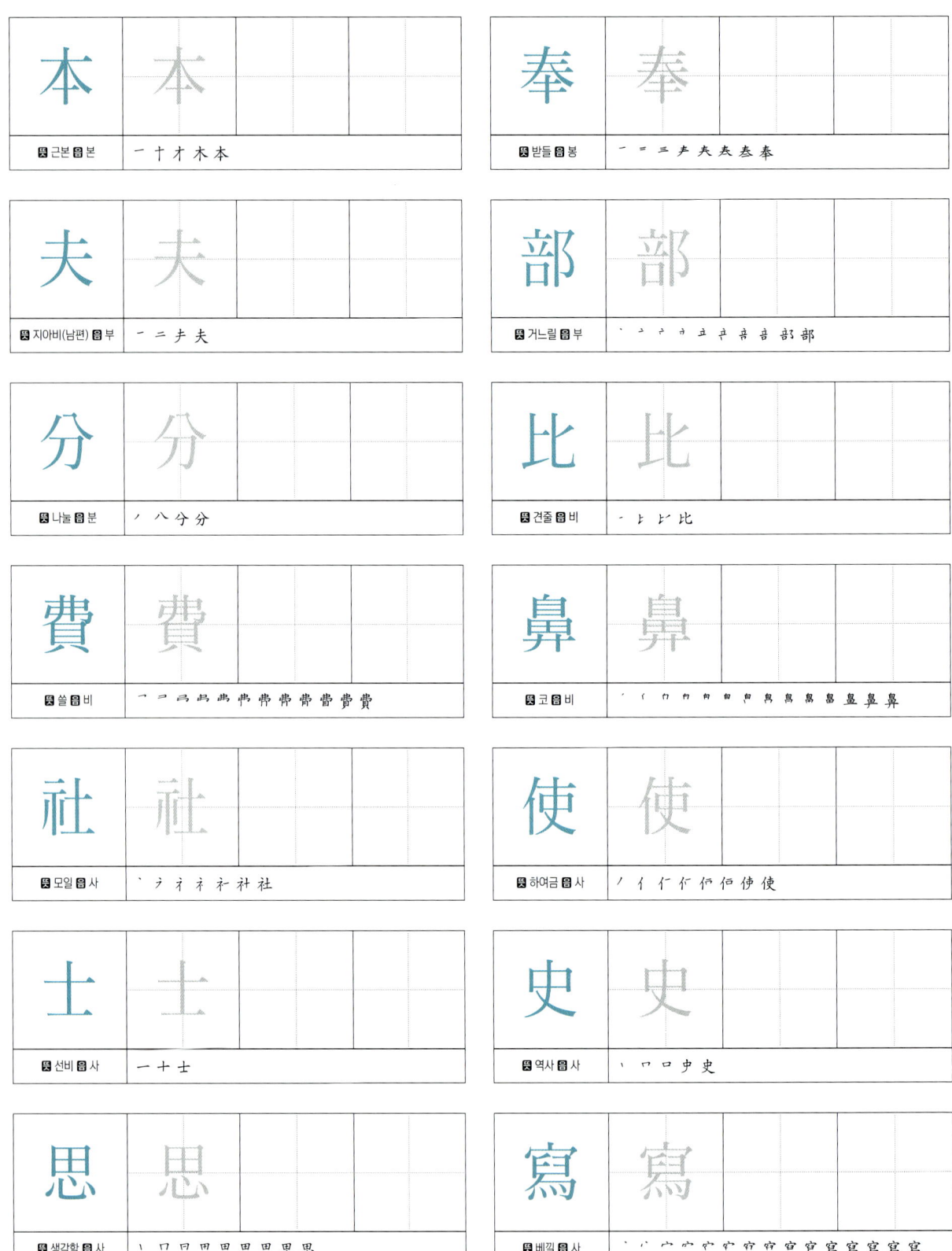

本	本		

뜻 근본 음 본　一 十 才 木 本

奉	奉		

뜻 받들 음 봉　一 二 三 弐 夫 夫 夆 奉

夫	夫		

뜻 지아비(남편) 음 부　一 二 夫 夫

部	部		

뜻 거느릴 음 부　丶 二 立 立 咅 咅 咅 部 部

分	分		

뜻 나눌 음 분　丿 八 分 分

比	比		

뜻 견줄 음 비　一 上 比 比

費	費		

뜻 쓸 음 비　一 二 弓 弗 弗 弗 弗 弗 費 費 費 費

鼻	鼻		

뜻 코 음 비　丶 丿 白 白 白 白 鼻 鼻 鼻 鼻 鼻 鼻 鼻 鼻

社	社		

뜻 모일 음 사　丶 ラ 才 衤 礻 社 社

使	使		

뜻 하여금 음 사　丿 亻 亻 亻 亻 伊 伊 使

士	士		

뜻 선비 음 사　一 十 士

史	史		

뜻 역사 음 사　丶 口 口 史 史

思	思		

뜻 생각할 음 사　丶 口 口 田 田 田 思 思 思

寫	寫		

뜻 베낄 음 사　丶 丶 宀 宀 宀 宀 穷 穷 穷 寫 寫 寫 寫 寫

算 | 算 | |
훈 셈 음 산 ’ ′ ′′ ′′′ ⺮ ⺮ ⺮ ⺮ ⺮ ⺮ 筲 筲 算 算 算

産 | 産 | |
훈 낳을 음 산 ’ ⺊ ⺊ ⺊ ⺊ 产 产 产 产 産 産

相 | 相 | |
훈 서로 음 상 一 十 才 木 朷 相 相 相 相

商 | 商 | |
훈 장사 음 상 ’ ⺊ ⺊ ⺊ 广 产 产 商 商 商 商

賞 | 賞 | |
훈 상줄 음 상 ’ ′ ′′ ′′′ ′′′′ 学 学 学 常 常 常 賞 賞 賞

書 | 書 | |
훈 글 음 서 ⺄ ⺈ ⺈ 聿 聿 聿 書 書 書 書

序 | 序 | |
훈 차례 음 서 ’ ⺈ 广 户 序 序 序

席 | 席 | |
훈 자리 음 석 ’ ⺈ 广 户 户 户 庐 庐 席 席

先 | 先 | |
훈 먼저 음 선 ’ ⺈ ⺊ 生 先 先

線 | 線 | |
훈 줄, 실 음 선 ’ ⺥ ⺥ ⺥ ⺥ 糸 糸 紺 紳 紳 綽 綽 線 線 線

仙 | 仙 | |
훈 신선 음 선 ’ イ 亻 仙 仙

船 | 船 | |
훈 배 음 선 ’ ⺀ 月 月 月 舟 舟 舟 船 船 船

善 | 善 | |
훈 착할 음 선 ’ ′ ′′ ⺌ ⺌ 羊 羊 羊 羊 盖 善 善 善

選	選		
뜻가릴 음선	`丶` `丷` `卩` `己` `巳` `足` `足` `巽` `巽` `巽` `巽` `選` `選` `選`		

雪	雪		
뜻눈 음설	`一` `宀` `雨` `雨` `雨` `雪` `雪` `雪` `雪` `雪`		

說	說		
뜻말씀, 달랠, 기쁠 음설, 세, 열	`丶` `宀` `言` `言` `言` `言` `訁` `訁` `訡` `訡` `說` `說`		

姓	姓		
뜻성씨 음성	`乚` `夊` `女` `女` `女` `奸` `姓` `姓`		

成	成		
뜻이룰 음성	`一` `厂` `厅` `成` `成` `成`		

性	性		
뜻성품 음성	`丶` `丷` `忄` `忄` `忄` `忄` `性` `性`		

洗	洗		
뜻씻을 음세	`丶` `冫` `氵` `汁` `汁` `洮` `洗` `洗` `洗`		

小	小		
뜻(크기가) 작을 음소	`亅` `小` `小`		

少	少		
뜻(양, 수가) 적을 음소	`亅` `亅` `小` `少`		

所	所		
뜻~곳, ~하는 바 음소	`丶` `丿` `厈` `戶` `戶` `所` `所` `所`		

消	消		
뜻사라질 음소	`丶` `冫` `氵` `汁` `浐` `沪` `消` `消` `消`		

速	速		
뜻빠를 음속	`一` `冖` `冂` `日` `束` `束` `束` `涑` `速`		

束	束		
뜻묶을, 약속할 음속	`一` `冖` `冂` `日` `束` `束` `束`		

孫	孫		
뜻손자 음손	`丁` `了` `孑` `孑` `孫` `孫` `孫` `孫` `孫` `孫`		

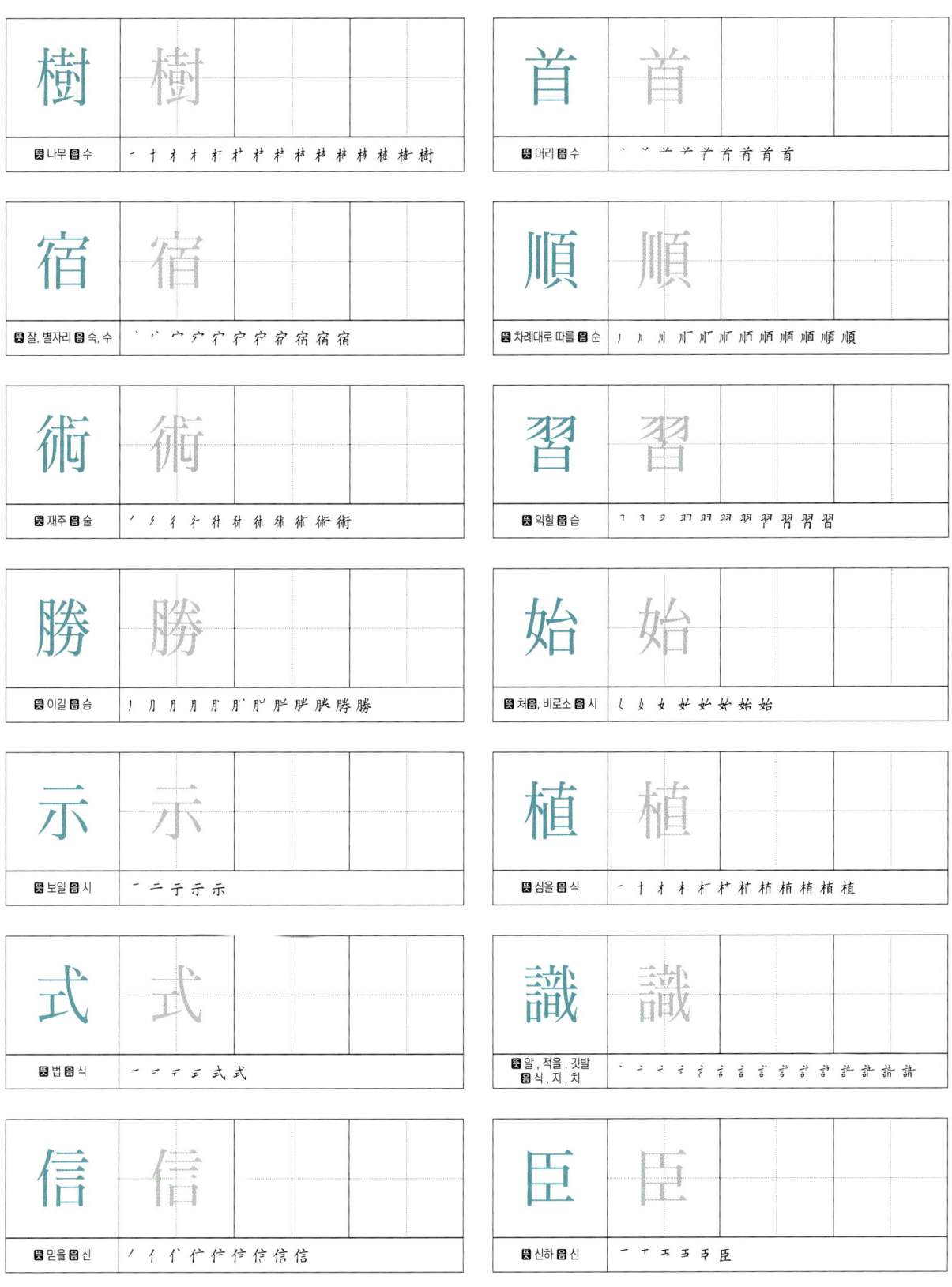

樹	樹		
뜻나무 음수	一 十 才 才 朴 朴 朴 村 桔 梻 梻 桔 桔 樹		

首	首		
뜻머리 음수	丶 丷 艹 艹 产 产 育 首 首		

宿	宿		
뜻잘, 별자리 음숙, 수	丶 丶 宀 宀 宀 宀 宿 宿 宿 宿		

順	順		
뜻차례대로 따를 음순	丿 丿 川 斤 斤 斤 順 順 順 順		

術	術		
뜻재주 음술	丿 彳 彳 彳 朮 徘 徘 徘 術 術		

習	習		
뜻익힐 음습	丿 刁 刁 羽 羽 羽 羽 翌 習 習		

勝	勝		
뜻이길 음승	丿 刂 刂 月 月 胖 胖 胖 勝 勝 勝		

始	始		
뜻처음, 비로소 음시	乚 乚 女 女 女 始 始 始		

示	示		
뜻보일 음시	一 二 亍 亓 示		

植	植		
뜻심을 음식	一 十 才 才 朴 朴 柏 植 植 植 植 植		

式	式		
뜻법 음식	一 二 干 式 式 式		

識	識		
뜻알, 적을, 깃발 음식, 지, 치	丶 亠 亠 言 言 言 言 訂 訂 識 識 識 識		

信	信		
뜻믿을 음신	丿 亻 亻 信 信 信 信 信 信		

臣	臣		
뜻신하 음신	一 丁 五 至 臣 臣		

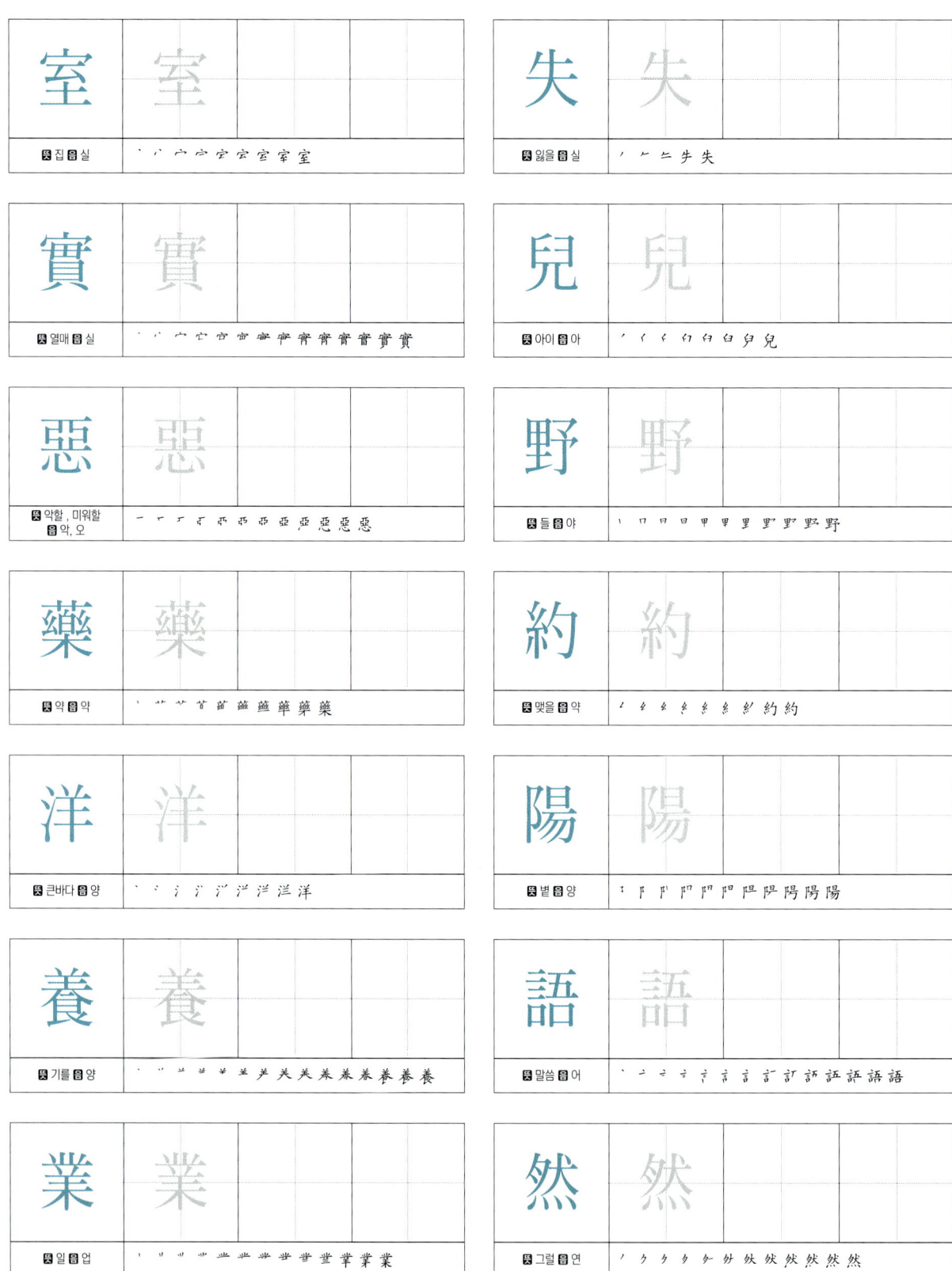

室	室			
訓집 音실	` ` ` ` `宀` `宀` `宊` `宊` `室` `室`			

失	失			
訓잃을 音실	` ` `一` `二` `生` `失`			

實	實			
訓열매 音실	` ` ` ` `宀` `宀` `宁` `宵` `宵` `宵` `實` `實` `實` `實`			

兒	兒			
訓아이 音아	` ` ` ` `臼` `臼` `臼` `兒` `兒`			

惡	惡			
訓악할, 미워할 音악, 오	`一` `一` `下` `石` `亞` `亞` `亞` `亞` `惡` `惡` `惡`			

野	野			
訓들 音야	`丶` `口` `口` `日` `甲` `里` `野` `野` `野` `野` `野`			

藥	藥			
訓약 音약	`丶` `丷` `丷` `苩` `苩` `苩` `苩` `華` `藥` `藥`			

約	約			
訓맺을 音약	`丶` `纟` `纟` `纟` `纟` `纟` `約` `約` `約`			

洋	洋			
訓큰바다 音양	`丶` `丶` `氵` `氵` `泮` `泮` `洋` `洋`			

陽	陽			
訓볕 音양	`丨` `阝` `阝` `阝` `阝` `阝` `阝` `陽` `陽` `陽`			

養	養			
訓기를 音양	`丶` `丶` `丷` `丷` `兰` `羊` `羊` `羊` `羔` `養` `養` `養`			

語	語			
訓말씀 音어	`丶` `一` `主` `言` `言` `言` `訂` `訊` `評` `評` `語` `語` `語`			

業	業			
訓일 音업	`丨` `丷` `丷` `业` `业` `业` `业` `丵` `丵` `業` `業` `業`			

然	然			
訓그럴 音연	`丿` `夕` `夕` `夕` `夕` `妖` `妖` `妖` `然` `然` `然` `然`			

熱	熱			
훈 더울 음 열	一 十 土 キ キ キ 卆 剤 勎 刼 執 熱 熱 熱			

葉	葉			
훈 잎 음 엽	丶 丷 艹 艹 并 並 苹 茔 苹 華 華 葉			

永	永			
훈 길 음 영	丶 亅 亣 永 永			

屋	屋			
훈 집 음 옥	一 コ 尸 尸 尸 尼 居 屋 屋			

溫	溫			
훈 따뜻할 음 온	丶 丶 氵 氵 沪 沪 汩 汨 淠 淠 溫 溫 溫			

完	完			
훈 완전할 음 완	丶 宀 宀 宀 完 完			

要	要			
훈 요긴할(매우 쓸모있는) 음 요	一 丆 币 币 覀 要 要 要			

曜	曜			
훈 빛날 음 요	丨 冂 日 日 日 即 即 即 即 曜 曜 曜 曜			

浴	浴			
훈 목욕할 음 욕	丶 丶 氵 氵 浐 浐 浴 浴 浴 浴			

勇	勇			
훈 날랠 음 용	一 マ マ 甬 甬 甬 勇 勇			

用	用			
훈 쓸 음 용	丿 刀 月 月 用			

運	運			
훈 옮길 음 운	丶 冖 宀 宀 宫 宫 宫 軍 軍 運 運			

雲	雲			
훈 구름 음 운	丶 一 宀 币 币 雨 雨 雷 雷 雲 雲 雲			

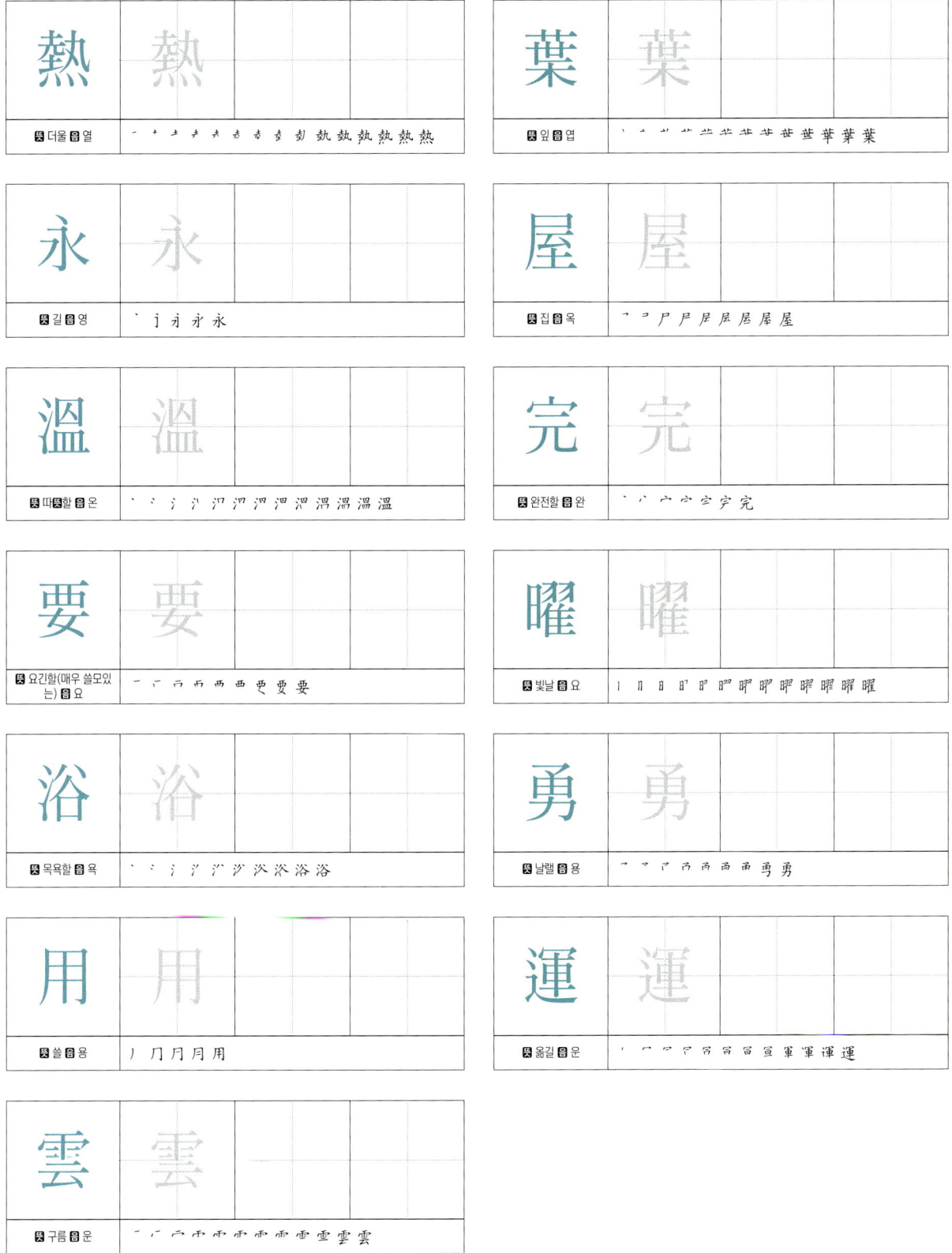

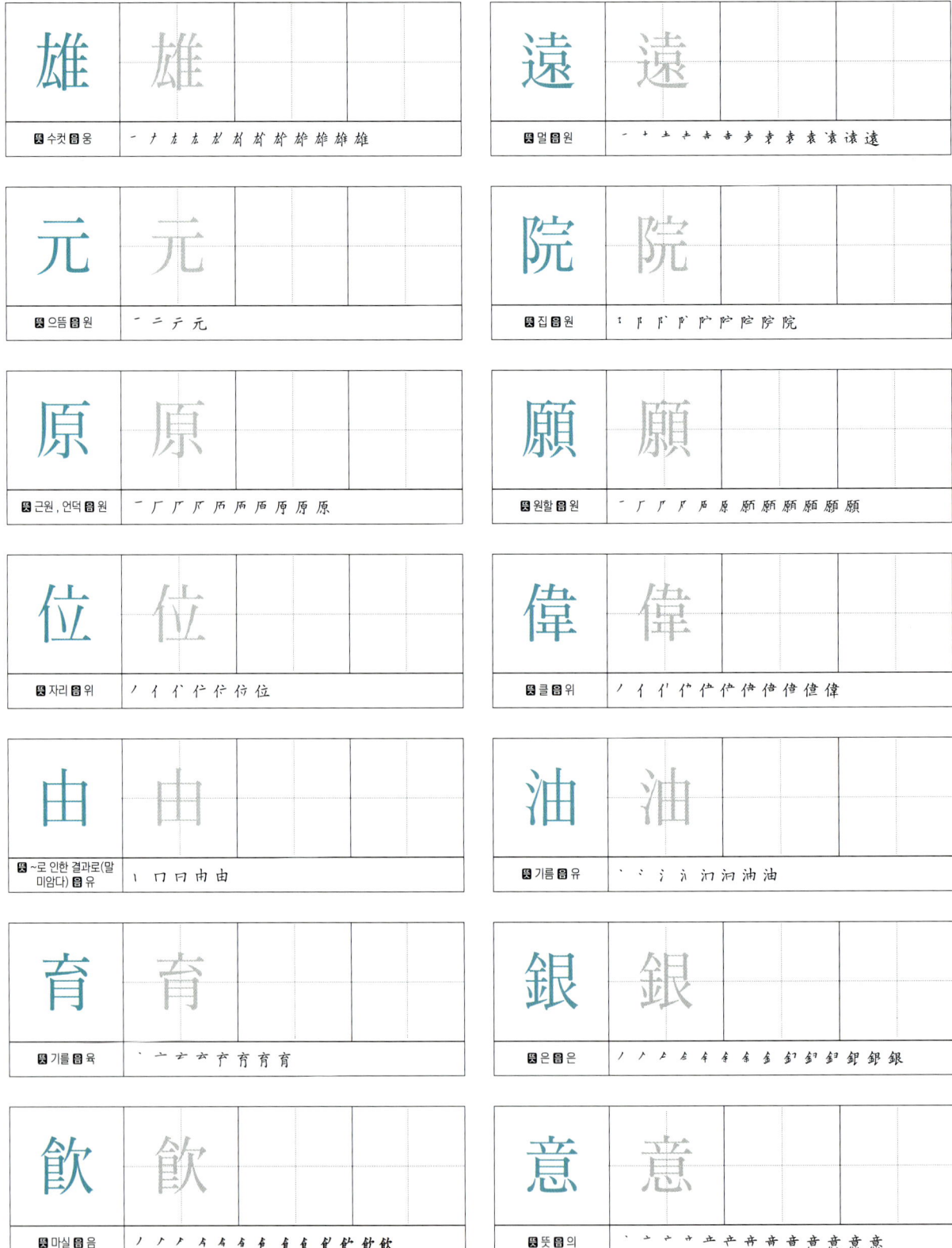

| 雄 | 雄 | | | | 遠 | 遠 | | | |
| 뜻 수컷 음 웅 | 一 ナ ナ ナ ナ 雄 雄 雄 雄 雄 雄 雄 | | | | 뜻 멀 음 원 | 一 十 土 キ 去 告 幸 责 袁 猿 读 遠 | | | |

| 元 | 元 | | | | 院 | 院 | | | |
| 뜻 으뜸 음 원 | 一 二 テ 元 | | | | 뜻 집 음 원 | ⻖ ⻖ ⻖ ⻖ ⻖ 陀 陀 院 院 | | | |

| 原 | 原 | | | | 願 | 願 | | | |
| 뜻 근원, 언덕 음 원 | 一 厂 厂 厂 厅 厉 庐 原 原 原 | | | | 뜻 원할 음 원 | 一 厂 厂 厂 原 原 願 願 願 願 願 願 | | | |

| 位 | 位 | | | | 偉 | 偉 | | | |
| 뜻 자리 음 위 | ノ イ イ イ 伫 佇 位 | | | | 뜻 클 음 위 | ノ イ イ 伫 伫 佇 佇 偉 偉 偉 偉 | | | |

| 由 | 由 | | | | 油 | 油 | | | |
| 뜻 ~로 인한 결과로(말미암다) 음 유 | 丨 冂 日 由 由 | | | | 뜻 기름 음 유 | ㇀ ㇀ ㇀ ㇀ 沪 沪 油 油 | | | |

| 育 | 育 | | | | 銀 | 銀 | | | |
| 뜻 기를 음 육 | ㇀ 亠 去 云 产 育 育 育 | | | | 뜻 은 음 은 | ノ ト ド ド 乍 乍 牟 金 釒 釦 鈤 鈤 銀 | | | |

| 飮 | 飮 | | | | 意 | 意 | | | |
| 뜻 마실 음 음 | ノ 𠂉 𠂉 𠂉 乍 乍 牟 食 食 飠 飮 飮 飮 | | | | 뜻 뜻 음 의 | ㇀ 亠 亠 立 产 音 音 音 音 意 意 | | | |

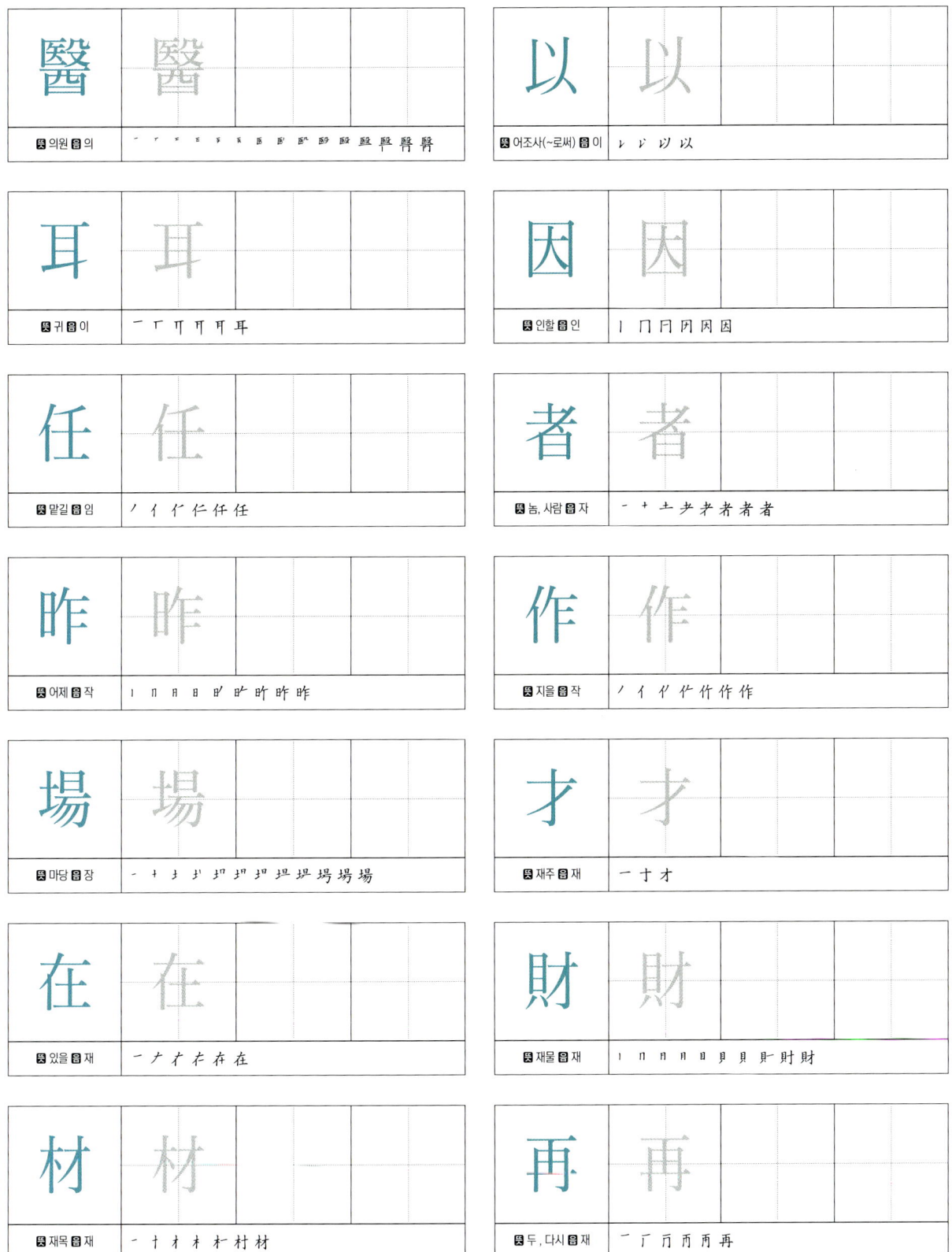

醫
훈 의원 음 의
一ㄷㄷ医医医医殴殴殴殴殴殴殴醫醫醫

以
훈 어조사(~로써) 음 이
ㄴ ㄴ 以 以

耳
훈 귀 음 이
一 ㄲ ㄲ 戸 耳 耳

因
훈 인할 음 인
丨 ㄇ ㄇ 冈 因 因

任
훈 맡길 음 임
ノ イ 仁 仁 仟 任

者
훈 놈, 사람 음 자
一 十 土 耂 尹 者 者 者

昨
훈 어제 음 작
丨 ㄇ ㅌ ㅌ 日 旷 昨 昨 昨

作
훈 지을 음 작
ノ イ 化 仁 作 作 作

場
훈 마당 음 장
一 十 土 劧 圩 圬 坦 坦 場 場 場

才
훈 재주 음 재
一 十 才

在
훈 있을 음 재
一 ナ 大 ナ 在 在

財
훈 재물 음 재
丨 ㄇ ㅌ ㅌ 日 貝 貝 貯 財 財

材
훈 재목 음 재
一 十 才 术 木 材 材

再
훈 두, 다시 음 재
一 ㄱ 冂 冃 再 再

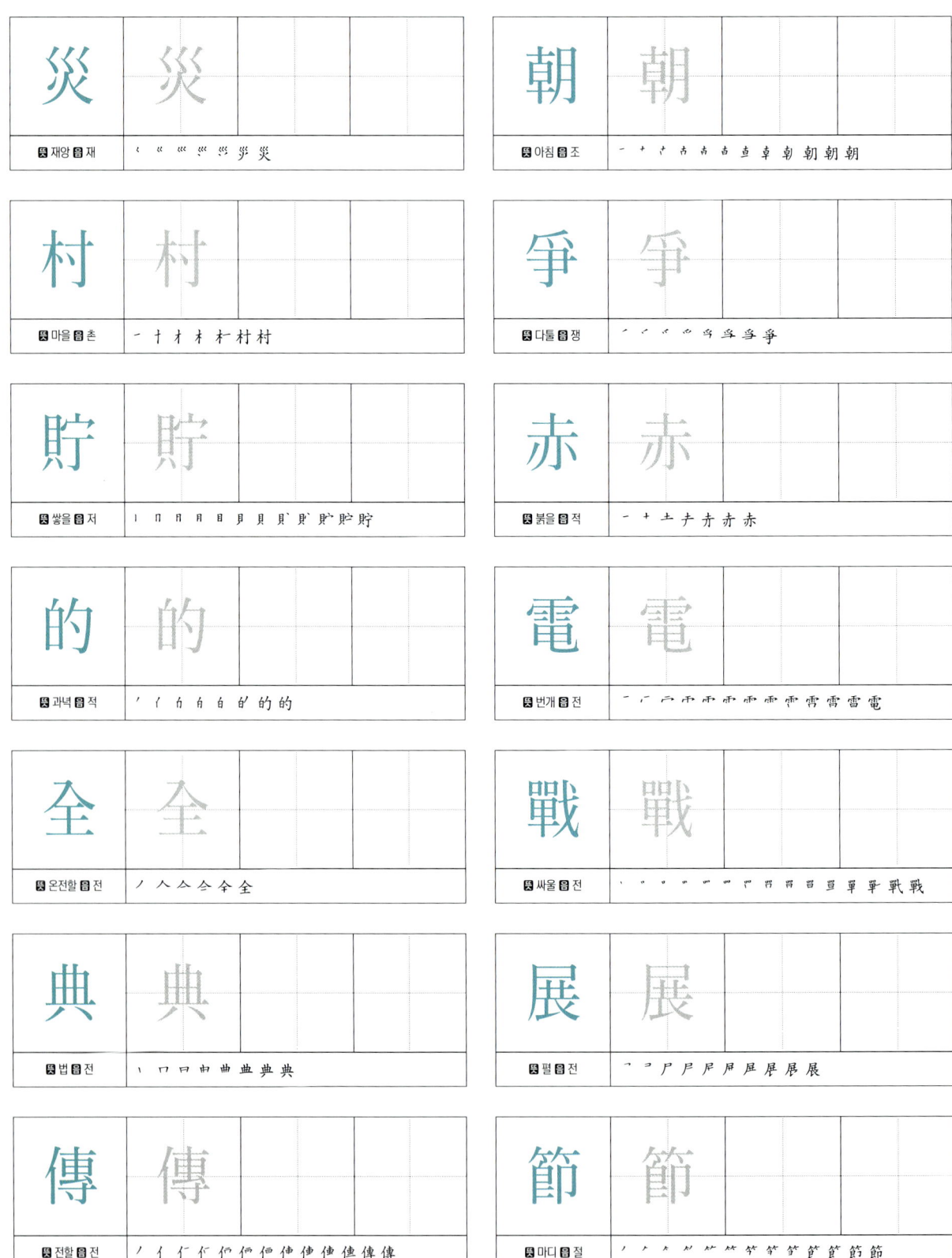

災	災			
訓 재앙 음 재	´ ´´ ´´´ ´´´´ ´´´´´ 災 災			

朝	朝			
訓 아침 음 조	一 十 十 古 古 古 直 卓 朝 朝 朝 朝			

村	村			
訓 마을 음 촌	一 十 才 木 村 村 村			

爭	爭			
訓 다툴 음 쟁	´ ´ ´ ´´ 乌 乌 爭 爭			

貯	貯			
訓 쌓을 음 저	丨 冂 冂 目 目 貝 貝 貯 貯 貯 貯 貯			

赤	赤			
訓 붉을 음 적	一 十 土 尹 亓 赤 赤			

的	的			
訓 과녁 음 적	´ ´ ´ 自 自 自 的 的 的			

電	電			
訓 번개 음 전	一 广 户 币 币 雨 雨 雨 雨 雷 雷 電			

全	全			
訓 온전할 음 전	丿 人 스 스 今 全 全			

戰	戰			
訓 싸울 음 전	´ ´ ´´ ´´´ ´´´´ 門 門 門 單 單 單 戰 戰			

典	典			
訓 법 음 전	丶 口 口 曲 曲 曲 典 典			

展	展			
訓 펼 음 전	一 コ 尸 尸 尸 尸 屉 屉 屉 展 展			

傳	傳			
訓 전할 음 전	丿 亻 亻 仁 佢 佢 佢 傳 傳 傳 傳 傳			

節	節			
訓 마디 음 절	丿 亻 ᠵ ᠵᠵ ᠵᠵᠵ 竹 竹 竹 笞 笞 笞 節 節 節			

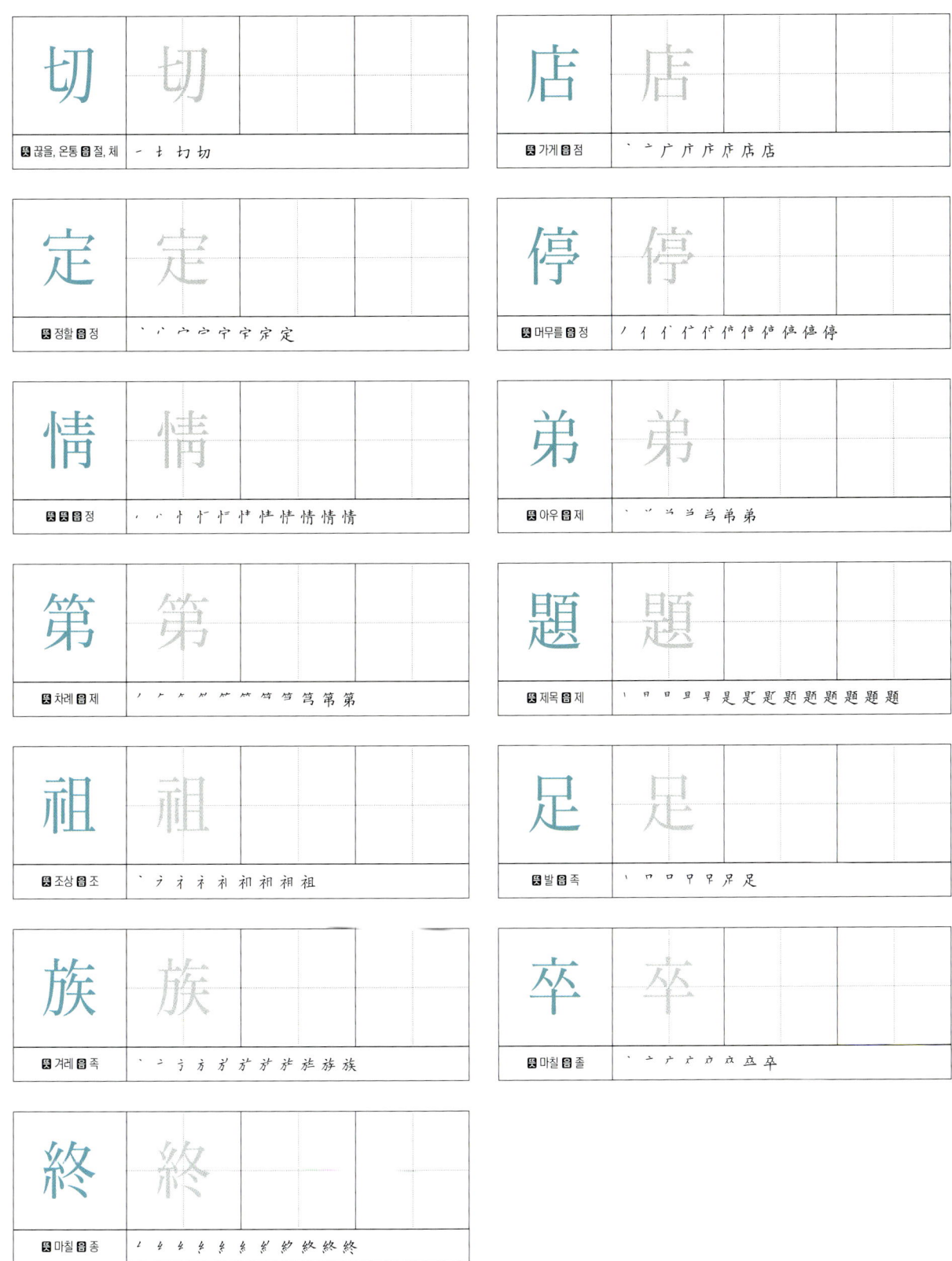

切	切		
訓 끊을, 온통 音 절,체	ー 士 切 切		

店	店		
訓 가게 音 점	` 宀 广 广 庐 店 店		

定	定		
訓 정할 音 정	` 丷 宀 宀 宀 宔 定 定		

停	停		
訓 머무를 音 정	ノ イ イ 仁 仁 停 停 停 停 停		

情	情		
訓 뜻 音 정	` 丷 忄 忄 忄 忄 情 情 情		

弟	弟		
訓 아우 音 제	` 丷 丷 丩 弟 弟 弟		

第	第		
訓 차례 音 제	ノ ト 炏 炏 竺 竺 等 第 第		

題	題		
訓 제목 音 제	` 日 日 旦 早 是 是 題 題 題 題 題 題		

祖	祖		
訓 조상 音 조	` 亍 礻 礻 礽 初 初 祖 祖		

足	足		
訓 발 音 족	` 口 口 만 만 足 足		

族	族		
訓 겨레 音 족	` 宀 亍 方 方 方 方 方 族 族 族		

卒	卒		
訓 마칠 音 졸	` 宀 广 广 市 応 立 卒		

終	終		
訓 마칠 音 종	` ᠘ ᠘ ᠘ 幺 糸 糸 紁 終 終 終		

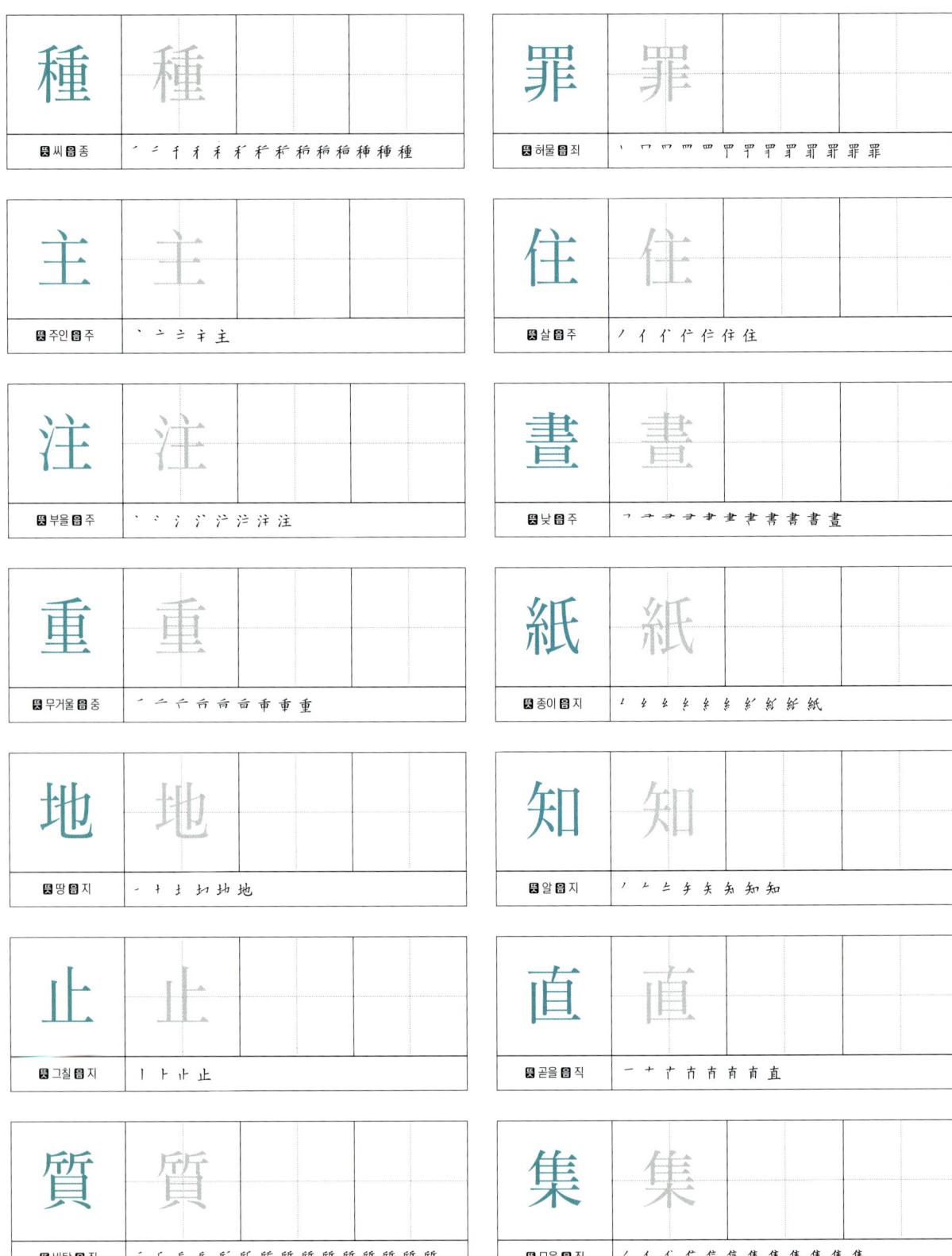

種	種		
뜻 씨 음 종	ノ 二 千 禾 禾 禾 科 科 稍 稍 稍 種 種 種		

罪	罪		
뜻 허물 음 죄	丶 ㄇ ㅠ ㅠ 罒 罒 罪 罪 罪 罪 罪 罪 罪		

主	主		
뜻 주인 음 주	丶 二 ㆍ 主 主		

住	住		
뜻 살 음 주	ノ 亻 亻 亼 住 住 住		

注	注		
뜻 부을 음 주	丶 丶 氵 汁 汁 泎 注 注		

晝	晝		
뜻 낮 음 주	ㄱ ㄱ ㅋ ㅋ 尹 書 晝 晝 晝 晝 晝		

重	重		
뜻 무거울 음 중	ノ 二 千 千 后 盲 盲 重 重		

紙	紙		
뜻 종이 음 지	乚 乚 乡 糸 糸 糸 糹 糿 紙 紙		

地	地		
뜻 땅 음 지	一 十 土 圹 地 地		

知	知		
뜻 알 음 지	ノ 亠 二 矢 矢 知 知 知		

止	止		
뜻 그칠 음 지	ㅣ ㅏ ㅑ 止		

直	直		
뜻 곧을 음 직	一 十 广 古 市 市 首 直		

質	質		
뜻 바탕 음 질	丶 ㅓ ㅏ ㅏ 所 所 所 所 所 所 質 質 質 質 質		

集	集		
뜻 모을 음 집	ノ 亻 亻 亻 亼 住 住 佳 隹 集 集 集		

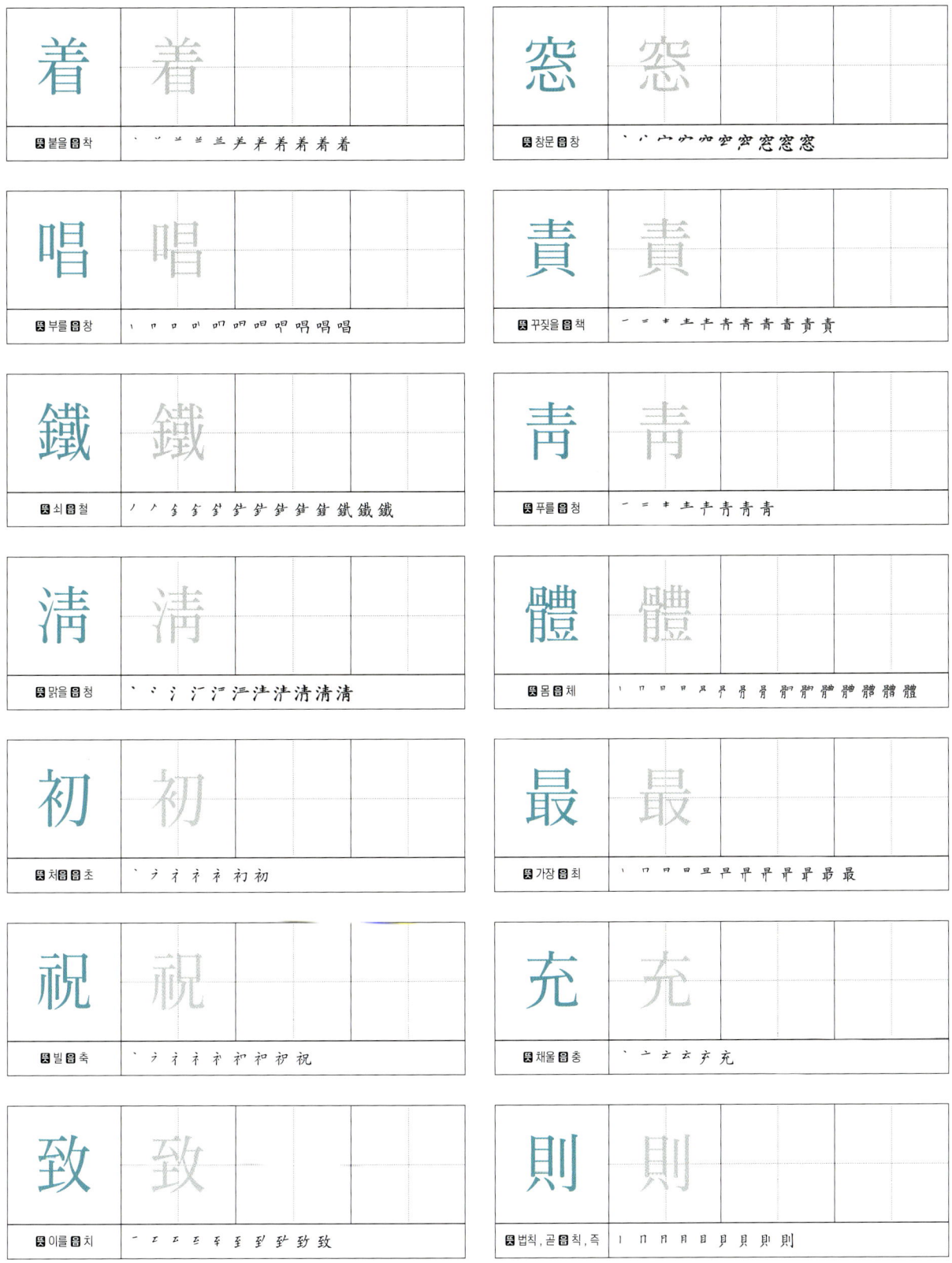

着	着			
훈 붙을 음 착	＼ ＼ ＼ 半 兰 羊 着 着 着 着			

窓	窓			
훈 창문 음 창	＼ 八 宀 宀 宀 灾 空 空 窓 窓 窓			

唱	唱			
훈 부를 음 창	丨 口 口 叮 叩 吧 咀 唱 唱 唱			

責	責			
훈 꾸짖을 음 책	一 二 十 圭 主 青 青 青 責 責 責			

鐵	鐵			
훈 쇠 음 철	ノ 人 今 今 釒 釒 釾 鉠 釱 鐵 鐵 鐵			

青	青			
훈 푸를 음 청	一 二 十 丰 主 青 青 青			

淸	淸			
훈 맑을 음 청	＼ ＼ ＼ 氵 汀 汻 清 清 清 清			

體	體			
훈 몸 음 체	＼ 口 口 曰 丹 丹 骨 骨 骨 骨 體 體 體 體			

初	初			
훈 처음 음 초	＼ ラ ネ ネ ネ 初 初			

最	最			
훈 가장 음 최	＼ 口 曰 曰 严 昂 昻 昻 最 最 最			

祝	祝			
훈 빌 음 축	＼ ラ ネ ネ ネ 初 初 祝			

充	充			
훈 채울 음 충	＼ 二 ち ち 充 充			

致	致			
훈 이를 음 치	一 工 工 互 车 至 到 致 致			

則	則			
훈 법칙,곧 음 칙,즉	丨 冂 冂 目 目 貝 貝 則 則			

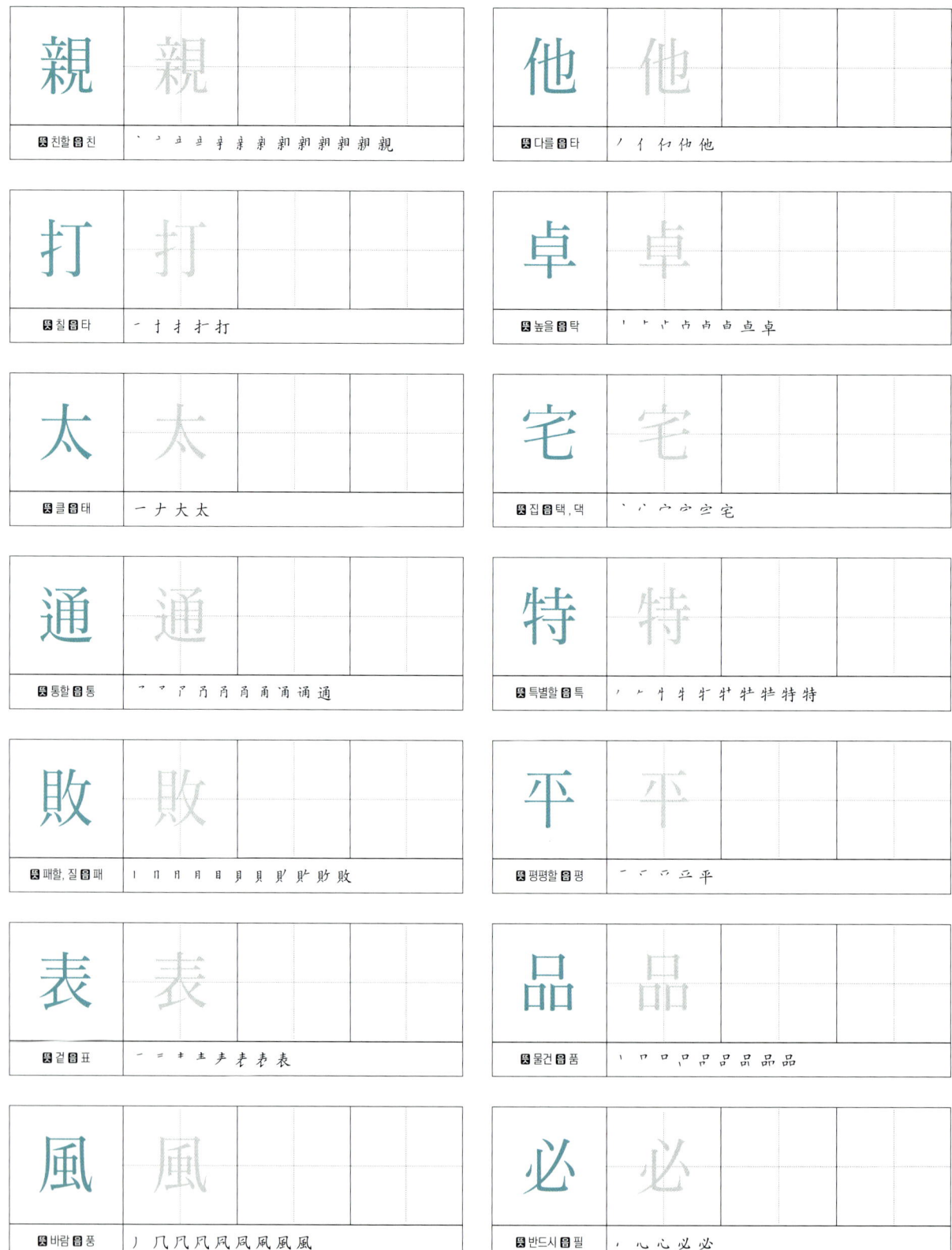

親	親			
訓 친할 音 친	` ヽ ユ 立 辛 亲 亲 親 親 親 親 親

他	他			
訓 다를 音 타	ノ イ 仆 仲 他

打	打			
訓 칠 音 타	一 寸 扌 打

卓	卓			
訓 높을 音 탁	` 卜 占 占 卓 卓 卓

太	太			
訓 클 音 태	一 ナ 大 太

宅	宅			
訓 집 音 택,댁	` 丶 宀 宀 字 宅

通	通			
訓 통할 音 통	゛ マ ア 产 育 育 甬 涌 诵 通

特	特			
訓 특별할 音 특	ノ 一 七 牛 牛 牜 牜 特 特 特

敗	敗			
訓 패할,질 音 패	丨 冂 冃 月 貝 貝 貯 敗 敗 敗

平	平			
訓 평평할 音 평	一 丆 丆 平 平

表	表			
訓 겉 音 표	一 二 丰 主 声 表 表 表

品	品			
訓 물건 音 품	丨 冂 口 口 品 品 品 品 品

風	風			
訓 바람 音 풍	ノ 几 凡 凡 凤 風 風 風 風

必	必			
訓 반드시 音 필	` 心 心 必 必

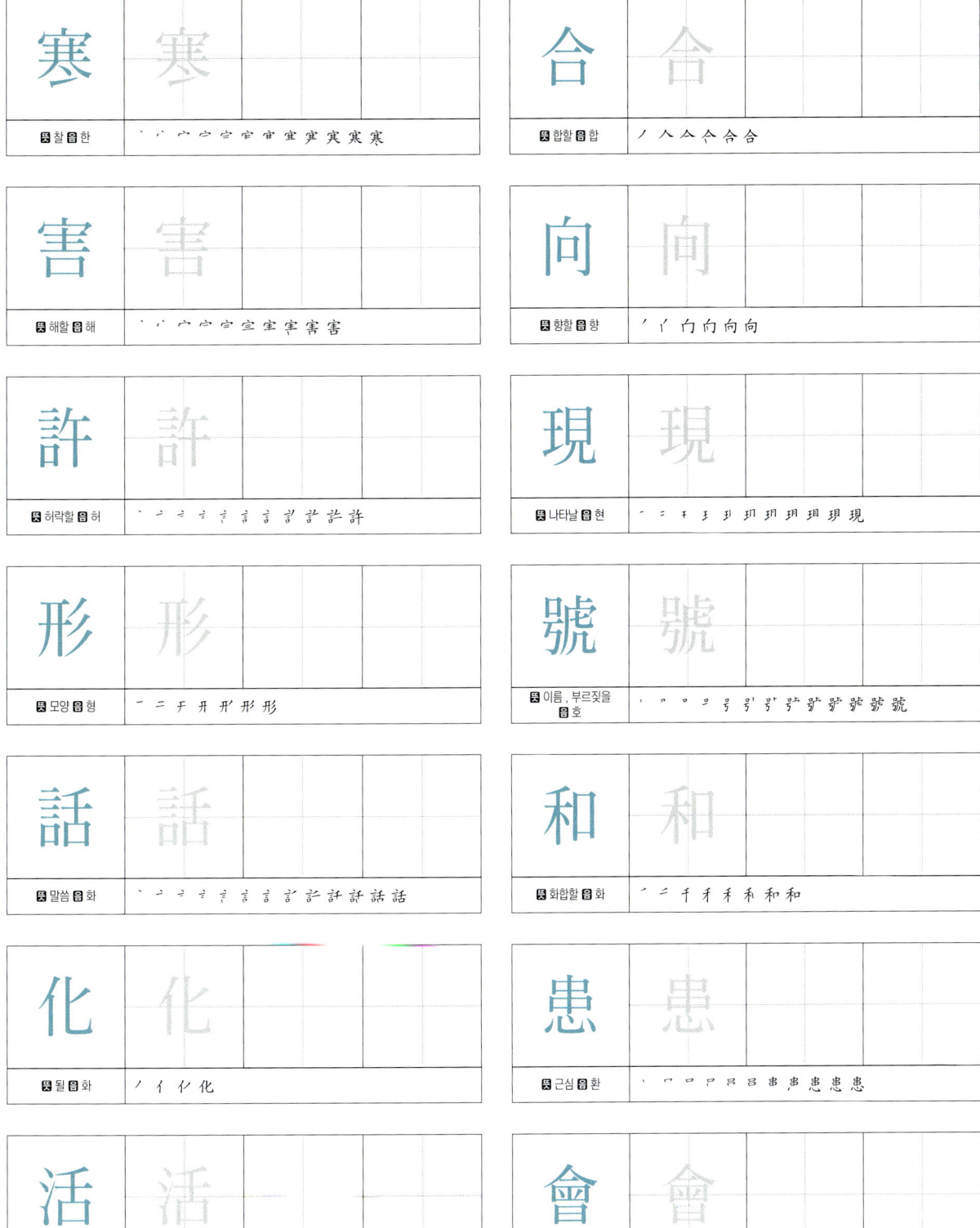

寒	寒		
訓찰 音한	ﾞ丶宀宀宀宀宀実実寒寒寒		
害	害		
訓해할 音해	ﾞ丶宀宀宀宀害害害		
許	許		
訓허락할 音허	ﾞﾞﾞﾞﾞ言言言言許許許		
形	形		
訓모양 音형	一二干开形形形		
話	話		
訓말씀 音화	ﾞﾞﾞﾞﾞ言言言言話話話		
化	化		
訓될 音화	ﾉ亻化化		
活	活		
訓살 音활	ﾞﾞﾞﾞﾞ汗汗活活活		

合	合		
訓합할 音합	ﾉ人亼亽合合		
向	向		
訓향할 音향	ﾞﾞﾞﾞ向向向		
現	現		
訓나타날 音현	一二王王玑玑玑珥珥現現		
號	號		
訓이름, 부르짖을 音호	ﾞﾞﾞﾞﾞ号号号号號號號		
和	和		
訓화합할 音화	一二千禾禾和和和		
患	患		
訓근심 音환	ﾞﾞﾞﾞ串串患患患患患		
會	會		
訓모일 音회	ﾉ人人亼合合合合合會會會會		

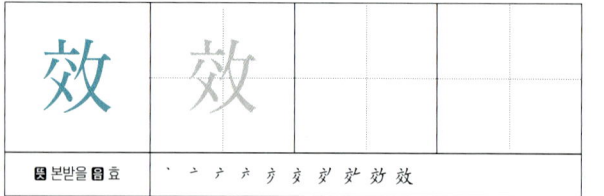

效	效			
본받을 효	` 一 亠 六 方 交 효 효 효 效			

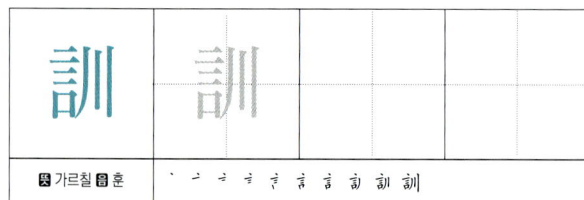

訓	訓			
가르칠 훈	` 一 亠 亖 言 言 訓 訓 訓			

Note

정답

번호	한자	뜻	음	번호	한자	뜻	음
1	可	옳을	가	15	建	세울	건
2	家	집	가	16	格	격식	격
3	歌	노래	가	17	見	볼 / 뵈올	견 / 현
4	加	더할	가	18	決	결단할	결
5	價	값	가	19	結	맺을	결
6	各	각각	각	20	休	쉴	휴
7	間	사이	간	21	景	볕 / 그림자	경 / 영
8	感	느낄	감	22	敬	공경할	경
9	强	굳셀	강	23	輕	가벼울	경
10	開	열 (open)	개	24	競	다툴	경
11	改	고칠	개	25	界	범위	계
12	客	손님	객	26	計	셀	계
13	去	갈	거	27	凶	흉할	흉
14	擧	들	거	28	苦	쓸(bitter)	고

번호	한자	뜻	음	번호	한자	뜻	음
29	古	옛	고	43	廣	넓을	광
30	告	말할 / 알릴	고	44	校	학교	교
31	固	굳을	고	45	黑	검을	흑
32	考	생갈할	고	46	交	사귈	교
33	曲	굽을	곡	47	球	공	구
34	空	빌	공	48	區	구분할, 지역	구
35	公	공평할, public	공	49	救	구원할	구
36	功	공(잘한 것)	공	50	舊	예, 옛	구
37	共	함께, 한 가지	공	51	局	판	국
38	科	과목, 과정	과	52	貴	귀할	귀
39	課	과정	과	53	規	법	규
40	過	지날 / 재앙	과 / 화	54	根	뿌리	근
41	關	관계할	관	55	近	가까울	근
42	觀	볼	관				

번호	한자	뜻	음	번호	한자	뜻	음
1	校	학교	교	15	界	지경/범위	계
2	景	볕/그림자	경/영	16	計	셀	계
3	敬	공경할	경	17	廣	넓을	광
4	輕	가벼울	경	18	苦	쓸	고
5	競	다툴	경	19	古	옛	고
6	凶	흉할	흉	20	間	사이	간
7	價	값	가	21	格	격식	격
8	各	각각	각	22	決	결단할	결
9	强	강할	강	23	感	느낄	감
10	開	열(open)	개	24	休	쉴	휴
11	可	옳을	가	25	歌	노래할	가
12	家	집	가	26	加	더할	가
13	關	관계할	관	27	建	세울	건
14	觀	볼	관	28	見	볼	견/현

번호	한자	뜻	음	번호	한자	뜻	음
29	功	공	공	43	擧	들	거
30	共	함께/한가지	공	44	告	알릴/고할	고
31	科	과목/과정	과	45	固	굳을	고
32	球	공	구	46	空	빌	공
33	結	맺을	결	47	貴	귀할	귀
34	課	과정	과	48	規	법	규
35	過	지날/재앙	과/화	49	根	뿌리	근
36	改	고칠	개	50	黑	검을	흑
37	客	손님	객	51	交	사귈	교
38	舊	옛	구	52	近	가까울	근
39	考	생각할	고	53	公	공평할	공
40	曲	굽을	곡	54	區	구분할	구
41	局	판	국	55	救	구원할	구
42	去	갈	거				

번호	한자	뜻	음	번호	한자	뜻	음
1	今	이제	금	15	短	짧을	단
2	急	급할	급	16	談	이야기/말씀	담
3	級	등급	급	17	答	대답할	답
4	給	줄	급	18	堂	집	당
5	記	기록할	기	19	當	마땅	당
6	旗	기(깃발)	기	20	代	대신할	대
7	己	몸	기	21	對	대할	대
8	技	재주	기	22	待	기다릴	대
9	基	터	기	23	德	덕, 큰	덕
10	期	기약할	기	24	道	길	도
11	吉	길할	길	25	圖	그림	도
12	念	생각	념	26	度	법도	도
13	農	농사	농	27	到	이를	도
14	能	능할	능	28	島	섬	도

번호	한자	뜻	음
29	讀	읽을	독
30	獨	홀로	독
31	動	움직일	동
32	童	아이	동
33	頭	머리	두
34	登	오를	등
35	等	무리 / 등급	등
36	樂	즐길 / 풍류 / 좋아할	락 / 악 / 요
37	落	떨어질	락
38	冷	찰	랭
39	良	어질, 좋을	량
40	量	헤아릴	량
41	旅	나그네	려
42	歷	지날	력

번호	한자	뜻	음
43	練	익힐	련
44	令	하여금 / 명령할	령
45	禮	예도	례
46	老	늙을	로(노)
47	路	길	로(노)
48	勞	일할	로
49	綠	푸를	록
50	流	흐를	류
51	類	무리	류
52	陸	뭍(땅)	륙
53	里	마을	리
54	理	다스릴	리
55	利	이로울	리(이)

번호	한자	뜻	음	번호	한자	뜻	음
1	禮	예도	례	15	期	기약할	기
2	練	익힐	련	16	己	몸	기
3	德	덕, 큰	덕	17	綠	푸를	록
4	度	법도	도	18	談	이야기/말씀	담
5	基	터	기	19	量	헤아릴	량
6	良	어질, 좋을	량	20	讀	읽을	독
7	等	무리 / 등급 / 같을	등	21	吉	길할	길
8	樂	즐길 / 풍류 / 좋아할	락 / 악 / 요	22	當	마땅	당
9	記	기록할	기	23	冷	찰	랭
10	待	기다릴	대	24	對	대할	대
11	答	대답할	답	25	短	짧을	단
12	令	하여금 / 명령할	령	26	類	무리	류
13	道	길	도	27	技	재주	기
14	旗	기(깃발)	기	28	獨	홀로	독

번호	한자	뜻	음
29	陸	뭍(땅)	륙
30	堂	집	당
31	落	떨어질	락
32	代	대신할	대
33	理	다스릴	리
34	農	농사	농
35	圖	그림	도
36	流	흐를	류
37	童	아이	동
38	今	이제	금
39	級	등급	급
40	登	오를	등
41	旅	나그네	려
42	到	이를	도

번호	한자	뜻	음
43	給	줄	급
44	動	움직일	동
45	老	늙을	로(노)
46	急	급할	급
47	頭	머리	두
48	島	섬	도
49	路	길	로(노)
50	能	능할	능
51	歷	지날	력
52	念	생각	념
53	里	마을	리
54	勞	일할	로
55	利	이로울	리(이)

번호	한자	뜻	음	번호	한자	뜻	음
1	立	설	립(입)	15	物	만물	물
2	萬	일만	만	16	米	쌀	미
3	末	끝	말	17	反	돌이킬	반
4	望	바랄	망	18	半	절반	반
5	亡	망할	망	19	班	나눌	반
6	每	매양	매	20	發	필	발
7	賣	팔	매	21	白	흰	백
8	買	살	매	22	放	놓을	방
9	面	얼굴(낯)	면	23	別	나눌	별
10	名	이름	명	24	法	법	법
11	命	목숨	명	25	變	변할	변
12	明	밝을	명	26	病	병	병
13	問	물을	문	27	兵	병사	병
14	聞	들을	문	28	服	옷	복

번호	한자	뜻	음	번호	한자	뜻	음
29	本	근본	본	43	算	셈	산
30	奉	받들	봉	44	産	낳을	산
31	夫	지아비	부	45	相	서로	상
32	部	거느릴	부	46	商	장사	상
33	分	나눌	분	47	賞	상줄	상
34	比	견줄	비	48	書	글	서
35	費	쓸	비	49	序	차례	서
36	鼻	코	비	50	席	자리	석
37	社	모일	사	51	先	먼저	선
38	使	하여금	사	52	線	줄	선
39	士	선비	사	53	仙	신선	선
40	史	역사	사	54	船	배	선
41	思	생각	사	55	善	착할	선
42	寫	베낄	사				

번호	한자	뜻	음	번호	한자	뜻	음
1	史	역사	사	15	立	설	립(입)
2	亡	망할	망	16	物	만물	물
3	思	생각	사	17	米	쌀	미
4	士	선비	사	18	反	돌이킬	반
5	問	물을	문	19	費	쓸	비
6	末	끝	말	20	法	법	법
7	班	나눌	반	21	半	절반	반
8	望	바랄	망	22	發	필	발
9	仙	신선	선	23	部	거느릴	부
10	船	배	선	24	賣	팔	매
11	每	매양	매	25	本	근본	본
12	相	서로	상	26	買	살	매
13	善	착할	선	27	社	모일	사
14	明	밝을	명	28	賞	상줄	상

번호	한자	뜻	음
29	夫	지아비	부
30	席	자리	석
31	聞	들을	문
32	比	견줄	비
33	商	장사	상
34	萬	일만	만
35	使	하여금	사
36	放	놓을	방
37	序	차례	서
38	病	병	병
39	面	얼굴(낯)	면
40	寫	베낄	사
41	命	목숨	명
42	線	줄	선

번호	한자	뜻	음
43	服	옷	복
44	別	나눌	별
45	名	이름	명
46	分	나눌	분
47	變	변할	변
48	先	먼저	선
49	算	셈	산
50	鼻	코	비
51	書	글	서
52	奉	받들	봉
53	白	흰	백
54	産	낳을	산
55	兵	병사	병

4주차 STEP 2

번호	한자	뜻	음	번호	한자	뜻	음
1	選	고를/가릴	선	15	樹	나무	수
2	雪	눈	설	16	首	머리	수
3	說	말씀/달랠/기뻐할	설/세/열	17	宿	잘/별자리	숙/수
4	姓	성씨	성	18	順	순할	순
5	成	이룰	성	19	術	재주	술
6	性	성품	성	20	習	익힐	습
7	洗	씻을	세	21	勝	이길	승
8	小	(크기가) 작을	소	22	始	비로소	시
9	少	(양이) 적을	소	23	示	보일	시
10	所	~한 바	소	24	植	심을	식
11	消	사라질	소	25	式	법	식
12	速	빠를	속	26	識	알/적을/깃발	식/지/치
13	束	묶을/약속할	속	27	信	믿을	신
14	孫	손자	손	28	臣	신하	신

번호	한자	뜻	음
29	室	집	실
30	失	잃을	실
31	實	열매	실
32	兒	아이	아
33	惡	악할/미워할	악/오
34	野	들	야
35	藥	약	약
36	約	맺을	약
37	洋	큰 바다	양
38	陽	볕	양
39	養	기를	양
40	語	말씀	어
41	業	일	업
42	然	그러할	연

번호	한자	뜻	음
43	熱	더울	열
44	葉	잎	엽
45	永	길	영
46	屋	집	옥
47	溫	따뜻할	온
48	完	완전할	완
49	要	요긴할	요
50	曜	빛날	요
51	浴	목욕할, 씻을	욕
52	勇	날랠	용
53	用	쓸	용
54	運	옮길	운
55	雲	구름	운

4주차 STEP 3

번호	한자	뜻	음	번호	한자	뜻	음
1	選	고를/가릴	선	15	術	재주	술
2	孫	손자	손	16	雪	눈	설
3	性	성품	성	17	姓	성씨	성
4	首	머리	수	18	熱	더울	열
5	洗	씻을	세	19	小	(크기가) 작을	소
6	示	보일	시	20	洋	큰 바다	양
7	植	심을	식	21	完	완전할	완
8	式	법	식	22	屋	집	옥
9	消	사라질	소	23	少	(양이) 적을	소
10	速	빠를	속	24	勝	이길	승
11	宿	잘/별자리	숙/수	25	失	잃을	실
12	樹	나무	수	26	兒	아이	아
13	成	이룰	성	27	永	길	영
14	束	묶을/약속할	속	28	用	쓸	용

번호	한자	뜻	음	번호	한자	뜻	음
29	溫	따뜻할	온	43	養	기를	양
30	信	믿을	신	44	識	알/적을/깃발	식/지/치
31	約	맺을	약	45	然	그러할	연
32	葉	잎	엽	46	浴	목욕할, 씻을	욕
33	順	순할	순	47	藥	약	약
34	惡	악할/미워할	악/오	48	室	집	실
35	勇	날랠	용	49	雲	구름	운
36	所	~한 바	소	50	野	들	야
37	語	말씀	어	51	曜	빛날	요
38	始	비로소	시	52	陽	볕	양
39	說	말씀/달랠/기뻐할	설/세/열	53	臣	신하	신
40	運	옮길	운	54	業	일	업
41	實	열매	실	55	要	요긴할	요
42	習	익힐	습				

번호	한자	뜻	음	번호	한자	뜻	음
1	雄	수컷	웅	15	醫	의원	의
2	遠	멀	원	16	以	~로써	이
3	元	으뜸	원	17	耳	귀	이
4	院	집	원	18	因	인할	인
5	原	근원 / 언덕	원	19	任	맡길	임
6	願	원할	원	20	者	놈(사람)	자
7	位	자리	위	21	昨	어제	작
8	偉	클	위	22	作	지을	작
9	由	말미암을	유	23	場	마당	장
10	油	기름	유	24	才	재주	재
11	育	기를	육	25	在	있을	재
12	銀	은	은	26	財	재물	재
13	飮	마실	음	27	材	재목	재
14	意	뜻	의	28	再	두 / 다시	재

번호	한자	뜻	음
29	災	재앙	재
30	朝	아침	조
31	村	마을	촌
32	爭	다툴	쟁
33	貯	쌓을	저
34	赤	붉을	적
35	的	과녁	적
36	電	번개	전
37	全	온전할	전
38	戰	싸움	전
39	典	법	전
40	展	펼칠	전
41	傳	전할	전
42	節	마디	절

번호	한자	뜻	음
43	切	끊을 / 온통	절 / 체
44	店	가게	점
45	定	정할	정
46	停	머무를	정
47	情	뜻	정
48	弟	아우	제
49	第	차례	제
50	題	제목	제
51	祖	조상	조
52	足	발	족
53	族	겨레	족
54	卒	마칠	졸
55	終	마칠	종

번호	한자	뜻	음	번호	한자	뜻	음
1	全	온전할	전	15	弟	아우	제
2	育	기를	육	16	昨	어제	작
3	原	근원 / 언덕	원	17	任	맡길	임
4	典	법	전	18	作	지을	작
5	爭	다툴	쟁	19	戰	싸움	전
6	貯	쌓을	저	20	遠	멀	원
7	在	있을	재	21	意	뜻	의
8	由	말미암을	유	22	族	겨레	족
9	醫	의원	의	23	場	마당	장
10	因	인할	인	24	停	머무를	정
11	銀	은	은	25	赤	붉을	적
12	者	놈(사람)	자	26	以	~로써	이
13	飮	마실	음	27	節	마디	절
14	雄	수컷	웅	28	才	재주	재

번호	한자	뜻	음	번호	한자	뜻	음
29	耳	귀	이	43	電	번개	전
30	元	으뜸	원	44	足	발	족
31	展	펼칠	전	45	院	집	원
32	定	정할	정	46	切	끊을 / 온통	절 / 체
33	情	뜻	정	47	店	가게	점
34	第	차례	제	48	朝	아침	조
35	油	기름	유	49	位	자리	위
36	村	마을	촌	50	卒	마칠	졸
37	題	제목	제	51	終	마칠	종
38	財	재물	재	52	傳	전할	전
39	祖	조상	조	53	再	두 / 다시	재
40	材	재목	재	54	偉	클	위
41	願	원할	원	55	的	과녁	적
42	災	재앙	재				

번호	한자	뜻	음	번호	한자	뜻	음
1	種	씨	종	15	着	붙을	착
2	罪	허물	죄	16	窓	창	창
3	主	주인	주	17	唱	부를	창
4	住	살	주	18	責	꾸짖을	책
5	注	부을	주	19	鐵	쇠	철
6	晝	낮	주	20	靑	푸를	청
7	重	무거울	중	21	淸	맑을	청
8	紙	종이	지	22	體	몸	체
9	地	땅	지	23	初	처음	초
10	知	알	지	24	最	가장	최
11	止	그칠	지	25	祝	빌	축
12	直	곧을	직	26	充	채울	충
13	質	바탕	질	27	致	이를	치
14	集	모을	집	28	則	법칙 / 곧	칙 / 즉

번호	한자	뜻	음	번호	한자	뜻	음
29	親	친할	친	44	合	합할	합
30	他	다를	타	45	害	해할	해
31	打	칠	타	46	向	향할	향
32	卓	높을	탁	47	許	허락할	허
33	太	클	태	48	現	나타날	현
34	宅	집	택 / 댁	49	形	모양	형
35	通	통할	통	50	號	이름 / 부르짖을	호
36	特	특별할	특	51	話	말씀	화
37	敗	패할	패	52	和	화할	화
38	平	평평할	평	53	化	될	화
39	表	겉	표	54	患	근심	환
40	品	물건	품	55	活	살	활
41	風	바람	풍	56	會	모일	회
42	必	반드시	필	57	效	본받을	효
43	寒	찰	한	58	訓	가르칠	훈

번호	한자	뜻	음	번호	한자	뜻	음
1	種	씨	종	15	宅	집	택 / 댁
2	知	알	지	16	通	통할	통
3	責	꾸짖을	책	17	祝	빌	축
4	集	모을	집	18	敗	패할	패
5	住	살	주	19	主	주인	주
6	質	바탕	질	20	鐵	쇠	철
7	致	이를	치	21	他	다를	타
8	晝	낮	주	22	注	부을	주
9	着	붙을	착	23	淸	맑을	청
10	直	곧을	직	24	太	클	태
11	唱	부를	창	25	親	친할	친
12	罪	허물	죄	26	特	특별할	특
13	重	무거울	중	27	卓	높을	탁
14	止	그칠	지	28	平	평평할	평

번호	한자	뜻	음	번호	한자	뜻	음
29	體	몸	체	44	和	화할	화
30	患	근심	환	45	合	합할	합
31	窓	창	창	46	害	해할	해
32	則	법칙 / 곧	칙 / 즉	47	會	모일	회
33	最	가장	최	48	形	모양	형
34	打	칠	타	49	號	이름 / 부르짖을	호
35	紙	종이	지	50	效	본받을	효
36	初	처음	초	51	訓	가르칠	훈
37	靑	푸를	청	52	風	바람	풍
38	表	겉	표	53	必	반드시	필
39	地	땅	지	54	寒	찰	한
40	充	채울	충	55	向	향할	향
41	品	물건	품	56	許	허락할	허
42	化	될	화	57	現	나타날	현
43	活	살	활	58	話	말씀	화

숫자와 관련된 말				
번호	한자	뜻	음	예시
1	數	셀	수	수량
2	倍	곱	배	배가
3	番	갈마들(서로 번갈아 들)	번	당번
4	一	한	일	일가
5	二	두	이	이중
6	三	석	삼	삼국
7	四	넉	사	사촌
8	五	다섯	오	오미
9	六	여섯	륙(육)	육십, 육각
10	九	아홉	구	구십, 구천
11	七	일곱	칠	칠월
12	八	여덟	팔	팔십
13	十	열	십	십분
14	百	일백	백	백약
15	千	일천	천	천리
16	億	억	억	억겁

		시간과 관련된 말		
번호	한자	뜻	음	예시
17	春	봄	춘	춘분
18	夏	여름	하	청하, 하복
19	秋	가을	추	추수
20	冬	겨울	동	동면
21	年	해	년	매년
22	歲	해	세	세월
23	時	때	시	시론
24	午	일곱째 지지	오	오전
25	夕	저녁	석	추석
26	夜	밤	야	야간
27	週	돌	주	주간
		사람 혹은 신체와 관련된 말		
번호	한자	뜻	음	예시
28	父	아비	부	부자
29	母	어미	무	조모
30	男	사내	남	남자

31	女	여자	여	여자
32	身	몸	신	신분
33	手	손	수	수단
34	目	눈	목	목록
35	口	입	구	구강
36	力	힘	력(역)	노력
37	李	자두나무	이(리)	이백
38	朴	후박나무(성씨)	박	소박
39	生	날	생	학생
40	死	죽을	사	사수
41	仕	벼슬할	사	출사
42	友	벗	우	우애
43	人	사람	인	인생
44	自	스스로	자	자만
45	子	아들	자	동자
46	兄	맏	형	인형
47	孝	효도	효	효도

방향과 관련된 말				
번호	한자	뜻	음	예시
48	方	모	방	방법
49	東	동녘	동	동양
50	西	서녘	서	서해
51	南	남녘	남	남극, 남해
52	北	북녘	북	북극
53	上	위	상	상경
54	下	아래	하	신하
55	出	날	출	출발
56	入	들	입	입사
57	內	안	내	내란
58	外	밖	외	해외
59	前	앞	전	사전
60	後	뒤	후	이후
61	右	오른쪽	우	우측
62	左	왼	좌	좌우
63	高	높을	고	고저

번호	한자	뜻	음	예시
64	中	가운데	중	중심
65	行	갈	행	행동
66	來	올	래(내)	미래

크기와 관련된 말				
번호	한자	뜻	음	예시
67	多	많을	다	다양
68	大	큰	대	대학
69	無	없을	무	무능
70	有	있을	유	유명
71	長	길	장	장점
72	弱	약할	약	약자

자연과 관련된 말				
번호	한자	뜻	음	예시
73	天	하늘	천	천연
74	水	물	수	산수
75	江	강	강	강산
76	川	내	천	개천, 대천
77	河	강 이름	하	하구

78	湖	호수	호	호수
79	海	바다	해	해군
80	土	흙	토	토기, 토지
81	草	풀	초	약초, 초가
82	火	불	화	화산
83	花	꽃	화	화초, 개화
84	木	나무	목	목공, 초목
85	林	수풀	림	밀림
86	山	뫼	산	산중
87	石	돌	석	초석
88	金	쇠	금	금광
89	日	날	일	일기
90	月	달	월	만월, 월광
91	光	빛	광	광대, 광명
92	色	빛	색	색소
93	角	뿔	각	각도
94	牛	소	우	우마, 우육
95	馬	말	마	마차

96	果	실과	과	과수원
97	氣	기운	기	기분
98	雨	비	우	우설
99	氷	얼음	빙	빙판
100	汽	김	기	기압
101	鮮	고울/깨끗할	선	생선
102	魚	물고기	어	어패
103	漁	고기 잡을	어	어촌
104	園	동산	원	전원
105	音	소리	음	단음, 음성
106	庭	뜰	정	정원
107	黃	누를	황	황금
108	炭	숯	탄	탄광

지식, 문명과 관련된 말

번호	한자	뜻	음	예시
109	文	글월	문	문자
110	筆	붓	필	필순
111	學	배울	학	학문
112	字	글자	자	자음, 한자

113	言	말씀	언	언행
114	敎	가르칠	교	교양
115	章	글	장	문장
116	畵	그림	화	화면
117	朗	밝을/소리 높일	랑(낭)	낭송
118	壇	흙을 쌓아올려 만든	단	단상, 교단
119	韓	나라 이름/한국	한	한류
120	漢	한수	한	한강

감정과 관련된 말

번호	한자	뜻	음	예시
121	心	마음	심	심신
122	美	아름다울	미	미덕
123	安	편안할	안	안정
124	愛	사랑	애	애국, 애정
125	幸	다행, 행복할	행	행복

미신, 종교와 관련된 말

번호	한자	뜻	음	예시
126	福	복	복	행복

127	神	신(god)	신	신화
128	京	서울	경	경기
129	市	저자, 시장	시	시장
130	邑	고을	읍	읍내, 읍민
131	郡	고을	군	군수
132	洞	골짜기	동	동장
133	都	도읍	도	도심, 도읍
134	寸	마디	촌	삼촌, 팔촌
135	州	고을	주	주군, 주속

나라, 국방과 관련된 말

번호	한자	뜻	음	예시
136	國	나라	국	국가
137	軍	군사	군	국군, 군대
138	王	임금	왕	왕권
139	民	백성	민	민심, 민폐
140	領	거느릴	령	영토, 요령
141	例	법식	례(예)	차례
142	英	꽃부리	영	영어

일상 생활과 관련된 말

번호	한자	뜻	음	예시
143	衣	옷	의	의복, 의식주
144	食	먹을	식	식구
145	事	일	사	사후
146	世	세상/세대	세	세상
147	車	수레	거/차	거마비
148	門	문	문	창문, 대문
149	工	장인	공	공사
150	件	물건	건	조건
151	橋	다리	교	교각
152	具	갖출	구	도구

자주 쓰는 형용사, 동사

번호	한자	뜻	음	예시
153	不	아니	부/불	부족
154	正	바를	정	정직
155	同	한 가지/함께	동	동반, 동업
156	新	새로울	신	신규

157	健	튼튼할	건	건강
158	料	헤아릴	료	무료, 요금
159	團	둥글	단	단결
160	査	조사할	사	사안
161	調	고를	조	조사
162	省	살필/덜어낼	성/생	귀성

자주 쓰는 형용사, 동사

번호	한자	뜻	음	예시
163	案	책상	안	안건, 안내
164	操	잡을	조	조심, 조신
165	參	간여할/석	참/삼	참가
166	板	널빤지	판	판석, 달걀 한 판
167	便	편할/똥오줌	편/변	간편, 편리

Note

한 수 앞을 읽는 국어 공부

묘수
국어